Polunin Pflanzen Europas

Oleg Polunin

Pflanzen Europas

Große Ausgabe mit 554 Text- und 192 Bildseiten, auf denen 2600 Wildpflanzen beschrieben und mit 1379 Abbildungen, davon 1088 Farbfotos, gezeigt sind. Dazu erweiterte Pflanzenbeschreibungen und Register.

BLV Bestimmungsbuch

Oleg Polunin

Pflanzen Europas

Sonderausgabe
mit 1088 Farbfotos

Übersetzt und bearbeitet von Dr. Thomas Schauer

Zweite, durchgesehene Auflage

BLV Verlagsgesellschaft
München Bern Wien

CIP-Kurztitelaufnahme der Deutschen Bibliothek

Polunin, Oleg
Pflanzen Europas / übers. u. bearb. von Thomas Schauer. – Sonderausg., 2., durchges. Aufl. – München, Bern, Wien: BLV Verlagsgesellschaft, 1977.
(BLV Bestimmungsbuch; 13)
Einheitssacht.: The concise flowers of Europe ⟨dt.⟩
ISBN 3-405-11524-8

NE: Schauer, Thomas [Bearb.]

BLV Bestimmungsbuch 13

Farbfotos auf dem Umschlag
Eibe, *Taxus baccata*. Foto W. Stehling
Eibisch, *Hibiscus syriacus*. Foto W. Schacht
Gemeine Küchenschelle, *Pulsatilla vulgaris*. Foto H. Eisenbeiss

Satz und Druck des Textteils: Georg Appl, Wemding
Druck der Farbtafeln: Interlitho, Mailand
Bindung: R. Oldenbourg, München

Printed in Germany · 1. Auflage 1974 · ISBN 3-405-11524-8

Inhalt

Einleitung

Nahezu 1100 Pflanzen, die alle im Bildteil farbig gebracht sind, lassen sich mit dem vorliegenden Bestimmungsbuch ansprechen. In Anlehnung an das Werk „Pflanzen Europas“ sind hier, in dieser gekürzten Sonderausgabe, nur die dort farbig abgebildeten Arten aufgenommen und mit einem kürzeren und für den interessierten Laien zugeschnittenen Text vorgestellt. Es wurden daher deutsche Bezeichnungen – soweit es überhaupt deutsche Pflanzennamen für die betreffende Art gibt – bevorzugt. Wegen der Fülle der europäischen Pflanzenwelt konnten nur die auffälligsten Arten gezeigt werden, die man auf einer Reise durch Europa antrifft. Dennoch verhilft das Buch dazu, die Gattung der Pflanze oder ihre nähere Verwandtschaft festzustellen.

Zum Gebrauch des Buches

Im Textteil sind die Beschreibungen der abgebildeten Arten systematisch nach Familien und Gattungen geordnet. Auch die Anordnung der Arten im Bildteil, die dort dieselbe Nummerierung haben wie im Textteil, erfolgt nach der gleichen systematischen Einteilung. Das hat den Vorteil, daß man im Bildteil nur wenige Seiten durchzublättern braucht, sofern einem die Familien- oder gar die Gattungszugehörigkeit einer Pflanze bekannt ist, um rasch durch Vergleich von Pflanze, Bild und Text (im Textteil) zu einer Bestimmung der Art oder wenigstens der näheren Verwandtschaft zu kommen. Ist die Familienzugehörigkeit nicht bekannt, so kann man die betreffende Familie mit Hilfe des Familienschlüssels am Anfang des Buches bestimmen. Der Anfänger wird allerdings nicht in jedem Fall erfolgreich sein; er wird versuchen, sich zunächst durch Vergleich von Pflanze und Bild einen Überblick über die größeren und auffälligeren Familien wie z. B. Lippenblütler, Schmetterlingsblütler, Korbblütler, Liliengewächse oder Süßgräser, zu verschaffen. Die für den Familienschlüssel und für die Beschreibung der Arten notwendigen Begriffe und Fachausdrücke sind auf ein Mindestmaß reduziert und am Anfang des Buches in einem eigenen Kapitel erklärt.
Eine weitere, Möglichkeit – ohne Kenntnis der Familie oder Gattung und ohne Benützung des Familienschlüssels – eine Pflanze zu bestimmen bietet der Symbolschlüssel im Anhang des Buches. Hier sind die Pflanzen zunächst in 6 Gruppen aufgeteilt: 1. Kräuter, 2. Wasserpflanzen, 3. Sträucher, 4. Bäume, 5. verholzte Kletterpflanzen und 6. Süß-, Sauergräser und Binsengewächse. In den einzelnen Gruppen sind die Arten auch nach Blütenfarbe, Blüten- und Pflanzengröße geordnet.

Gruppierung nach Blütenfarben: weiß; grün oder grünlichweiß; rot, rosa, violett oder purpurn; blau, violett oder rotviolett; braun; gelb.

Gruppierung nach Blütengröße: über 3 cm (im Durchmesser);
$1^1/_2$–3 cm; 3–15 mm; unter 3 mm.

Gruppierung nach Pflanzengröße: Kräuter über 150 cm;
Kräuter von 30–150 cm; Kräuter unter 30 cm;
Sträucher über 1 m; Sträucher unter 1 m.

Die Größenangaben bzw. Einordnung in diese Größenklassen beziehen sich auf Durchschnittswerte; es kann natürlich eine Pflanze an extremen Standorten (z.B. sehr schattig oder sehr trocken) überdurchschnittlich hoch oder auch verkümmert klein sein.
Innerhalb dieser nach obigen Angaben eingeteilten Gruppen hat jede Pflanze 3 Symbole zur weiteren Charakterisierung. Das 1. Symbol gibt Auskunft über Blütenform oder Blütenstand, das 2. Symbol über den Standort und das 3. Symbol über die geographische Verbreitung und das Vorkommen in Europa.

Erklärung der Symbole

Blütenform oder Blütenstand

 Bl. mit freien, nicht verwachsenen Kronb., Bl. 3- bzw. 4- bzw. 5zählig (z.B. Gemeiner Froschbiß 881, Wasserkresse 179, Schneerose 105).

 Bl. mit verwachsenen oder zumindest am Grund verwachsenen Kronb., Bl. 3- bzw. 4- bzw. 5zählig (z.B. Osyris alba 37, Gemeiner Seidelbast 407, Zwerg-Primel 505).

 Bl. trichter- oder glockenförmig (z.B. Stengelloser Enzian 535, Kleine Glockenblume 765).

 Bl. unsymmetrisch, mit Unterlippe und Oberlippe (z.B. Wiesen-Salbei 634, Gefingerter Lerchensporn 166).

 Schmetterlingsblüte (z.B. Blaue Lupine 288, Breitblättrige Platterbse 309).

 halbkugeliger oder kugeliger Bl.stand (z.B. Acker-Witwenblume 756, Echte Kugelblume 713).

 Köpfchenartige Korbblütler mit Röhrenbl. und mit schuppenförmigen Hüllb.; Bl. entweder alle gleichgestaltet (z.B. Nickende Distel 835, Weiße Pestwurz 818) oder randliche Bl. größer und ausgebreitet (z.B. Österreichische Flockenblume 856).

 Korbblütler nur mit Zungenbl. (z.B. Löwenzahn 872, Gold-Pippau 877).

 Korbblütler mit zungenförmigen Randbl. und röhrenförmigen Scheibenbl. (z.B. Alpenmaßliebchen 781, Arnika 829).

 Bl. stand eine Rispe oder rispenartig verzweigt

 Bl. stand eine Traube, Ähre, Kätzchen oder Zapfen

 Bl. stand eine Dolde

Verbreitung

 Nordeuropa einschließlich Groß-Britannien

 Mitteleuropa einschließlich Pyrenäen, Apennin, Karpaten und Mazedonisches Hochland

 Südwesteuropa mit England, Frankreich, Italien und Iberische Halbinsel

Südosteuropa mit Italien, Ungarn, Rumänien, Balkan und Griechische Inseln

Südeuropa (bis zum Südrand der Alpen und Karpaten)

Europa (jedoch nicht immer bis auf die äußersten Randgebiete)
Die Angabe über die Verbreitung einer Pflanze sagt jedoch nichts über ihr mengenmäßiges Auftreten im angegebenen Verbreitungsgebiet; so kann eine Pflanze, die für Südeuropa angegeben ist, z.B. nur an wenigen Stellen auf der Iberischen Halbinsel und in Griechenland vorkommen und eine andere für ganz Europa angegebene Art in Mittel- und Nordeuropa sehr häufig sein, in Südeuropa aber sehr selten.

Standort

Hochgebirge (über der Waldgrenze, alpine Stufe)

Wälder (Ebene und Gebirge)

Gebüsche, Hecken, Dickichte, Macchie

Wiesen und Weiden

Steinige, felsige, trockne Hänge und Plätze, Garigue

Kultur- und Ödland, Schuttplätze, Äcker, Wegränder

Sümpfe, Moore, Gewässer

Meeresküste (Sand, Fels), Salzsümpfe

Grasige, steinige Plätze der Ebene und des Hügellandes

Erklärung der Abkürzungen

B. Blatt
Bl. Blüte
(Die Abkürzungen werden auch in zusammengesetzten Wörtern verwendet, z.B. b.los = blattlos, Bl.b. = Blütenblatt oder -blätter)
△ 6–8 bedeutet Blütezeit, die Ziffern, hier Juni-August

Erklärung der botanischen Fachausdrücke

Bildungen der Oberfläche der Pflanze

Dornen umgewandelte B. oder Zweige.

Haare 1zellige oder mehrzellige, einfache oder verzweigte, gerade oder gekrümmte Vorstülpungen der Oberhaut der Pflanze z. B.

Borsthaare steif, stechend.

Drüsenhaare Haare mit einem Drüsenköpfchen an der Spitze (1).

Kraushaare steif, gekrümmt, lang (2).

Seidenhaare dicht, anliegend, glänzend.

Sternhaare sternförmig verzweigt (3).

Wollhaare weich, dicht, lang (4).

Reif abwischbarer, weißer oder bläulicher Überzug an B. oder Stengel.

Stacheln harte, stechende Auswüchse der Oberhaut an B. und Stengeln.

1

2

3

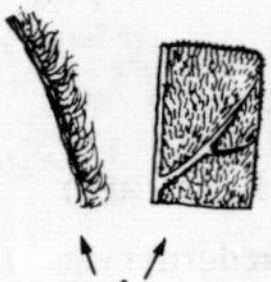
4

Das Blatt

Man unterscheidet folgende B.

Hochb. B. im Bereich der Bl. oder des Bl.standes, meist von den übrigen Laubb. stark abweichend.

Hüllb. schuppiges oder b.artiges Hochb., eine Bl. oder Bl.stand umgebend (5).

Niederb. schuppenförmiges B. am Grund des Stengels und an unterirdischen Teilen (6).

Tragb. krautiges oder schuppenförmiges B., aus deren Achseln die Bl. entspringen (7).

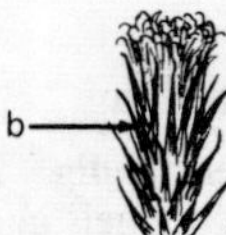

5

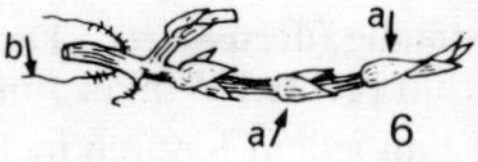

6

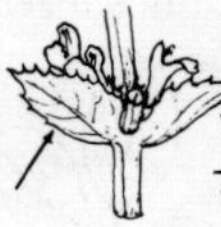
7

B.anheftung

durchwachsen die ungeteilte B.spreite umgibt den Stengel vollkommen (8).

gestielt mit deutlichem B.stiel.

herablaufend die B.spreite zieht sich teilweise am Stengel herab (9).

sitzend ohne B.stiel.

stengelumfassend oder **halbstengelumfassend** das B. umgibt den Stengel mit seinem Grund ganz oder zum Teil (10).

8

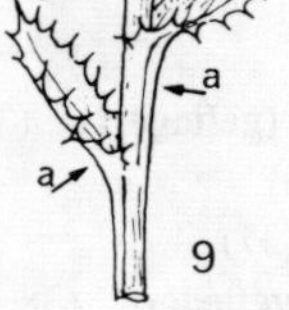

9

10

B.formen

eiförmig (11)
elliptisch (12)
herzförmig (13)
keilförmig (14)
länglich (15)
lanzettlich (16)
linealisch (17)
pfeilförmig (18)
schildförmig (19)
spatelförmig (20)
verkehrt-eiförmig (21)
verkehrt-herzförmig (22)

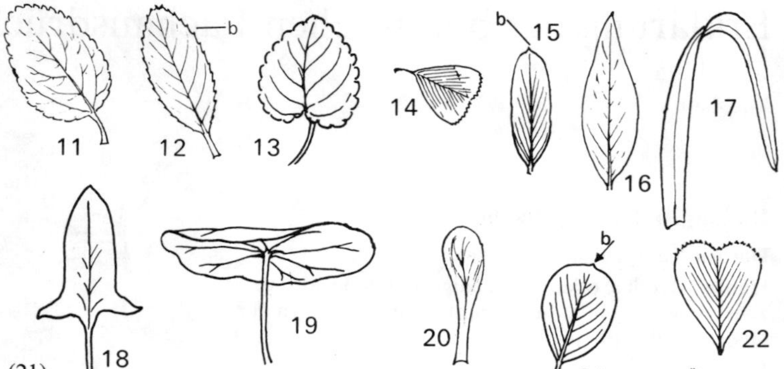

B.nervatur

fiedernervig (23)
netznervig (24)
parallelnervig (25)

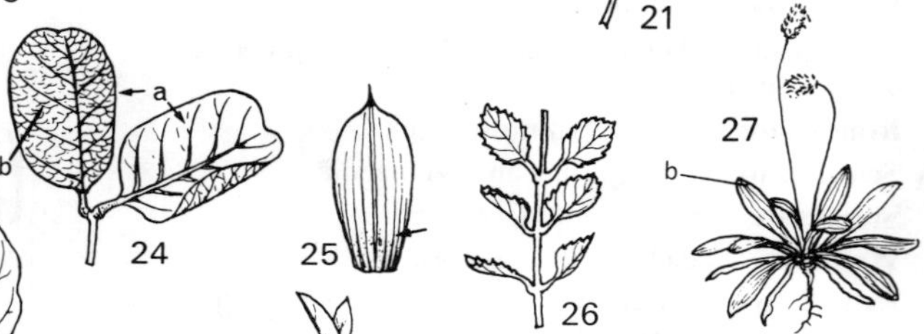

B.stellung

gegenständig 2 B. stehen sich an jedem Knoten des Stengels gegenüber (26).

grundständig B. stehen am Grund des Stengels, zu mehreren bilden sie eine Rosette (27).

kreuzgegenständig (decussiert) Das folgende B.paar steht im rechten Winkel zum vorherigen.

quirlständig an jedem Knoten mehr als 2 B. stehend.

wechselständig an jedem Knoten mit 1 B. und nach verschiedenen Richtungen zeigend (28).

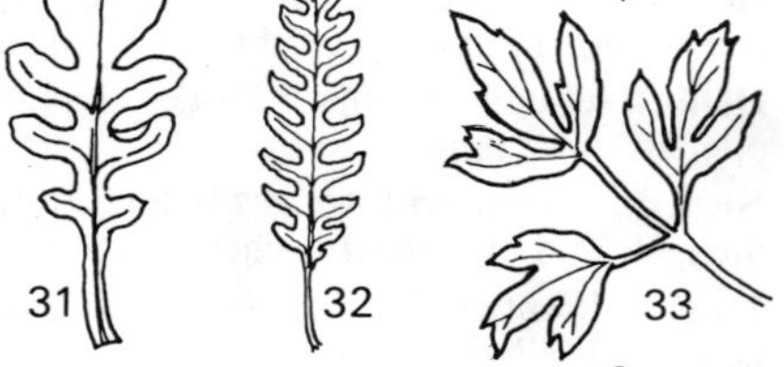

B.rand

gekerbt (13)
gewimpert (29)
gelappt (30), mit vergrößertem Endlappen (31).
eingeschnitten (32)
3zählig (33, 34)
handförmig gefiedert (gefingert) (35)
paarig gefiedert (36)
unpaarig gefiedert (37)
2fach und **mehrfach gefiedert** (38, 39)

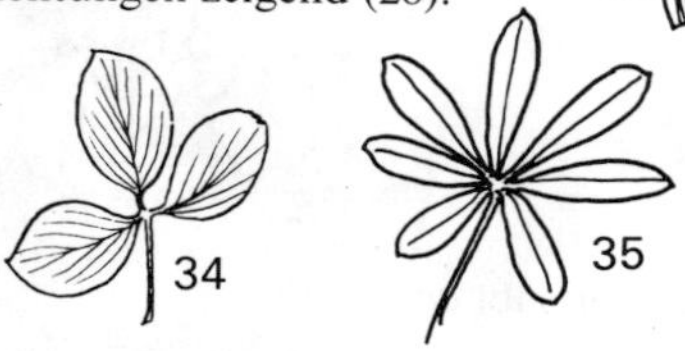

B.teile

B.achsel Winkel zwischen B. und Stengel (40).

B.fieder Teil eines zusammengesetzten B. (37a, 43b).

B.häutchen kleiner Fortsatz am Übergang der B.scheide in die Spreite (z.B. bei Gräsern) (41a).

B.öhrchen kleine, lappenförmige Anhängsel am B.grund (10, 42a).

B.ranke zartes, oft spiralig gedrehtes Organ zum Festhalten, aus einem B. oder B.abschnitt gebildet (43a).

B.scheide verbreiteter, unterer Teil des B., den Stengel röhrig oder bauchig umschließend (41b, 42b).

B.spreite meist flach ausgebreiteter Teil des B.

B.stiel Träger der B.spreite (manchmal sind die B.stiele b.artig zu sogenannten **Phyllodien** (44) verbreitert).

Nebenb. schuppen- oder b.artiges, meist paariges Anhängsel am Grund des B.stieles (45).

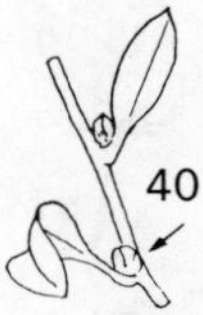

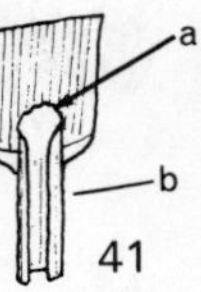

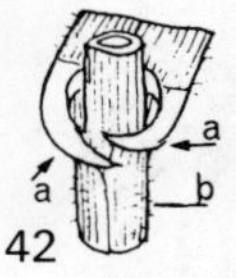

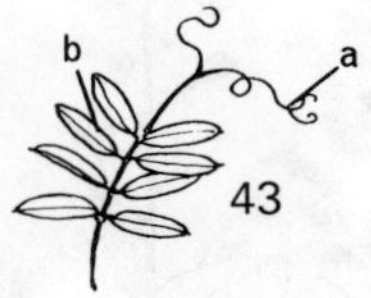

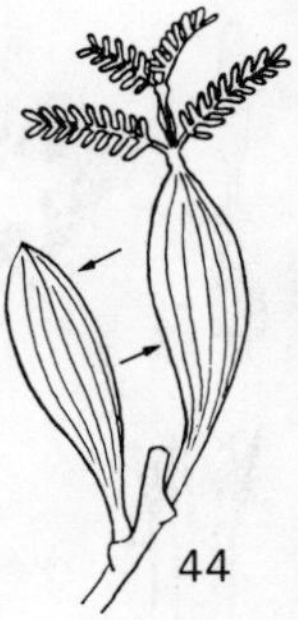

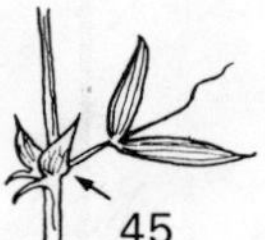

Die Blüte

Bl.formen

strahlig oder **radial symmetrisch** Bl.b. sind gleich, die Bl. läßt sich durch viele Längsschnitte in gleiche Teile teilen (46).

zygomorph oder **unsymmetrisch** Ober- und Unterteil der Bl. ist verschieden, die Bl. läßt sich nur durch 1 Längsschnitt in 2 gleiche Teile teilen, z.B.

Lippenbl. entweder, **1lippig,** nur mit ausgebildeter **Unterlippe** (47) oder **2lippig,** auch mit ausgebildeter **Oberlippe** (48).

Rachenbl. bei Braunwurzgewächsen (49).

Schmetterlingsbl. (50) Dabei nennt man das obere Kronb.

Fahne (50a), das untere, gekielte **Schiffchen** und die beiden seitlichen **Flügeln** (50b).

Zungenbl. bei Korbblütler; Saum der Bl.krone ist flach ausgebreitet (51).

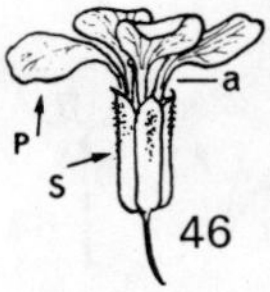

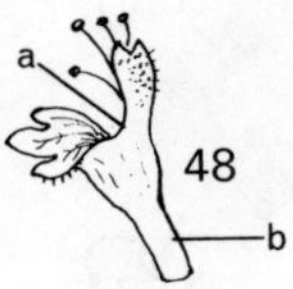

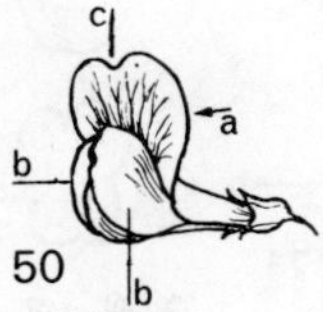

Bl.stand

Ähre verlängerter Bl.stand mit sitzenden Bl. (52).

Dolde schirmförmiger Bl.stand, Bl.stiele alle vom selben Punkt entspringend (53).

gabeliger oder **dichotomer Bl.stand** (54).

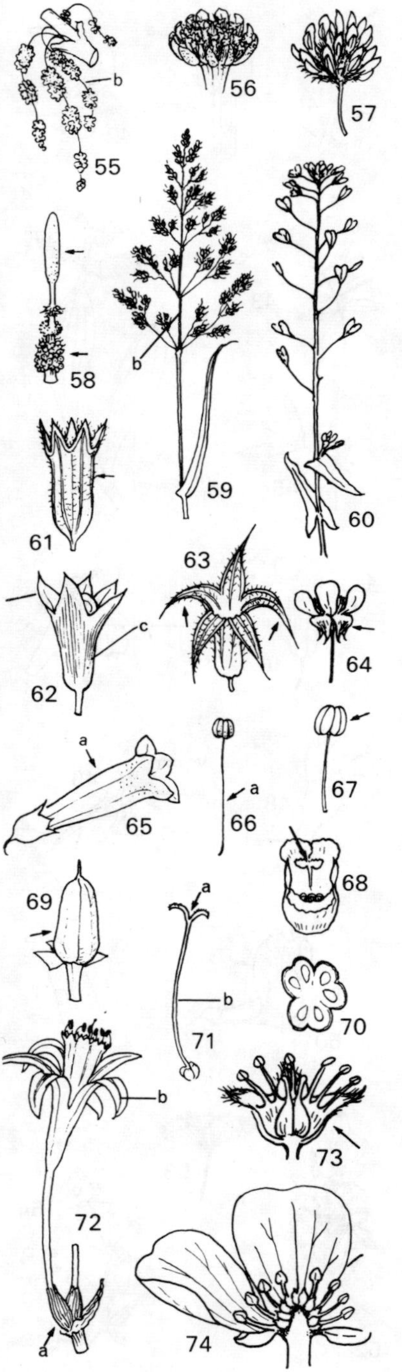

Kätzchen ährenartiger Bl.stand mit hängender, biegsamer Hauptachse und unscheinbaren Bl. (55).

Köpfchen köpfchenförmiger Bl.stand aus sitzenden oder kurzgestielten, gedrängten Bl. (56, 57).

Kolben fleischige Ähre, oft mit keulenförmigem Anhängsel an der Spitze (58).

Rispe verzweigter Bl.stand mit gestielten Bl. (59).

Schirmtraube Traube, in der die Bl. in 1 Ebene stehen.

Schirmrispe Rispe, in der die Bl. in 1 Ebene stehen.

Traube verlängerter Bl.stand mit gestielten Bl. (60).

Bl.teile

Bl.hülle die äußeren, nicht sexuellen Teile der Bl., bestehend aus freien oder zu einer Röhre verwachsenen Bl.hüllb. Ist die Bl.hülle doppelt, so bezeichnet man den äußeren Kreis als **Kelch,** den inneren als **Krone** (46).

Kelch aus meist grünen, freien oder verwachsenen **Kelchb.** (61, 62). Die Kelchb. können **zurückgekrümmt** (63) oder **zurückgeschlagen** sein (64).

Krone aus gefärbten, freien oder verwachsenen Kronb. (65 a).

Kronb. Abschnitt der inneren Bl.hülle, oft aus einem verschmälerten Teil, dem **Nagel,** und einem verbreiterten Teil, der **Platte,** bestehend.

Staubb. bestehend aus **Staubfaden** (66 a) und dem **Staubbeutel** (67), der den Pollen enthält. Manchmal ist das Staubb. in ein sogenanntes **Staminodium** umgewandelt und enthält keinen Pollen mehr (68).

Fruchtb. enthält die **Samenanlage(n),** mehrere Fruchtb. sind zu einem **Fruchtknoten** (69, 70 im Querschnitt) verwachsen, der einen oder mehrere, meist fadenförmige **Griffel** (71 b) mit verschieden gestalteter **Narbe** (71 a) zur Aufnahme des Pollens trägt. Man unterscheidet nach der Stellung des Fruchtknotens:

unterständig wenn er unterhalb des Ansatzpunktes von Kelch und Krone sitzt (72).

mittelständig wenn er teilweise in den becherförmigen Teil des Bl.bodens eingesenkt ist (73).

oberständig wenn er oberhalb des Ansatzpunktes von Kelch und Krone steht (74).

Samenanlage vom Fruchtb. oder Fruchtknoten eingeschlossen, liefert nach der Befruchtung die Samen. Nach der Stellung der Samenanlagen unterscheidet man mehrere sogenannte **Plazentationstypen:**

freie, zentrale Plazentation die Samenanlagen sind an einer zentralen Mittelsäule (75).

zentralwinkelständige Plazentation die Samenanlagen liegen in dem Winkel, der von den Scheidewänden gebildet wird (76).

wandständige Plazentation die Samenanlagen liegen auf der Innenwand der Fruchtb. oder des Fruchtknotens.

Bl.boden oberster verbreiteter (77, 79 b) oder manchmal auch krugförmig ausgehöhlter (78) Teil des Bl.bodens, der die Bl.teile, bei Korbblütler die Einzelbl. (79 a) trägt.

Geschlecht der Blüte

1geschlechtig entweder mit Staubb. (männliche Bl.) oder mit Fruchtknoten (weibliche Bl.).

zwittrig mit Staubb. und Fruchtknoten.
Nach der Verteilung der Geschlechter der Bl. ist die Pflanze

1häusig wenn auf derselben Pflanze männliche und weibliche Bl. sitzen.

2häusig wenn männliche und weibliche Bl. auf verschiedenen Pflanzen sind.

Sonderbildungen der Blüte

Außenkelch kelchartiges Gebilde aus mehreren Hochb. dicht unter dem Kelch (80).

Drüsenring (Diskus) scheibenförmiger oder wulstiger drüsiger Teil des Bl.bodens, der den Fruchtknoten umgibt oder ihm aufsitzt (81).

Nebenkrone kronb.ähnlicher Kranz aus freien oder verwachsenen Anhängseln im Inneren der Krone (82).

Nektardrüse zuckerhaltigen Saft (Nektar) absondernde Drüse, dient zur Anlockung von Insekten und tritt in der Bl. an verschiedenen Stellen auf (83).

Pappus Haare oder Borsten an den Früchten vieler Korbblütler, hervorgegangen aus dem Kelch (84).

Spelzen häutige, zähe B. in der Grasbl., oft mit **Granne** (85), die unteren beiden als äußere und innere **Hüllspelzen** (86 a), die folgenden als Deckspelze (86 b, 87 a) bezeichnet, manchmal ist noch eine vierte, die
Vorspelze (86 c, 87 b) vorhanden.

Schlundhöcker Vorwölbungen der Unterlippe am Übergang vom Kronsaum und Kronröhre **(Kronschlund)** (49 a).

Sporn hohle Aussackung von Kelch oder Krone (49 d, 88 a).

75

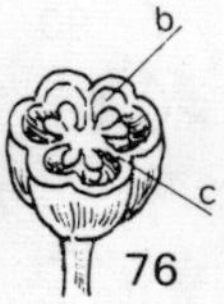

76

77

78

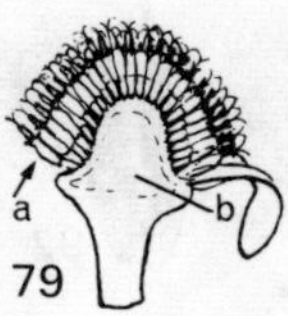

79

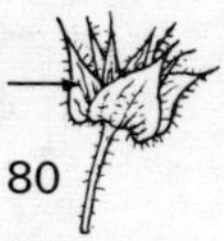
80

81

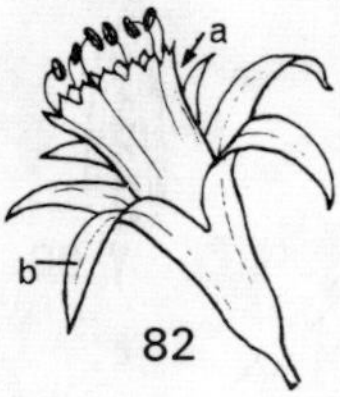

82

83

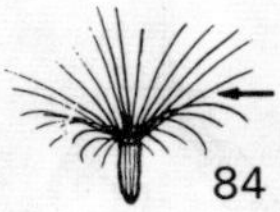
84

85

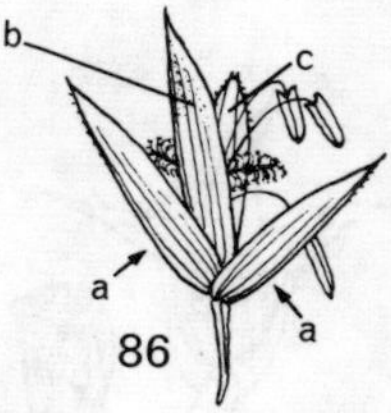

86

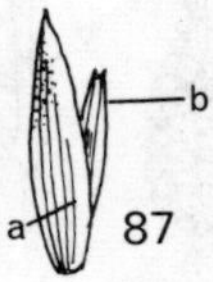

87

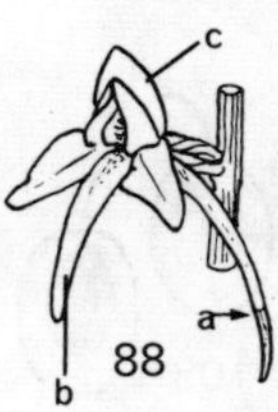

88

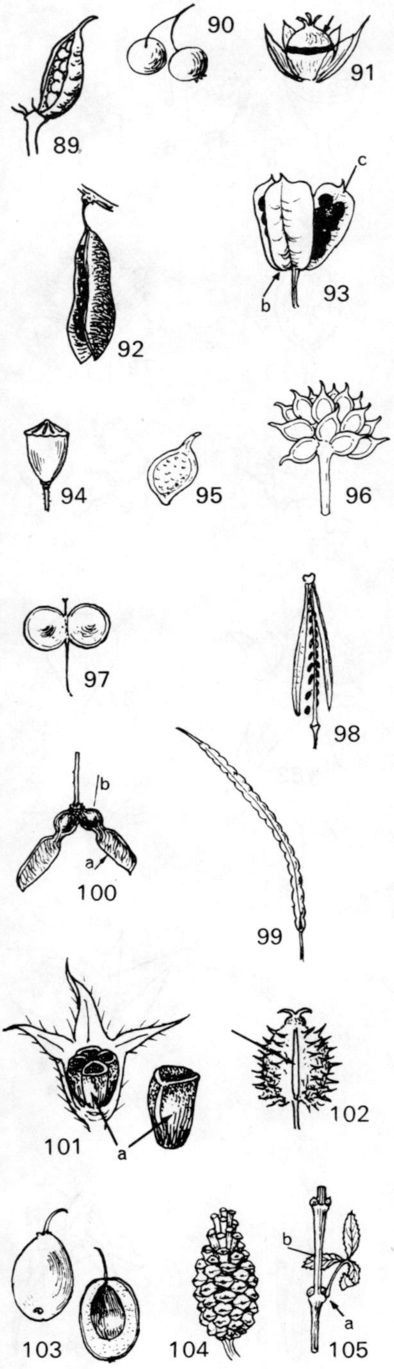

Spreub. kleine, schuppenartige B. zwischen den Einzelbl. mancher Korbblütler.

Vorb. kleine, schuppenförmige, oft häutige Hochb., dem Bl.stiel ansitzend.

Früchte

Balgfrucht aus 1 Fruchtb. bestehend, das sich nur an 1 Längslinie öffnet (89).

Beere fleischige, 1- bis mehrsamige Frucht (90).

Beerenzapfen (Scheinbeere) Zapfen mit fleischigwerdenden Fruchtschuppen (bei Wacholder).

Deckelkapsel Kapsel, die sich mittels eines aufspringenden Deckels öffnet (91).

Hülse trockne Frucht aus 1 Fruchtb. bestehend, öffnet sich an der Bauch- und Rückennaht (92).

Kapsel trockne Frucht aus mehreren Fruchtb. bestehend, öffnet sich durch Spalten oder Poren (93, 94).

Nuß 1samige Frucht mit harter Schale.

Nüßchen 1samige Teilfrucht bei Arten mit vielen freien Fruchtb. (95, 96).

Scheinbeere fleischige Frucht, an deren Bildung noch andere Organe der Bl. beteiligt sind (z. B. Erdbeere).

Schötchen Frucht der Kreuzblütler, die nicht mehr als 3mal so lang wie breit ist (97).

Schote Frucht der Kreuzblütler, die mehr als 3mal so lang wie breit ist (98, 99).

Spaltfrucht trockne Frucht, die bei der Reife in mehrere 1samige **Teilfrüchte** zerfällt, z. B. bei Ahorn (100, hier ist noch jede Teilfrucht **geflügelt,** 100 a), bei Lippenblütler (101), bei Doldengewächse (102).

Steinfrucht Frucht mit außen fleischiger, innen steinartiger Fruchtwand (103).

Zapfen „Frucht“ der Nadelhölzer, bestehend aus zahlreichen sich überlappenden, verholzenden Fruchtschuppen (104).

Sproßachse oder Stengel

besteht aus meist langen Gliedern, die durch **Knoten** (105 a) begrenzt sind.

Gestalt

geflügelt mit längsverlaufenden, stark verzweigten Leisten.

gefurcht mit längsverlaufenden Rinnen.
kantig im Querschnitt eckig.
stielrund im Querschnitt kreisförmig.
2schneidig oder **2seitig** mit 2 längsverlaufenden Kanten.

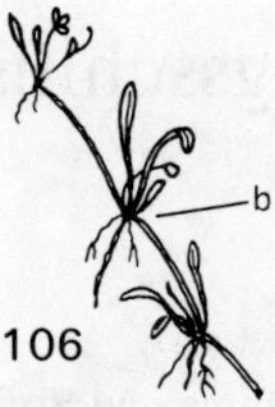

106

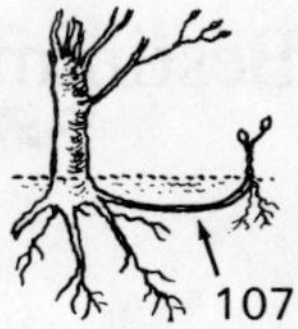
107

Besondere Formen

Ausläufer ober- oder unterirdisch kriechende Stengel, die an der Spitze neue Pflanzen bilden (106, 107).
Knolle fleischig verdickter Teil der Sproßachse (Speicherorgan 108).
Phyllocladium b.artig verbreiteter Sproß (109).
Wurzelstock kriechender, unterirdischer Teil der Sproßachse, der jedes Jahr neu austreibt (110).
Zwiebel unterirdisches Organ aus dichtgestellten, fleischigen Schuppenb. (111).

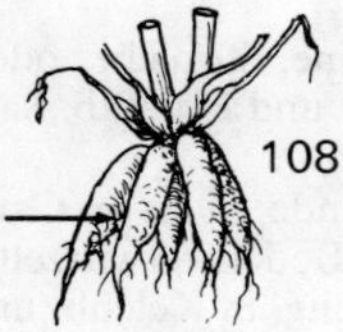
108

109

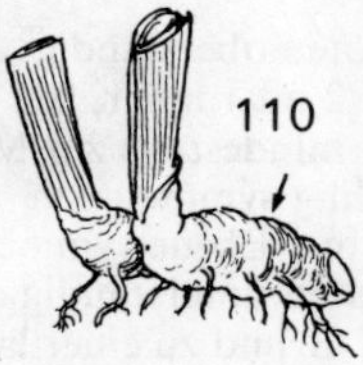
110

111

Bestimmungsschlüssel der Familien

1 Zapfentragende Bäume und Sträucher mit männlichen und weiblichen Zapfen; Samen nicht in einen Fruchtknoten eingeschlossen. B. nadel- oder schuppenförmig		Gruppe A
1′ Bl.tragende Bäume, Sträucher oder Kräuter mit zwittrigen Bl., bestehend aus Bl.hülle, Staubb. und Fruchtb. Samen in einem Fruchtknoten eingeschlossen. B. breit und flach		
2 Frei schwimmende, nicht im Grund verwurzelte Wasserpflanzen		Gruppe B
2′ Land- oder im Boden verwurzelte Wasserpflanzen		
3 Bl.hülle 2wirtelig, in Kelchb. und anders gefärbte Kronb. gegliedert		
4 Kronb. am Grund nicht verwachsen, sehr selten an der Spitze zusammenhängend		
5 Fruchtknoten oberständig		
6 Fruchtb. 2 oder mehr, frei oder nur am Grund verwachsen		Gruppe C
6′ Fruchtb. mindest bis zur Mitte verwachsen oder nur 1 Fruchtb.		
7 Bl. strahlig symmetrisch		Gruppe D
7′ Bl. nur in 1 Ebene symmetrisch		Gruppe E
5′ Fruchtknoten unterständig oder halbunterständig		Gruppe F
4′ Kronb. am Grund zu einer langen oder kurzen Röhre verwachsen		
8 Fruchtknoten oberständig		Gruppe G
8′ Fruchtknoten unterständig		Gruppe H
3′ Bl.hülle nicht in Kelch und Krone gegliedert		
9 Bl.hülle kronb.artig gefärbt		Gruppe I
9′ Bl.hülle nicht kronb.artig gefärbt, oder dann trockenhäutig und papierartig, oft fehlend		
10 Bäume, Sträucher oder Zwergsträucher		Gruppe J
10′ Kräuter		
11 Wasserpflanzen mit schwimmenden oder flutenden B.; Bl. gewöhnlich untergetaucht, manchmal aus dem Wasser ragend		Gruppe K
11′ Land- oder Sumpfpflanzen, bei Wasserpflanzen Bl.stand und B. aus dem Wasser ragend		Gruppe L

Gruppe A *Zapfentragende Pflanzen; B. nadel- oder schuppenförmig*		Seite
1 B. zu kleinen, gewöhnlich bräunlichen Schuppen reduziert; Pflanze schachtelhalmartig	*Ephedraceae*	33
1′ B. gewöhnlich grün, nadel- oder schuppenförmig; Pflanze nicht schachtelhalmartig		
2 Weibliche Bl. einzeln; Samen von einem fleischigen Samenmantel umgeben	*Taxaceae*	33
2′ Weibliche Bl. in Zapfen; Samen ohne Samenmantel		
3 B. gegen- oder quirlständig, schuppen- oder nadelförmig	*Cupressaceae*	33
3′ B. wechselständig oder büschelig zu 2–5 oder vielen, nadelförmig	*Pinaceae*	33

Gruppe B *Frei schwimmende, nicht im Grund verwurzelte Wasserpflanzen*		
1 B. fein zerteilt, mit fadenförmigen Abschnitten und rundlichen Blasen oder Schläuchen	*Lentibulariaceae*	82

		Seite
1′ Pflanzen anders		
2 Pflanzen mit b.artigen Sprossen, nicht in B. und Stengel gegliedert	*Lemnaceae*	102
2′ Pflanzen in B. und Stengel gegliedert		
3 Schwimmb. ungestielt	*Hydrocharitaceae*	92
3′ Schwimmb. an langen Stielen		
4 Schwimmb. kreisrund, ganzrandig	*Hydrocharitaceae*	92
4′ Schwimmb. rautenförmig, gezähnt	*Trapaceae*	62

Gruppe C *Mit Kronb. und Kelchb.; Kronb. am Grund nicht verwachsen; Fruchtknoten oberständig; Fruchtb. frei*

1 Kelchb. und Kronb. 3		
2 Fruchtb. mehr als 3		
3 B. zusammengesetzt	*Ranunculaceae*	39
3′ B. ungeteilt	*Alismataceae*	
2′ Fruchtb. 3		
4 B. handförmig geteilt; B.stiele dornig	*Palmae*	97
4′ B. ungeteilt, sitzend	*Crassulaceae*	46
1′ Kelchb. und Kronb. mehr als 3		
5 Bl. nur in 1 Ebene symmetrisch; Kronb. tief eingeschnitten	*Resedaceae*	46
5′ Bl. strahlig symmetrisch; Kronb. einfach		
6 Staubb. in doppelter Anzahl wie Kronb.		
7 Sträucher oder Kräuter mit Nebenb. Fruchtknoten teilweise vom becherförmigen Bl.boden umgeben	*Rosaceae*	48
7′ Kräuter; Nebenb. fehlend, aber B. am Grund manchmal scheidig; Bl. ohne becherförmigem Bl.boden		
8 Frucht aus mehreren 1samigen Nüßchen bestehend, Kelchb. abfallend	*Ranunculaceae*	39
8′ Frucht eine 2–5samige Balgfrucht; Kelchb. bleibend	*Paeoniaceae*	42
6′ Staubb. nicht in doppelter Anzahl wie Kronb.		
9 B. 3zählig	*Rosaceae*	48
9′ B. einfach		
10 Fruchtb. auf dem verlängerten Bl.boden spiralig angeordnet	*Ranunculaceae*	39
10′ Fruchtb. quirlständig		
11 Bäume mit handförmig gelappten B.; Bl. in kugeligen Köpfen	*Platanaceae*	48
11′ Kräuter oder Sträucher; B. und Bl.stand anders		
12 Kräuter oder laubabwerfende Sträucher mit stielrunden Stengeln; B. fleischig	*Crassulaceae*	46
12′ Sträucher mit kantigen Stengeln; B. nicht fleischig	*Coriariaceae*	57

Gruppe D *Fruchtknoten oberständig; Fruchtb. mindest bis zur Mitte verwachsen oder Fruchtb. 1; Bl. strahlig symmetrisch*

1 Kronb. mehr als 10		
2 Wasserpflanzen mit gestielten Schwimmb.	*Nymphaeaceae*	39
2′ Landpflanzen mit sitzenden oder fast ungestielten B.		
3 Staubb. 4–6	*Berberidaceae*	42
3′ Staubb. viele	*Aizoaceae*	37
1′ Kronb. weniger als 10		
4 Staubb. über 2mal so viel wie Kronb.		

		Seite
5 Staubb. zu einer Röhre verwachsen	*Malvaceae*	59
5′ Staubb. frei oder in Bündeln		
6 Bl.hüllb. zur Reife ausdauernd, 2 große und 2 kleine	*Polygonaceae*	36
6′ Bl.hüllb. zur Reife nicht ausdauernd		
7 Fruchtknoten langgestielt	*Capparidaceae*	43
7′ Fruchtknoten ungestielt		
8 Fruchtknoten vom becherförmigen Fruchtboden umgeben; Samenanlage 1	*Rosaceae*	48
8′ Fruchtknoten nicht vom Fruchtboden umgeben; Samenanlagen 2 oder mehr		
9 Fruchtb. 1; B. doppelt 3zählig, untere B.abschnitte gestielt	*Ranunculaceae*	39
9′ Fruchtb. 2 oder mehr; B. anders		
10 Große Bäume; Bl.stand mit großem, als Flugorgan dienendem Tragb.	*Tiliaceae*	
10′ Nicht so		
11 Griffel mehr als 1, frei		
12 B. gewöhnlich wechselständig; äußere Bl.hüllb. kronb.artig	*Ranunculaceae*	39
12′ Alle B. gegen- oder quirlständig, äußere Bl.hüllb. kelchb.artig	*Guttiferae*	60
11′ Griffel 1 oder fehlend		
13 Kronb. 4	*Papaveraceae*	42
13′ Kronb. 5		
14 Fruchtknoten 1fächerig oder am Grund mit ganz schmalen Scheidewänden; Staubb. sehr viele	*Cistaceae*	61
14′ Fruchtknoten 3fächerig, Staubb. 15	*Zygophyllaceae*	56
4′ Staubb. weniger als 2mal so viel wie Kronb.		
15 Bäume, Sträucher oder holzige Kletterpflanzen		
16 Bl. an zähen, b.artigen, grünen Stengeln; B. schuppenförmig, bräunlich	*Liliaceae*	93
16′ Pflanze anders		
17 B. klein, schuppenförmig oder heidekrautartig		
18 Bl.hüllb. aus 2 3er Wirteln; Staubb. 3	*Empetraceae*	
18′ Bl.hüllb. und Staubb. mehr als 3zählig		
19 B. gegenständig	*Frankeniaceae*	
19′ B. wechselständig	*Tamaricaceae*	61
17′ B. anders		
20 Alle B. gegenständig		
21 Frucht aus 2 1samigen, geflügelten Teilfrüchten; B. gewöhnlich handförmig gelappt	*Aceraceae*	58
21′ Frucht eine fleischige Kapsel; B. nicht handförmig gelappt	*Celastraceae*	58
20′ Mindest einige B. wechselständig		
22 Staubb. 6	*Cruciferae*	43
22′ Staubb. 4, 5 oder 10		
23 Staubb. 4 oder 5		
24 Staubb. mit den Kronb. gegenständig		
25 Sträucher oder kleine Bäume; Kronb. kürzer als die Kelchb.	*Rhamnaceae*	59
25′ Holzige Kletterpflanzen; Kronb. länger als die Kelchb.	*Vitaceae*	

24′ Staubb. mit den Kronb. wechselständig		Seite
26 Rinde harzig; Samenanlage 1	*Anacardiaceae*	57
26′ Rinde nicht harzig; Samenanlagen mehrere	*Pittosporaceae*	
23′ Staubb. 10		
27 B. einfach	*Ericaceae*	65
27′ B. gefiedert	*Anacardiaceae*	57
15′ Kräuter, manchmal am Grund verholzt		
28 Kelchb. 2, Kronb. 5	*Portulacaceae*	37
28′ Kelchb. so viel wie Kronb.		
29 Bl. mit röhren- oder schüsselförmigem Kelchbecher	*Lythraceae*	62
29′ Bl. ohne Kelchbecher, manchmal mit becherförmigem Bl.boden		
30 Stengelb. gegen- oder quirlständig		
31 B. fiederteilig, selten nur sägezähnig		
32 Kronb. 4	*Cruciferae*	43
32′ Kronb. 5		
33 Staubb. ohne Schuppen auf der Innenseite der Staubfäden	*Geraniaceae*	55
33′ Staubb. auf der Innenseite der Staubfäden mit Schuppen	*Zygophyllaceae*	56
31′ B. einfach und ganzrandig		
34 Nebenb. vorhanden	*Caryophyllaceae*	37
34′ Nebenb. fehlend		
35 Kelchb. bis über die Mitte verwachsen		
36 Griffel verwachsen; Samenanlagen wandständig	*Frankeniaceae*	
36′ Griffel frei; Samenanlagen an einer Mittelsäule sitzend	*Caryophyllaceae*	37
35′ Kelchb. frei oder nur am Grund verwachsen		
37 Fruchtknoten 1fächerig; Samenanlagen an einer Mittelsäule sitzend	*Caryophyllaceae*	37
37′ Fruchtknoten 4- oder 5fächerig; Samenanlagen zentral-winkelständig	*Linaceae*	56
30′ B. wechselständig oder alle grundständig		
38 B. 3zählig	*Oxalidaceae*	55
38′ B. nicht 3zählig		
39 Kelchb. und Kronb. 2–3	*Polygonaceae*	36
39′ Kelchb. und Kronb. 4–5		
40 Beide Wirtel der Bl.hülle grün	*Rosaceae*	48
40′ Innere Wirtel der Bl.hülle nicht grün		
41 Kelchb. und Kronb. 4; Staubb. 4 oder 6		
42 Nebenb. fehlend; Staubb. gewöhnlich 6	*Cruciferae*	43
42′ Nebenb. vorhanden; Staubb. 4	*Caryophyllaceae*	37
41′ Kelchb. und Kronb. 5; Staubb. 5 oder 10		
43 B auffällig rot, klebrig, mit langen Drüsenhaaren	*Droseraceae*	46
43′ Nicht so		
44 B. mit zahlreichen, durchscheinenden Öldrüsen; beim Zerreiben stark riechend	*Rutaceae*	57
44′ B. ohne durchscheinende Öldrüsen		
45 Griffel 1; Narbe einfach oder schwach gelappt; Staubbeutel sich durch Poren öffnend	*Pyrolaceae*	65
45′ Griffel oder Narben mehr als 1; Staubbeutel sich durch Längsschlitze öffnend		

		Seite
46 Narben 5		
47 B. gelappt oder gefiedert	*Geraniaceae*	55
47′ B. ungeteilt		
48 Kelchb. verwachsen; B. grundständig	*Plumbaginaceae*	68
48′ Kelchb. frei; B. stengelständig	*Linaceae*	56
46′ Narben 2–4		
49 Bl. mit drüsigen, gefransten, sterilen Staubb.	*Parnassiaceae*	48
49′ Nicht so		
50 Staubb. 5	*Caryophyllaceae*	37
50′ Staubb. 10	*Saxifragaceae*	47

Gruppe E *Fruchtknoten oberständig; Fruchtb. bis über die Mitte verwachsen oder Fruchtb. 1; Bl. nur in einer Ebene symmetrisch*

1 Bl. am Grund mit sackförmiger Ausstülpung oder Sporn		
2 Kelchb. 2, klein	*Papaveraceae*	42
2′ Kelchb. 3 oder 5		
3 Kelchb. 3, sehr ungleich, eines gespornt; Kronb. 3, ungespornt	*Balsaminaceae*	58
3′ Kelchb. 5; Kronb. 5		
4 B. wechselständig	*Violaceae*	60
4′ B. gegenständig	*Geraniaceae*	55
1′ Bl. ohne sackförmiger Ausstülpung oder Sporn am Grund		
5 Alle Staubb. zu einer Röhre verwachsen oder manchmal 1 Staubb. frei		
6 Staubb. sich durch Poren öffnend	*Polygalaceae*	57
6′ Staubb. sich durch Schlitze öffnend	*Leguminosae*	50
5′ Alle Staubb. frei		
7 Bäume oder Sträucher		
8 B. einfach		
9 Fruchtknoten langgestielt	*Capparidaceae*	43
9′ Fruchtknoten ungestielt		
10 Kronb. 4	*Cruciferae*	43
10′ Kronb. 5	*Leguminosae*	50
8′ B. zusammengesetzt		
11 B. 3zählig oder gefiedert	*Leguminosae*	50
11′ B. handförmig gefiedert	*Hippocastanaceae*	58
7′ Kräuter		
12 Fruchtknoten und Frucht tief 5lappig		
13 Bl.stand ebensträußig, doldig; Frucht lang geschnäbelt	*Geraniaceae*	55
13′ Bl.stand verlängert, traubig oder ährenförmig; Frucht ungeschnäbelt	*Rutaceae*	57
12′ Fruchtknoten und Frucht nicht tief 5lappig		
14 Kronb. gefranst oder gelappt	*Resedaceae*	46
14′ Kronb. ungeteilt oder nur ausgerandet		
15 Staubb. 10	*Leguminosae*	50
15′ Staubb. 6 und weniger		
16 Kelchb. frei; Fruchtknoten 2fächerig	*Cruciferae*	43
16′ Kelchb. dem becherförmigem Bl.boden eingefügt; Fruchtknoten 1fächerig	*Caryophyllaceae*	37

Gruppe F *Kelchb. und Kronb. vorhanden; Kronb. nicht zu einer Röhre verwachsen; Fruchtknoten unterständig oder halbunterständig*

1 Kronb. zahlreich		
2 Wasserpflanzen; B. nicht fleischig	*Nymphaeaceae*	39

		Seite
2′ Landpflanzen; B. fleischig	*Aizoaceae*	37
1′ Kronb. 5 oder weniger		
3 Kronb. und Kelchb. 3		
4 Bl. nur in 1 Ebene symmetrisch		
5 Griffel und Staubfäden auffällig	*Iridaceae*	97
5′ Narbe ohne Griffel und Staubb. ohne Staubfäden	*Orchidaceae*	103
4′ Bl. strahlig symmetrisch		
6 Äußerer Wirtel der Bl.hülle kelchb.artig	*Hydrocharitaceae*	92
6′ Beide Wirteln der Bl.hülle kronb.artig		
7 Staubb. 6	*Amaryllidaceae*	96
7′ Staubb. 3	*Iridaceae*	97
3′ Kronb. und Kelchb. 2, 4 oder 5		
8 Staubb. zahlreich		
9 B. gegenständig, mit durchscheinenden, punktförmigen Drüsen	*Myrtaceae*	62
9′ B. wechselständig; ohne durchscheinende Drüsen		
10 B. fein gesägt	*Rosaceae*	48
10′ B. ganzrandig; Frucht mit rötlichem Fruchtfleisch und zahlreichen Samen	*Punicaceae*	62
8′ Staubb. 10 oder weniger		
11 Wasserpflanzen; B. gefiedert, Fiedern fadenförmig; Bl. in Ähren	*Haloragaceae*	63
11′ Nicht so		
12 Bäume, Sträucher oder verholzte Kletterpflanzen		
13 Bl. in Dolden		
14 Kletterpflanzen	*Araliaceae*	63
14′ Aufrechte Sträucher		
15 Immergrüne Pflanzen; Bl. in flachen Dolden	*Umbelliferae*	63
15′ Sommergrüne Pflanzen; Bl. in kugeligen Dolden	*Cornaceae*	63
13′ Bl. nicht in Dolden		
16 B. handförmig gelappt	*Grossulariaceae*	48
16′ B. nicht gelappt		
17 Beide Wirteln der Bl.hülle kronb.artig	*Onagraceae*	62
17′ Äußerer Wirtel der Bl.hülle kelchb.artig; Kelchzähne sehr klein; jedes Fruchtb. mit 1 Samenanlage; Frucht fleischig, mit Stein	*Cornaceae*	63
12′ Kräuter		
18 Beide Wirteln der Bl.hülle kelchb.artig	*Rosaceae*	48
18′ Innerer Wirtel der Bl.hülle kronb.artig		
19 Kronb. 5		
20 Staubb. 5	*Umbelliferae*	63
20′ Staubb. 10	*Saxifragaceae*	47
19′ Kronb. 4 oder 2		
21 Bl. in einer Dolde oder Trugdolde, mit 4blättriger, weißer Hülle	*Cornaceae*	63
22′ Bl.stand anders, ohne weißer Hülle	*Onagraceae*	62

Gruppe G *Kelchb. und Kronb. vorhanden; Kronb. am Grund zu einer langen oder kurzen Röhre verwachsen; Fruchtknoten oberständig*

1 Staubb. mindest in doppelter Anzahl wie Kronb.		
2 Kräuter mit fleischigen B.	*Crassulaceae*	46
2′ Sträucher oder Bäume		

		Seite
3 Staubb. sich mit Poren öffnend; Haare einfach oder schuppenförmig	*Ericaceae*	65
3′ Staubb. sich durch Längsschlitze öffnend; Haare sternförmig verzweigt	*Styracaceae*	
1′ Staubb. so viel oder weniger als Kronb.		
4 Pflanzen ohne Blattgrün; B. schuppenförmig		
5 Bl. nur in 1 Ebene symmetrisch; Stengel kräftig, aufrecht	*Orobanchaceae*	81
5′ Bl. strahlig symmetrisch; Stengel dünn, windend	*Convolvulaceae*	70
4′ Pflanzen mit Blattgrün		
6 Kelchb. 2; Bl. strahlig symmetrisch	*Portulacaceae*	37
6′ Kelchb. mehr als 2 oder Bl. nur in 1 Ebene symmetrisch		
7 Fruchtknoten tief 4lappig; jedes Fruchtbl. mit 1 Samenanlage		
8 B. wechselständig	*Boraginaceae*	71
8′ B. gegenständig	*Labiatae*	73
7′ Fruchtknoten nicht 4lappig		
9 Bl. strahlig oder fast strahlig symmetrisch		
10 Fruchtb. frei		
11 B. schildförmig, B.stiel in der Mitte unter der B.spreite; Fruchtb. 5	*Crassulaceae*	46
11′ B. nicht schildförmig, B.stiel am Ende der B.spreite; Fruchtb. 2		
12 Krone mit Nebenkrone; Griffel 2, frei, aber durch die Narbe verbunden	*Asclepiadaceae*	69
12′ Krone ohne Nebenkrone, Griffel 2, verwachsen (mit Ausnahme des Grundes)	*Apocynaceae*	69
10′ Fruchtb. verwachsen		
13 Staubb. weniger als Kronb.		
14 Kräuter	*Scrophulariaceae*	77
14′ Sträucher und Bäume		
15 B. gegenständig	*Oleaceae*	68
15′ B. wechselständig		
16 Bl. gelb	*Oleaceae*	58
16′ Bl. nicht gelb	*Scrophulariaceae*	77
13′ Staubb. so viel wie Kronb.		
17 Staubb. mit den Kronb. gegenständig		
18 Griffel oder Narben mehr als 1; Samenanlage 1	*Plumbaginaceae*	68
18′ Griffel 1; Narbe 1; Samenanlagen viele	*Primulaceae*	66
17′ Staubb. mit den Kronb. wechselständig		
19 B. gegenständig		
20 Sträucher		
21 Große, aufrechte Sträucher; B. abfallend	*Buddlejaceae*	77
21′ Kleine, niederliegende Sträucher; B. immergrün		
22 B. elliptisch oder länglich; Bl. rot	*Ericaceae*	65
22′ B. spatelförmig; Bl. weiß	*Diapensiaceae*	65
20′ Kräuter		
23 Landpflanzen; B. sitzend	*Gentianaceae*	68
23′ Wasserpflanzen; B. gestielt	*Menyanthaceae*	69
19′ B. wechselständig oder alle grundständig		
24 Kelchb., Kronb. und Staubb. 4		
25 Sträucher	*Aquifoliaceae*	58
25′ Kräuter		
26 Krone nicht blauviolett	*Plantaginaceae*	82
26′ Krone blauviolett	*Gesneriaceae*	81

		Seite
24′ Kelchb., Kronb. und Staubb. 5 (selten Kelchb. weniger)		
27 Fruchtknoten 3fächerig; Narben 3 oder Narbe 3lappig		
28 B. gefiedert	*Polemoniaceae*	70
28′ B. einfach	*Diapensiaceae*	65
27′ Fruchtknoten 2fächerig; Narben 2 oder 1		
29 Samenanlagen 4 oder weniger		
30 Bl. in reichblütigem, gabelig geteiltem Bl.stand mit zurückgekrümmten Ästen; Kronzipfel deutlich	*Boraginaceae*	71
30′ Bl. einzeln oder zu wenigen; Krone kaum gelappt	*Convolvulaceae*	70
29′ Samenanlagen viele		
31 Wasser- oder Sumpfpflanzen; Kronb. gefranst	*Menyanthaceae*	69
31′ Landpflanzen; Kronb. nicht gefranst		
32 B. alle grundständig	*Gesneriaceae*	81
32′ einige B. stengelständig		
33 Kronröhre viel kürzer als die Kronzipfel; Staubb. spreizend	*Scrophulariaceae*	77
33′ Kronröhre lang oder Staubb. zusammenneigend	*Solanaceae*	76
9′ Bl. nur in 1 Ebene symmetrisch		
34 Staubb. sich durch Poren öffnend	*Ericaceae*	65
34′ Staubb. sich durch Schlitze öffnend		
35 Bl. klein, in dichten, kugeligen Köpfen	*Globulariaceae*	80
35′ Bl. nicht in kugeligen Köpfen		
36 Fruchtknoten 1fächerig; fleischfressende Pflanzen	*Lentibulariaceae*	82
36′ Fruchtknoten 2fächerig; nicht fleischfressende Pflanzen		
37 Samenanlagen viele	*Scrophulariaceae*	77
37′ Samenanlage 4		
38 Tragb. kürzer als der Kelch	*Verbenaceae*	73
38′ Tragb. viel länger als der Kelch	*Acanthaceae*	81

Gruppe H *Kronb. und Kelchb. vorhanden; Kronb. zu einer langen oder kurzen Röhre verwachsen; Fruchtknoten unterständig*

1 Staubb. 8–10 oder 4–5 und Staubfäden bis zum Grund gespalten		
2 Kräuter; Staubb. sich durch Schlitze öffnend; B. 3zählig	*Adoxaceae*	83
2′ Verholzte Pflanzen; Staubb. sich durch Poren öffnend	*Ericaceae*	65
1′ Staubb. 5 oder weniger; Staubfäden nicht geteilt		
3 B. zu 4 oder mehr quirlständig	*Rubiaceae*	70
3′ B. nicht quirlständig		
4 Staubb. den Kronb. gegenständig	*Primulaceae*	66
4′ Staubb. den Kronb. wechselständig		
5 B. gegenständig; dazwischen Nebenb. stehend, dadurch oft Scheinquirle	*Rubiaceae*	70
5′ B. wechselständig oder Nebenb. nicht dazwischenstehend		

		Seite
6 Bl. in dichten Köpfen, von einer gemeinsamen, vielblättrigen Hülle umgeben		
7 Staubb. zu einem Ring verwachsen, der den Griffel umgibt		
8 Samenanlage 1; Kelch fehlend oder aus Haaren oder Schuppen gebildet (Pappus)	*Compositae*	85
8′ Samenanlagen viele; Kelch aus grünen B. bestehend	*Campanulaceae*	84
7′ Staubb. nicht verwachsen		
9 Samenanlagen viele; Kronzipfel länger als die Kronröhre	*Campanulaceae*	84
9′ Samenanlage 1; Kronzipfel viel kürzer als die Kronröhre	*Dipsacaceae*	65
6′ Bl. nicht in dichten Köpfen oder nur mit 2blättriger Hülle		
10 Staubb. sitzend, Pollenkörner zu einem Pollenpaket vereinigt	*Orchidaceae*	103
10′ Staubb. mit Staubfäden; Pollenkörner nicht zusammenhängend		
11 Staubb. 1–3	*Valerianaceae*	83
11′ Staubb. 4–5		
12 Sträucher (manchmal klein und kriechend) oder verholzte Kletterpflanzen	*Caprifoliaceae*	82
12′ Kräuter		
13 Mit Ranken	*Cucurbitaceae*	61
13′ Ranken fehlend		
14 B. gefiedert	*Caprifoliaceae*	82
14′ B. nicht gefiedert		
15 Bl. zwittrig; Frucht eine Kapsel	*Campanulaceae*	84
15′ Bl. 1geschlechtig; Frucht fleischig	*Cucurbitaceae*	61

Gruppe I *Bl.hüllb. alle kronb.artig, gefärbt*

1 Pflanze ohne Blattgrün, schmarotzend oder saprophytisch lebend		
2 Staubfäden und Staubb. frei	*Pyrolaceae*	65
2′ Staubfäden zu einer Säule verwachsen	*Rafflesiaceae*	36
1′ Pflanze mit Blattgrün		
3 Stengel fleischig, b.los, aber mit Dornen	*Cactaceae*	62
3′ Pflanze anders		
4 Staubb. über 12	*Ranunculaceae*	39
4′ Staubb. 12 oder weniger		
5 Bl. in dichten, eiförmigen Köpfen, ohne Hülle	*Rosaceae*	48
5′ Bl.stand anders oder wenn in eiförmigen Köpfen, dann mit Hülle		
6 Fruchtknoten oberständig		
7 Bl.hülle 4blättrig		
8 Bl.hülle unten röhrig	*Thymelaeaceae*	59
8′ Bl.hüllb. frei		
9 Kräuter	*Liliaceae*	93
9′ Sträucher	*Polygonaceae*	36
7′ Bl.hüllb. mehr als 4		
10 Fruchtb. mehr als 1, frei oder fast frei		
11 B. im Querschnitt 3kantig, alle grundständig	*Butomaceae*	92
11′ B. flach, stengelständig	*Phytolaccaceae*	37

		Seite
10′ Fruchtb. 1 oder Fruchtb. verwachsen		
12 Bl.hüllb. 6	*Liliaceae*	93
12′ Bl.hüllb. 5		
13 Narben 2–3; Nebenb. scheidig, dünn, trocken, steif	*Polygonaceae*	36
13' Narbe 1; Nebenb. fehlend	*Primulaceae*	66
6′ Fruchtknoten unterständig oder Bl. männlich		
14 B. zu 4 oder mehr quirlständig	*Rubiaceae*	70
14′ B. nicht quirlständig		
15 Bl. in dichten Köpfen, von einer Hülle umgeben		
16 Staubb. zu einer Röhre verwachsen und den Griffel umschließend oder Bl. 1geschlechtig	*Compositae*	85
16′ Staubb. nicht verwachsen; Bl. zwittrig	*Dipsacaceae*	83
15′ Bl. nicht in Köpfen, manchmal kurzgestielt in dichten Dolden		
17 Samenanlagen viele		
18 Bl.hüllb. 3 oder Bl.hülle röhrig und mit ungeteilter Lippe	*Aristolochiaceae*	36
18′ Bl.hüllb. 6		
19 Staubb. 6	*Amaryllidaceae*	96
19′ Staubb. 3	*Iridaceae*	97
17′ Samenanlagen 1 oder 2		
20 B. gegenständig	*Valerianaceae*	83
20′ B. wechselständig		
21 Bl. einzeln oder in verlängerten Bl.ständen	*Santalaceae*	35
21′ Bl. in Dolden	*Umbelliferae*	63

Gruppe J *Bl.hülle nicht kronb.artig, oft fehlend, wenn gefärbt, dann trocken, dünn und steif; Bäume oder Sträucher oder Zwergsträucher*

1 Auf Bäumen oder Sträuchern schmarotzende Pflanzen	*Loranthaceae*	36
1′ Nichtschmarotzende Pflanzen		
2 Stengel kriechend oder mit Hilfe von Luftwurzeln kletternd	*Araliaceae*	63
2′ Pflanzen anders		
3 Stengel immergrün, flach, b.artig; B. klein, bräunlich, schuppenförmig	*Liliaceae*	93
3′ Pflanzen anders		
4 die meisten B. gegenständig oder fast gegenständig		
5 Stengel oder B. fleischig	*Chenopodiaceae*	36
5′ B. und Stengel nicht fleischig		
6 Griffel 3	*Buxaceae*	
6′ Griffel 4 oder 1		
7 Bl. in Kätzchen	*Salicaceae*	34
7′ Bl. nicht in Kätzchen		
8 B. gefiedert; Staubb. 2	*Oleaceae*	68
8′ B. einfach; Staubb. 5 oder 8		
9 Staubb. 5, mit den Kelchb. wechselständig	*Rhamnaceae*	59
9′ Staubb. 8; Kelchb. 5	*Aceraceae*	58
4′ Alle B. wechselständig		
10 B. schmal, linealisch, unter 2 mm breit		
11 Narbe 1	*Thymelaeaceae*	59
11′ Narben 2–9		
12 Staubb. 3; B. nicht fleischig	*Empetraceae*	
12′ Staubb. 5; B. fleischig	*Chenopodiaceae*	36
10′ B. über 2 mm breit		

		Seite
13 B. gefiedert		
14 Fruchtknoten unterständig; Griffel 2; Stengelmark quergefächert	*Juglandaceae*	34
14′ Fruchtknoten oberständig; Griffel 3 oder 1; Mark nicht so		
15 Griffel 1; Frucht zwischen den Samen eingeschnürt	*Leguminosae*	50
15′ Griffel 3; Frucht eine trockne, 1samige Steinfrucht	*Anacardiaceae*	57
13′ B. einfach		
16 B.stiel am Grund vergrößert und die Knospe einhüllend	*Platanaceae*	48
16′ B.stiel die Knospe nicht einhüllend		
17 Staubb. sich durch Querspalten öffnend	*Lauraceae*	
17′ Staubb. sich durch Längsschlitze öffnend		
18 Bl. nicht in Kätzchen oder dichten Köpfen		
19 Bl.stand bestehend aus mehreren männlichen Bl. mit je 1 Staubb. und 1 weiblichen Bl. mit 1 gestieltem Fruchtknoten, die sogenannte Bl. bildend; mit Milchsaft	*Euphorbiaceae*	56
19′ Bl.stand anders; ohne Milchsaft		
20 Bl. 1geschlechtig		
21 B. unterseits mit schuppenartigen oder rostbraunen Haaren; Fruchtknoten 1fächerig; Frucht fleischig	*Elaeagnaceae*	60
21′ Schuppenförmige Haare fehlend; Fruchtknoten 3fächerig; Frucht trocken	*Euphorbiaceae*	56
20 Bl. zwittrig		
22 Bäume; Bl.röhre kurz; Staubb. nahe dem Grund eingefügt	*Ulmaceae*	35
22′ Sträucher; Bl.röhre lang; Staubb. nahe ihrer Spitze eingefügt	*Thymelaeaceae*	59
18′ Bl. in Kätzchen oder dichten Köpfen		
23 Mit Milchsaft; Frucht fleischig	*Moracaceae*	35
23′ Milchsaft fehlend; Frucht trocken		
24 Pflanze 1geschlechtig; Bl.hülle fehlend		
25 Tragb. der Kätzchenbl. gefranst oder gelappt; Bl. mit becherförmiger Scheibe	*Salicaceae*	34
25′ Tragb. der Kätzchenbl. einfach; Scheibe fehlend		
26 B. ohne durchscheinende Drüsen; Staubb. mit langen Staubfäden; Samenanlagen zahlreich	*Salicaceae*	34
26′ B. mit durchscheinenden Drüsen; Staubfäden kurz; Samenanlage 1	*Myricaceae*	34
24′ Bl. 1geschlechtig; Pflanze 1häusig; weibliche oder männliche Bl. oder beide Bl. mit Bl.hülle		
27 Griffel 3 oder mehr; männliche und weibliche Bl. mit Bl.hülle	*Fagaceae*	35
27′ Griffel 2; nur männliche oder weibliche Bl. mit Bl.hülle		
28 Männliche Bl. zu 3 in der Achsel der Tragb. sitzend; Bl.hülle vorhanden	*Betulaceae*	34
28′ Männliche Bl. einzeln in der Achsel der Tragb. sitzend	*Corylaceae*	34

Gruppe K *Bl.hüllb. nicht kronb.artig; krautige Wasserpflanzen mit schwimmenden oder untergetauchten B. und Bl., selten Bl. aus dem Wasser ragend*

		Seite
1 B. in zahlreiche, fadenförmige Abschnitte zerteilt		
2 B. fiederförmig zerteilt; Bl. in endständiger Ähre	*Haloragaceae*	63
2′ B. gabelig zerteilt; Bl. einzeln, achselständig	*Ceratophyllaceae*	
1′ B. ungeteilt, ganzrandig oder gezähnt		
3 Bl. in Ähren	*Potamogetonaceae*	92
3′ Bl. nicht in Ähren		
4 Bl. einzeln oder zu wenigen, sitzend oder kurzgestielt, achselständig		
5 B. zu 8 oder mehr quirlständig	*Hippuridaceae*	
5′ B. nicht so		
6 Fruchtb. 2 oder mehr, frei		
7 Fruchtb. in der Frucht ungestielt oder fast ungestielt	*Zannichelliaceae*	
7′ Stiele der Fruchtb. in der Frucht mehrmals so lang wie diese	*Potamogetonaceae*	92
6′ Fruchtb. verwachsen oder 1		
8 weibliche Bl. mit sehr langer, fädlicher Bl.röhre, einem Bl.stiel gleichend	*Hydrocharitaceae*	92
8′ Bl.röhre kurz oder fehlend		
9 Bl.hüllb. 4–6; Staubb. 4 oder mehr; B. eiförmig bis verkehrt-eiförmig		
10 Bl.hüllb. 4; Fruchtknoten unterständig	*Onagraceae*	62
10′ Bl.hüllb. 6; Fruchtknoten oberständig	*Lythraceae*	62
9′ Bl.hüllb. weniger als 4 oder Bl.hülle fehlend; Staubb. 1; B. linealisch bis lanzettlich		
11 B. wechselständig; Brackwasserarten	*Zannichelliaceae*	
11′ B. gegenständig; Süßwasserarten		
12 B. ganzrandig, ohne scheidigem Grund; Fruchtknoten zusammengedrückt, tief 4lappig	*Callitrichaceae*	72
12′ B. stachelspitzig gezähnt, mit scheidigem Grund; Fruchtknoten im Querschnitt rund, nicht gelappt	*Najadaceae*	
4′ Bl. in langgestielten Köpfen oder Bl.stand mehrfach zusammengesetzt		
13 Bl. zwittrig; Bl.köpfe armblütig	*Juncaceae*	98
13′ Bl. 1geschlechtig; Bl.köpfe reichblütig, nur mit männlichen oder weiblichen Bl.	*Sparganiaceae*	102

Gruppe L *Bl.hüllb. nicht kronb.artig; Landpflanzen, bei Wasserpflanzen Bl.stand und B. oder Stengel aus dem Wasser ragend*

1 Bl.hülle fehlend oder aus kleinen Schuppen oder Borsten; Bl. in den Achseln von Tragb. (Spelzen), gewöhnlich zu mehreren an einer Achse, ein dichtblütiges Ährchen bildend; B. linealisch, grasartig, unten scheidig		
2 Jede Bl. von 2 Spelzen eingeschlossen; B.scheiden gewöhnlich offen, Stengel zwischen den Knoten hohl	*Gramineae*	98
2′ Bl. nur mit 1 Tragb. (Spelze); B.scheiden geschlossen, Stengel zwischen den Knoten gewöhnlich markig	*Cyperaceae*	102
1′ Bl.hülle vorhanden oder Bl. nicht in Ährchen		
3 Kletterpflanzen mit 1geschlechtigen Bl.		

		Seite
4 B. gegenständig; Bl.hüllb. 5	*Cannabaceae*	35
4′ B. wechselständig; Bl.hüllb. 6	*Dioscoraeaceae*	
3′ Nichtkletternde Pflanzen oder selten kletternd, dann mit zwittrigen Bl.		
5 B. linealisch		
6 Bl. 1geschlechtig		
7 weibliche Bl. einzeln; männliche Bl. einzeln oder in kurzen Bl.ständen	*Chenopodiaceae*	36
7′ Männliche und weibliche Bl. in vielblütigen Köpfen oder Ähren		
8 Männliche und weibliche Bl. in getrennten, kugeligen Köpfen	*Sparganiaceae*	102
8′ Bl. in dichten, zylindrischen Ähren, die männlichen oben, die weiblichen unten	*Typhaceae*	101
6′ Bl. zwittrig		
9 Pflanze dicht behaart	*Chenopodiaceae*	36
9′ Pflanze kahl oder spärlich behaart		
10 Bl. in Ähren; Ähre scheinbar seitenständig, an einem flachen, b.artigen Stengel	*Araceae*	101
10′ Nicht so		
11 Fruchtb. 1		
12 B. nicht wirtelig, Nebenb. fehlend	*Chenopodiaceae*	36
12′ B. wirtelig, mit Nebenb.	*Caryophyllaceae*	37
11′ Fruchtb. mehr als 1		
13 Fruchtb. frei (am Grund verwachsen); B. an der Spitze mit deutlicher Pore	*Scheuchzeriaceae*	
13′ Fruchtb. mehrminder verwachsen; B. ohne deutlicher Pore an der Spitze		
5′ B. lanzettlich oder breiter, manchmal klein und schuppenförmig, aber nie linealisch		
14 B. zusammengesetzt		
15 Bl. in zusammengesetzten Dolden	*Umbelliferae*	63
15′ Bl. nicht in zusammengesetzten Dolden		
16 Bl. in dichten Köpfen		
17 B. einfach gefiedert; Griffel 1 oder 2	*Rosaceae*	48
17′ B. 3zählig; Griffel 3–5	*Adoxaceae*	83
16′ Bl. nicht in dichten Köpfen		
18 Staubb. zahlreich; Außenkelch fehlend	*Ranunuculaceae*	39
18′ Staubb. 4 oder 5–10; Außenkelch vorhanden	*Rosaceae*	48
14′ B. einfach oder scheinbar fehlend		
19 Bl. zahlreich, klein, an einem Kolben, dieser von einem großen Tragb. (Spatha) mehrminder eingehüllt	*Araceae*	101
19′ Nicht so		
20 Bl.stand bestehend aus mehreren männlichen Bl. mit je 1 Staubb. und 1 weiblichen Bl. mit gestieltem Fruchtknoten, umgeben von einer becherförmigen Hochb.hülle mit 4–5 gelblichen Drüsen; Gesamtbl.-stand doldig; Pflanze mit Milchsaft	*Euphorbiaceae*	56
20′ Nicht so		
21 B. scheinbar fehlend; Stengel grün und fleischig	*Chenopodiaceae*	36
21′ Mit deutlichen B.; Stengel nicht fleischig		
22 Pflanze dicht mit Sternhaaren bedeckt; Fruchtknoten 3fächerig, mit je 1 Samenanlage pro Fach	*Euphorbiaceae*	56
22′ Nicht so		

		Seite
23 1jährige Pflanzen, dicht bedeckt von kleinen Warzen	*Aizoaceae*	37
23′ 1jährige Pflanzen, nicht von kleinen Warzen dicht bedeckt		
24 B. quirlständig	*Hippuridaceae*	
24′ B. nicht quirlständig		
25 B. wechsel- oder grundständig (selten die unteren gegenständig)		
26 Staubb. zahlreich; Fruchtb. frei	*Ranunculaceae*	39
26′ Staubb. 12 oder weniger; Fruchtb. nicht frei oder 1		
27 Fruchtb. unten zu einer zentralen Achse vereinigt, sonst frei	*Phytolaccaceae*	37
27′ Fruchtb. verwachsen oder 1		
28 Staubb. 12	*Aristolochiaceae*	36
28′ Staubb. 10 oder weniger		
29 Nebenb. zu einer Scheide verwachsen	*Polygonaceae*	36
29′ Nebenb. frei oder fehlend		
30 Außenkelch vorhanden; Nebenb. b.artig	*Rosaceae*	48
30′ Außenkelch fehlend; Nebenb. sehr klein oder fehlend		
31 Fruchtknoten unterständig		
32 Bl.hülle unten röhrig		
33 Samenanlagen am Grund der Fruchtknotenwand	*Chenopodiaceae*	36
33′ Samenanlagen oben an der Fruchtknotenwand, hängend	*Thymelaeaceae*	59
32′ Bl.hüllb. frei oder fast frei, selten in weiblichen Bl. fehlend		
34 Bl.hüllb. 4		
35 Bl.stand verlängert, endständig, ohne Tragb.	*Cruciferae*	43
35′ Bl.stand geknäuelt, achselständig	*Urticaceae*	35
34′ Bl.hüllb. 5		
36 Bl.hüllb. grün, laubb.artig	*Chenopodiaceae*	36
36′ Bl.hüllb. trocken, steif, nicht grün	*Amaranthaceae*	37
31′ Fruchtknoten unterständig		
37 B. nierenförmig, mit herzförmigem Grund	*Saxifragaceae*	48
37′ B. pfriemlich bis lineal-lanzettlich	*Santalaceae*	35
25′ B. gegenständig (selten obere B. scheinbar wechselständig)		
38 B. gezähnt oder gelappt		
39 Bl. zwittrig		
40 Fruchtknoten unterständig; Narben 2	*Saxifragaceae*	47
40′ Fruchtknoten oberständig; Narben 5	*Geraniaceae*	55
39′ Bl. 1geschlechtig		
41 Bl.hüllb. 4 oder 2; Griffel 1	*Urticaceae*	35
41′ Bl.hüllb. 3; Griffel 2	*Euphorbiaceae*	56
38′ B. ganzrandig		
42 Bl.hülle fehlend; Fruchtknoten zusammengedrückt, 4lappig	*Callitrichaceae*	72
42′ Bl.hülle vorhanden; Fruchtknoten anders		
43 Bl.hüllb. 3	*Polygonaceae*	36

		Seite
43′ Bl.hüllb. 4 oder mehr		
44 Fruchtknoten unterständig	*Onagraceae*	62
44′ Fruchtknoten oberständig		
45 Bl.hüllb. 6 oder 12; Griffel und Narbe 1	*Lythraceae*	62
45′ Bl.hüllb. 4 oder 5; Griffel und Narben 2 oder mehr		
46 B. ohne lange, dornige Spitze; Frucht nicht geflügelt	*Caryophyllaceae*	37
46′ B. mit langer, dorniger Spitze; Frucht mit Querflügeln	*Chenopodiaceae*	36

PINACEAE | Kieferngewächse

1. Griechische Tanne, *Abies cephalonica* Loundon, pyramidenförmiger Baum, 20–40 m; ähnlich der Weiß-Tanne; B. starr, stachelspitz, allseits stehend, $1^1/_2$–3 cm, unterseits mit 2 weißlichen Wachsstreifen; Knospen harzig; Zapfen aufrecht, zur Reife nur die Schuppen abfallend, die Zapfenspindel am Baum bleibend. △ Mai – Juni. Griechenland.

2. Fichte, Rot-Tanne, *Picea abies* (L.) Karsten, 20–40 m hoher, pyramidenförmiger Baum mit brauner, rauher Rinde; B. nadelförmig, spiralig gestellt, spitz, im Querschnitt rautenförmig, dunkelgrün; Zapfen 10–18 cm, hängend, rotbraun, als Ganzes abfallend, Deckschuppen fehlend. Wälder. △ Mai – Juni. Nord- und Mitteleuropa.

3. Lärche, *Larix decidua* Miller, pyramidenförmiger Baum, 20–40 m; mit abblätternder Rinde und weichen, nadelförmigen, im Herbst abfallenden B., zu 15–40 an knopfigen Kurztrieben; Zapfen zur Bl.zeit rot, zur Reife braun, eiförmig, 2–5 cm. Wälder. △ April – Juni. Hauptsächlich Gebirge Mitteleuropas.

4. Stern-Kiefer, *Pinus pinaster* Aiton, 20–40 m hoher Baum mit stark rissiger, rötlichbrauner Rinde und langen, dicken, steifen, nadelförmigen B., in Bündel zu 2; B. 10–25 cm lang; Zapfen 8–22 cm, glänzend braun. △ April – Mai. Hauptsächlich Küsten Südeuropas.

5. Aleppo-Kiefer, *Pinus halepensis* Miller, 20 m hoher Baum des Mittelmeergebietes mit anfangs silbergrauer, dann rotbrauner Rinde und glänzend grünen, 6–15 cm langen, biegsamen B.; Zapfen 5–12 cm, kegelförmig, glänzend braun, mit dicken, gekrümmten Stielen. Felsige Hänge. △ März – Mai. Südeuropa.

6. Schwarz-Kiefer, *Pinus nigra* Arnold, 20–35 m hoher Baum mit schwarzbrauner Rinde und 8–16 cm langen, dunkelgrünen, starren B.; Zapfen glänzend braun. △ Mai. Gebirge Südosteuropas, sonst eingebürgert.

CUPRESSACEAE | Zypressengewächse

7. Zypresse, *Cupressus sempervirens* L., 30 m hoher Baum mit schuppenförmigen, gegenständigen oder 4zeiligen, dicht angedrückten, dunkelgrünen B. und kugeligen Zapfen, 2–4 cm. 2 Formen: eine mit säulenförmigem Wuchs (var. *pyramidalis*), die andere mit pyramidenförmigem Wuchs mit abstehenden Ästen (*var. horizontalis*). Küstenhänge, Zierbaum, besonders in der säulenförmigen Form. △ März – April. Südeuropa.

8. Gemeiner Wacholder, *Juniperus communis* L., dichter, säulenförmiger Strauch oder Baum, 1–5 m; B. linealisch, stechend spitz, oberseits flachrinnig, unterseits gekielt; Frucht kugelig, 6–9 mm, grün, reif bläulichschwarz. Moore, Heiden. △ Mai – Juni. Europa.

9. Juniperus oxycedrus L., ähnlich 8; Strauch oder kleiner Baum des Mittelmeergebietes; Frucht größer, 6–15 mm, gelb, reif rotbraun; B. scharf zugespitzt, mit 2 weißen Streifen auf der Oberseite. Trockenhänge. △ Mai. Südeuropa.

10. Phönizischer Wacholder, *Juniperus phoenicea* L., dichter, dunkelgrüner Strauch oder kleiner Baum, 4–8 m; B. etwa 1 mm, oval, schuppenförmig, stumpf, in 4–5 Reihen dicht gestellt; B. von Jungpflanzen nadelförmig; Frucht 8–14 mm, zuerst schwärzlich, dann grünlichgelb, zur Reife im 2. Jahr dunkelrot. Felsen, Trockenhänge. △ Februar – April. Mittelmeergebiet.

TAXACEAE | Eibengewächse

11. Eibe, *Taxus baccata* L., dichter, dunkelgrüner Strauch oder Baum mit kräftigem Stamm und dunkler, schuppiger Rinde, 5–20 m; B. nadelförmig, in 2 Reihen, stark glänzend, oben dunkelgrün, unten hellgrün; Frucht leuchtend rot. Felsige Hänge, Gebirgswälder. △ April. Europa. Alle Pflanzenteile, außer Beerenfleisch sind stark giftig.

EPHEDRACEAE | Meerträubelgewächse

12. Meerträubel, *Ephedra fragilis* Desf., kletternder oder ausgebreiteter Strauch mit grünlichen Stengeln und zerbrechlichen Zweigen, bis 5 m; B. schuppenförmig, 2 mm, am Rücken grün; männliche Bl. zu 4–24, achselständig, weibliche Bl. einzeln oder paarweise, von schuppenförmigen Hochb. eingeschlossen, Frucht kugelig, 8–9 mm. Subsp. *campylopoda* hat kletternde Stengel mit langen, hängenden Zweigen. Gebüsche, steinige Hänge. △ Mai – Juni. Mittelmeergebiet.

SALICACEAE | Weidengewächse

13. Netz-Weide, *Salix reticulata* L., 10–20 cm hoher Zwergstrauch mit runzeligen, lederigen, eiförmigen. B., 1–4 cm; B. unterseits mit hervortretender Netznervatur; Kätzchen 1–3 cm, langgestielt. nach den B. erscheinend. Fels, Feinschutt. △ Mai – Juni. Gebirge Europas.

14. Stumpfblättrige Weide, *Salix retusa* L., ähnlich 13, aber B. kleiner, 8–20 mm, glänzend, länglich bis eiförmig, gelbgrün, unbehaart, ganzrandig oder feingezähnt; Kätzchen sitzend, grünlich oder gelb, mit den B. erscheinend. Felsschutt. △ Juni – Juli. Gebirge Nord- und Mitteleuropas.

15. Silber-Weide, *Salix alba* L., 10–25 m hoher Baum mit silbergrauem Laub; B. lanzettlich, fein gesägt, spitz, beiderseits angedrückt seidenhaarig; Kätzchen 3–6 cm. Ufer, Wälder. △ April – Mai. Europa.

16. Sal-Weide, *Salix caprea* L., kleiner Baum oder Strauch, 3–10 m; B. verkehrt-eiförmig, 5–10 cm, mit aufgesetzter Spitze, schwachwellig gekerbt, oberseits dunkelgrün, unterseits bläulichgrün und weichhaarig, Nerven deutlich hervortretend; Nebenb. nierenförmig; Kätzchen vor den B. erscheinend. Wälder, Gebüsche. △ März – April. Europa.

17. Spieß-Weide, *Salix hastata* L., bis $1^1/_2$ m hoher Strauch; B. variabel, elliptisch bis eiförmig, hellgrün, matt, undeutlich netznervig; Kätzchen mit den B. erscheinend. Gebirgshänge. △ Juni – Juli. Arktis und Alpen.

18. Zitter-Pappel, *Populus tremula* L., 12–20 m hoher Baum mit fast kreisrunden, unregelmäßig stumpflich gesägten, ausgeschweiften, kahlen B.; B.stiele stark zusammengedrückt; Kätzchen rötlich, 10 cm, vor den B. erscheinend. Wälder. △ März – April. Europa.

MYRICACEAE | Gagelgewächse

19. Gagelstrauch, *Myrica gale* L., $^1/_2$–$2^1/_2$ m hoher Strauch mit rötlichbraunen Ästen und Knospen und stark aromatischen, länglichen, verkehrt-eiförmigen, an der Spitze gesägten B., 2–6 cm; Kätzchen $^1/_2$–$1^1/_2$ cm, aufrecht-abstehend, vor den B. erscheinend. Heidemoore. △ April – Mai. West- und Nordeuropa.

JUGLANDACEAE | Walnußgewächse

20. Walnuß, *Juglans regia* L., großer Baum mit hellgrauer, glatter, später rissig werdender Rinde und großen, gefiederten B.; Fiederb. 7–9, oval, 6–15 cm; männliche Kätzchen 5–15 cm, mit den jungen B. erscheinend; Frucht 4–5 cm, kugelig, grün. Wälder △ April – Mai. Südosteuropa, aber in fast ganz Europa eingebürgert.

BETULACEAE | Birkengewächse

21. Hänge-Birke, *Betula pendula* Roth, bis 25 m hoher Baum mit schlanken, silberweißen Ästen und schwarz-weiß geflecktem, rissigem Stamm; B. 3eckig-rautenförmig, lang zugespitzt, kahl, doppelt gesägt; junge Zweige mit warzigen Drüsen besetzt. Wälder, Heiden. △ April – Mai. Europa.

22. Zwerg-Birke, *Betula nana* L., kleiner Strauch, 30–80 cm; B. $^1/_2$–$1^1/_2$ cm, rundlich-eiförmig, regelmäßig gekerbt; Fruchtkätzchen aufrecht, 5–10 mm. △ Mai. Hochmoore Nordeuropas und der Gebirge Mitteleuropas.

23. Schwarz-Erle, *Alnus glutinosa* (L.) Gaertner, 20 m hoher Baum mit dunkelbrauner, rissiger Rinde; B. rundlich, stumpf oder ausgerandet, kahl, ungleich schwach gesägt; junge Zweige klebrig. Ufer, Moore △ Februar – April. Europa.

24. Grau-Erle, *Alnus incana* (L.) Moench, Baum oder Strauch, bis 10 m; mit glatter hellgrauer Rinde; B. zugespitzt, scharf doppelt gesägt, unterseits grau, behaart; junge Zweige behaart, nicht klebrig. Ufer, Wälder. △ Februar – März. Nord-, Mittel- und Südosteuropa.

CORYLACEAE | Haselgewächse

25. Hainbuche, *Carpinus betulus* L., 25 m hoher Baum; Stamm mit Längswülsten und Furchen, schwach gedreht; Rinde glatt, grau; B. 4–10 cm, eiförmig, spitz, doppelt gesägt, faltig; Kätzchen mit den B. erscheinend; Fruchtkätzchen 5–14 cm, hängend; Fruchthülle 3lappig. Wälder. △ April – Mai. Mittel-, Südosteuropa.

FAGACEAE | Buchengewächse

26. Kastanie, *Castanea sativa* Miller, bis 30 m hoher Baum; Stamm von kräftigen, häufig etwas gedrehten Längsrissen gefurcht; B. länglich, 10–25 cm, stachelspitzig gezähnt; Kätzchen bis 20 cm, aufrecht, gelb; Nüsse braun, zu 1–3 in stacheliger, grüner, 2–4klappig aufreißender Hülle. △ Mai – Juli. Hauptsächlich Gebirge Mittel- und Südeuropas.

27. Kermes-Eiche, *Quercus coccifera* L., bis 2 m; B. lederig, dornig gezähnt, eiförmig, 2–4 cm; Fruchtbecher mit allseits abstehenden, stacheligen Schuppen. Trockene Hänge. △ April – Mai. Mittelmeergebiet.

28. Quercus macrolepis Kotschy, 5–15 m hoher Baum; B. 6–10 cm, mit 3eckigen, spitzen Lappen, oben dunkelgrün, matt, unten grauhaarig; Fruchtbecher, 2–4 cm, mit spreizenden, zurückgekrümmten Schuppen. Trockenhänge △ April – Mai. Südosteuropa.

29. Stiel-Eiche, *Quercus robur* L., bis 45 m; Rinde stark rissig; B. 5–12 cm, mit 5–7 gerundeten Lappen und herzförmigem, geörtem Grund; Frucht langgestielt, zu 1–5; Fruchtbecher, mit angepreßten Schuppen. Wälder. △ April – Mai. Europa.

ULMACEAE | Ulmengewächse

30. Berg-Ulme, *Ulmus glabra* Hudson, bis 40 m hoher Baum; B. breit-oval, zugespitzt, unregelmäßig sägezähnig, mit sehr rauher Oberfläche, 8–16 cm, am Grund unsymmetrisch, B.stiel sehr kurz, durch die längere Spreitenhälfte verdeckt; Frucht rund, eingekerbt; Samen in der Mitte. △ März – April. Bergwälder Europas.

MORACEAE | Maulbeergewächse

31. Maulbeerbaum, *Morus alba* L., bis 15 m hoher Baum; B. herz-eiförmig, ungeteilt oder gelappt, gesägt, oberseits glänzend; Frucht brombeerähnlich, fleischig, weißlich, rosa oder purpurviolett. △ Mai. Herkunft China. Zierbaum.

CANNABACEAE | Hanfgewächse

32. Hopfen, *Humulus lupulus* L., nicht verholzende Kletterpflanze, bis 6 m, mit grünem Stengel; B. gegenständig, 10–15 cm, breit-eiförmig, meist in 3–5 gezähnte, spitze Lappen geteilt; Bl. grünlich, die weiblichen in ährigen Bl.ständen. Hecken, Auwälder. △ Juni – September. Europa.

33. Hanf, *Cannabis sativa* Hemp., stark riechende, drüsige Pflanze, bis 2 m, mit grünlichem Bl.stand; B. gestielt, 5–9zählig gefingert, Abschnitte lanzettlich, gesägt △ Juni – September. Kulturpflanze. Mittel- und Südeuropa.

URTICACEAE | Nesselgewächse

34. Urtica dubia Forskal, 15–80 cm; B. 2–8 cm, eiförmig, gesägt; Bl. der männlichen Bl.rispen auf einer aufgeblasenen, häutigen Achse sitzend. Wegränder. △ Februar – Juli. Mittelmeergebiet.

35. Pillen-Brennessel, *Urtica pilulifera* L., 30–100 cm; weibliche Bl. in langgestielten, grünen Köpfen, 1 cm in den Achseln der oberen B.; Bl.hülle der weiblichen Bl. aufgeblasen. Schutt, Wegränder. △ April – Oktober. Mittelmeergebiet.

36. Glaskraut, *Parietaria officinalis* L., 30–100 cm; B. wechselständig, eiförmig; Bl. grün, in knäueligen, achselständigen Bl.ständen. Schutt, Mauern. △ Juni – Oktober. Mittel-, Süd(ost)europa.

SANTALACEAE | Sandelgewächse

37. Osyris alba L., kleiner Strauch, 40–120 cm; mit schlanken, kantigen, aufrechten Zweigen und zahlreichen kleinen, lederigen, immergrünen, 1nervigen B; Bl. klein, gelblich, duftend, 3teilig; männliche Bl. in kurzen seitlichen Büscheln, weibliche einzeln; Frucht kugelig, 5–7 mm, fleischig, rot, Trockne Plätze. △ April – Juni. Mittelmeergebiet.

38. Alpen-Leinblatt, *Thesium alpinum* L., 10–20 cm; B. linealisch, 1nervig; Bl. 4zählig, weiß, klein, in den Achseln von 1 Tragb. und 2 Hochb. sitzend; Gesamtbl. stand eine 1seitswendige Traube. Bergwiesen. △ Juni – August. Europa.

LORANTHACEAE | Mistelgewächse

39. Mistel, *Viscum album* L., immergrüne Schmarotzerpflanze auf Bäumen, buschig, bis 1 m; B. schmal-eiförmig, gegenständig, sitzend; Frucht eine weiße, klebrige Scheinbeere. △ Februar – April. Europa.

ARISTOLOCHIACEAE | Osterluzeigewächse

40. Haselwurz, *Asarum europaeum* L., kriechende Pflanze, 2–10 cm; B. dunkelgrün, glänzend, immergrün, breit-nierenförmig, langgestielt; Bl. einzeln, bräunlich. Wälder. △ März – April. Europa.

41. Aufrechte Osterluzei, *Aristolochia clematitis* L., bis 1 m; Geruch obstartig; Bl. hellgelb, unregelmäßig trichterförmig, in den Achseln der oberen B. zu 2–8; B. 6–15 cm, herzförmig, gestielt, fein gesägt. Gebüsche, Zäune. △ Mai – Juni. In fast ganz Europa verwildert (außer Nordeuropa).

42. Aristolochia rotunda L., 20–60 cm; B. sitzend, oval-herzförmig, 2–9 cm; Bl. einzeln, gelb, mit dunkelbläulicher, riemenförmiger Oberlippe. Hecken, Wiesen. △ April – Mai. Mittelmeergebiet.

RAFFLESIACEAE | Schmarotzerblumengewächse

43. Cytinus hypocistis L., auffällige Schmarotzerpflanze mit gelben Bl. in dichten Köpfen; jede Bl. mit 2 fleischigen, roten Hochb.; Stengel mit leuchtend roten Schuppen. △ Mai – Juni. Mittelmeergebiet.

POLYGONACEAE | Knöterichgewächse

44. Sumpf-Knöterich, *Polygonum amphibium* L., Wasser- oder Sumpfpflanze, 30–70 cm; mit länglichen, kahlen, langgestielten Schwimmb. oder die Landformen mit lanzettlichen, rauhen behaarten sitzenden Stengelb.; Bl. rosa, in dichter Scheinähre. Teiche, Äcker. △ Juli – August. Europa.

45. Pfeffer-Knöterich, *Polygonum hydropiper* L., 20–80 cm; B. 5–10 cm, lanzettförmig, sitzend, scharf schmeckend; Bl. grünlich oder rosa, mit gelblichen Drüsen, in schlanker, gekrümmter Scheinähre; Nebenb. zu stengelumfassenden Tuten verwachsen, diese mit kurzen Fransen. Gräben, Teiche. △ Juli – Oktober. Europa.

46. Ampfer-Knöterich, *Polygonum lapathifolium* L., 20–80 cm; B.stiel über der Mitte der Tuten abgehend; Bl. weiß oder rötlich; sehr variabel. Äcker. △ Juli – Oktober. Europa.

47. Knöllchen-Knöterich, *Polygonum viviparum* L., Stengel 5–25 cm, unverzweigt; B. lanzettlich; Scheinähre schlank, mit weißlichen Bl., am Grund der Scheinähre mit bräunlichen Brutknospen. Bergwiesen. △ Juni – August. Gebirge Europas.

48. Spieß-Knöterich, *Reynoutria japonica* Houtt., Stengel 1–2 m, kräftig, hohl; B. breit-eiförmig, plötzlich lang zugespitzt, bis 12 cm; Bl. weiß; Scheinähren zu 2–4 in den Achseln der oberen B. Zierpflanze. △ August – September. In Mitteleuropa, verwildert. Herkunft Zentralasien.

49. Echter Buchweizen, *Fagopyrum esculentum* Moench, bis 60 cm; Stengel meist rötlich; B. 3eckig-herzförmig, lang zugespitzt; Bl. rosa oder weiß, in dichten, kurzen, langgestielten Scheintrauben; Frucht braun, scharf 3kantig. Äcker. △ Juni – August. Europa. Herkunft Asien.

50. Krauser Ampfer, *Rumex crispus* L., Pflanze 30–150 cm; B. länglich, stark gewellt oder kraus; Bl.stand und Bl.knäuel dicht; Bl.hüllb. zur Fruchtzeit mit Schwielen. Wiesen, Äcker. △ Juni – August. Europa.

51. Blut-Ampfer, *Rumex sanguineus* L., 50–80 cm; Bl.stand locker, nur unten beblättert; 1 Bl.hüllb. mit einer roten Schwiele. Feuchte Waldstellen. △ Juni – August. Europa.

52. Hoher Ampfer, *Rumex hydrolapathum* Hudson, Sumpf- oder Wasserpflanze, bis 2 m; mit großen, breit-lanzettlichen, beidseitig zugespitzten B. und reichblütigem, stark verzweigtem Bl.-stand. △ Juli – August. Europa.

53. Alpen-Ampfer, *Rumex alpinus* L., 50–100 cm; B. eiförmig, 15–40 cm; B.rand wellig; Bl. grünlich; Bl.stand verlängert, dicht, vielblütig. Almwiesen. △ Juni – August. Gebirge Mitteleuropas.

CHENOPODIACEAE | Gänsefußgewächse

54. Speise-Rübe, *Beta vulgaris* L., bis 1 m; B. sehr variabel, groß, breit-eiförmig, Stengelb. schmäler; Bl. grünlich, in dichten, langen, rispigen Scheinähren; subsp. *vulgaris* ist eine Kulturpflanze mit mehreren Varietäten (Zuckerrübe, Runkelrübe, Rote Rübe); subsp. *maritima* ist eine Strandpflanze der Küsten Europas. △ Juni – September.

55. Guter Heinrich, *Chenopodium bonus-henricus* L., 20–60 cm; B. 3eckig-spießförmig, am Rand wellig; Bl.stand zusammengesetzt, schmal. Wegrand, Schutt. △ Juni – September. Europa.

56. Durchblätterter Gänsefuß, Erdbeerspinat, *Chenopodium foliosum* Ascherson, 20–100 cm; B. schmal-3eckig, grob scharf gezähnt; Früchte auffällig rot, in dichten, sitzenden Knäueln. Wegränder, Schutt. △ Juni – Juli. Mittel- und Südeuropa.

57. Weißer Gänsefuß, *Chenopodium album* L., Pflanze 20–150 cm; wie die B. mehlig bestäubt; B. meist rautenförmig, ganzrandig, gezähnt oder 3lappig, obere B. schmäler; Bl. unscheinbar, grünlich, in ähren- oder rispenförmigen, zusammengesetzten Bl.ständen. Äcker, Schutt. △ Juni – September. Europa.

58. Arthrocnemum fruticosum (L.) Moq., Pflanze bis 1 m; mit fleischigen, gegliederten, blaugrünen, Stengeln; B. schuppenartig, gegenständig, stengelumfassend; Bl. unscheinbar, zu je 3 in einem fleischigen Tragb; Gesamtbl.stand ährenförmig. Meeresufer. △ Juli – August. Mittelmeergebiet.

AMARANTHACEAE | Amarantgewächse

59. Krummer Fuchsschwanz, *Amaranthus retroflexus* L., bis 1 m; Bl.stand lang, straußförmig; Bl. grünlichweiß, 2–3 cm, 1geschlechtig; B. eiförmig oder eckig, hellgrün; Pflanze kraushaarig. Äcker, Schutt. △ Juli – Oktober. Europa.

PHYTOLACCACEAE | Kermesbeerengewächse

60. Kermesbeere, *Phytolacca americana* L., 1–3 m; Stengel kräftig, gefurcht, rötlich; Äste gabelig verzweigt; B. breit-eiförmig bis lanzettlich; Bl. grünlich oder rosa, geteilt, in dichten, walzigen, bis 10 cm langen Trauben; Frucht eine 10furchige, schwarzpurpurne Beere. △ Sommer. Herkunft Nordamerika. In Mittel- und Südeuropa eingebürgert.

AIZOACEAE | Eiskrautgewächse

61. Carpobrotus acinaciformis Bolus, Pflanze dichte Matten bildend; B. fleischig, scharf zugespitzt, im Querschnitt 3eckig, blaugrün; Bl. bis 12 cm, leuchtend karminrot. Küstenfelsen. △ April – Juli. Herkunft Südafrika. Im Mittelmeergebiet eingebürgert.

PORTULACACEAE | Portulakgewächse

62. Gemüse-Portulak, *Portulaca oleracea* L., fleischige, kahle Pflanze, bis 50 cm; mit einzelnen, gelben Bl. am Ende der beblätterten Stengeln; Kronb. 5–6 mm, bald abfallend, kürzer als die länglich-eiförmigen, fleischigen B. Äcker, Wege. △ Mai – Oktober. Fast ganz Europa.

63. Quellkraut, *Montia perfoliata* Howell, 10–30 cm; Pflanze kahl, fleischig, mit weißen Bl. in Trugdolden, von einem grünen Becher umgeben; Grundb. rosettig, breit-eiförmig, fleischig. Sandboden. △ Mai – Juli. Westeuropa.

64. Quellkraut, *Montia sibirica* Howell, bis 30 cm; B. eiförmig; Bl. 8–10 cm, rosa oder weiß, in lockeren Trugdolden; Kronb. tief ausgerandet, 2mal so lang wie die Kelchb. Feuchte Stellen. △ Mai – Juli. Herkunft Nordamerika. In Nordwesteuropa eingebürgert.

CARYOPHYLLACEAE | Nelkengewächse

65. Salzmiere, *Honkenya peploides* Ehrh., Pflanze 5–25 cm, fleischig; B. eiförmig, spitz, 1–2 cm, sitzend, sich überlappend; Bl. 6–10 mm, grünlichweiß. Dünensand. △ Mai – August. Küsten von West- und Nordeuropa.

66. Arenaria montana L., Pflanze 10–30 cm, graugrün, fein behaart; Bl. bis 2 cm, gestielt; Kronb. weiß, 2mal so lang wie die 1nervigen, eiförmigen Kelchb.; B. ei-lanzettlich, 1nervig, 1–2 cm. Heiden, Wälder. △ Mai – Juni. Südwesteuropa.

67. Echte Sternmiere, *Stellaria holostea* L., bis 60 cm; Bl. weiß, in locker verzweigten Bl.ständen; Kronb. bis zur Mitte 2spaltig, 2mal so lang wie die Kelchb.; B. steif, lineal-lanzettlich; Stengel unten 4kantig. Wälder. △ April – Juni. Europa.

68. Gras-Sternmiere, *Stellaria graminea* L., ähnlich 67, aber Kronb. bis fast auf den Grund geteilt, nur wenig länger als die Kelchb.; zierliche Pflanze, 10–60 cm. Wälder. △ Juni – Juli. Europa.

69. Breitblättriges Hornkraut, *Cerastium latifolium* L., Pflanze 6–20 cm, dicht mit kurzen Borst- und Drüsenhaaren bedeckt; B. eiförmig, zugespitzt; Kronb. weiß, 2spaltig. Felsen, Gerölle. △ Juli – August. Hochgebirge Europas.

70. Gemeines Hornkraut, *Cerastium fontanum* Baumg., behaarte, kriechende Pflanze mit vielen aufrechten Bl.stengeln, bis 45 cm; Bl. weiß, 8 mm; Kronb. so lang wie Kelchb.; B. länglich-eiförmig, dicht behaart. Wiesen, Wegränder. △ April – September. Europa.

71. Wasserdarm, *Myosoton aquaticum* Moench, 30–120 cm; Bl. weiß, in lockeren Bl.ständen; Kronb. meist bis zum Grund geteilt, länger als die stumpfen Kelchb.; B. 2–5 cm, eiförmig, spitz, hellgrün, die unteren gestielt, die oberen sitzend. Ufer, Gräben. △ Juni – August. Europa.

72. Liegendes Mastkraut, *Sagina procumbens* L., niedriges, rasenbildendes Kraut, 2–5 cm; häufig an den Knoten wurzelnd, mit zentraler B.rosette; Bl. achselständig, langgestielt; Kelchb. 4, Kronb. meist fehlend; B. linealisch, fein zugespitzt. Feuchte Äcker. △ Mai – August. Europa.

73. Einjähriger Knäuel, *Scleranthus annuus* L., 2–20 cm; B. pfriemlich; Bl.hülle 1fach, nur mit schmal hautrandigen, spitzen Kelchb. Äcker, Dünen. △ Mai – September. Europa.

74. Paronychia argentea Lam., kleine, niederliegende Pflanze, 5–30 cm; B. klein, mit silbrig glänzenden Nebenb.; Bl. in dichten Knäueln, mit glänzend weißen, eiförmigen, die Bl. teilweise verdeckenden Hochb. Trockenhänge, steinige Plätze. △ April – Juni. Südeuropa.

75. Quirlige Knorpelblume, *Illecebrum verticillatum* L., Pflanze rasig, 5–20 cm; Bl. weiß, 4–6 mm, in b.achselständigen Knäueln; Kelchb. weiß, knorpelig, begrannt; B. eiförmig; Stengel oft rötlich. Äcker, sandige Ufer. △ Juni – September. West- und Mitteleuropa.

76. Spergularia rupicola Le Jolis, Stengel 5–35 cm, dicht drüsenhaarig; B. schmal linealisch, fleischig, spitz; Nebenb. silberglänzend; Bl. rosa; Kronb. so lang oder länger als die drüsenhaarigen, hautrandigen Kelchb. Küstenfelsen, Mauern △ Juni – August. Westeuropa.

77. Rote Schuppenmiere, *Spergularia rubra* Presl., 5–30 cm; Bl. 3–5 mm, rosenrot; Kronb. kürzer als die breit-hautrandigen Kelchb.; B. linealisch, stachelspitz; Nebenb. silberglänzend, ei-lanzettlich. Sandige Äcker, Wegränder. △ Mai – September. Europa.

78. Jupiternelke, *Lychnis flos-jovis* Desr., 20–90 cm; Bl. kurzgestielt, scharlachrot, in endständigen, lockeren Trugdolden; Kronb. tief 2spaltig; B. lanzettförmig, dicht behaart. Rasen, Gerölle. △ Juni – August. Alpen.

79. Alpen-Pechnelke, *Lychnis alpina* L., 5–15 cm; Bl. purpurn, 6–10 mm, zu 10–20 in dichten, endständigen Bl.ständen; Kronb. tief 2teilig; Grundb. lineal-lanzettlich, gedrängt, kahl, am Grund gewimpert. Gebirgswiesen, Felsen. △ Juni – August. Alpen und Gebirge Nordeuropas.

80. Gemeine Pechnelke, *Lychnis viscaria* L., 20–90 cm; Bl. purpurn, ziemlich kurzgestielt, in traubigrispigen Bl.ständen; Kronb. leicht ausgerandet, mit Nebenkrone; Stengel klebrig; B. lineal-lanzettlich, kahl. Steinige Hänge. △ Mai – Juni. Europa.

81. Kuckucks-Lichtnelke, *Lychnis flos-cuculi* L., 20–90 cm; Bl. rosarot; Kronb. tief in 4 Zipfeln geteilt; Kelch 10nervig, oft rötlich; Grundb. gestielt, spatelförmig, die oberen linealisch. Moorwiesen. △ Mai – Juni. Europa.

82. Taubenkropf, *Cucubalus baccifer* L., Pflanze stark ästig, klimmend, 60–120 cm; Bl. grünlichweiß, bis 2 cm, mit weitglockigem, später aufgeblasenem Kelch und großer Nebenkrone; B. eiförmig, spitz; Frucht eine schwarze, kugelige Beere. Hecken, Auwälder. △ Juli – September. Europa.

83. Taubenkropf-Leimkraut, *Silene vulgaris* Garcke, kahle, oft blaugrüne Pflanze, bis 60 cm; Bl. weiß, nickend, mit aufgeblasenem, kugeligem Kelch; Kronb. tief 2teilig; Kelch 20nervig, stark netzadrig; Hügel, Felsen, Geröll. △ Mai – September. Europa. Subspec. *maritima* hat größere Bl. mit weithalsigem Kelch; niedriger, rasenbildend. Küsten von Westeuropa.

84. Nickendes Leimkraut, *Silene nutans* L., Pflanze oben klebrig, 20–60 cm; Bl. hängend, weiß oder rosa; Kronb. tief 2lappig, Zipfeln eingerollt; Bl.stand locker, 1seitswendig; Kelch drüsenhaarig, mit 10 braunroten Nerven. Waldränder, trockene Hänge. △ Mai – Juli. Europa.

85. Silene colorata Poiret, Pflanze 10–50 cm, behaart; B. linealisch bis eiförmig-spatelig; Bl. leuchtend rot, seltener weiß; Kelch zylindrisch; Kelchzähne eiförmig, stumpf, dicht behaart. Südeuropa.

86. Rote Nachtnelke, *Silene dioica* Clairv., Pflanze behaart, bis 90 cm; Bl. rot; Kronb. tief 2lappig; Kelch oft rötlich; B. eiförmig, breit-lanzettlich. Wälder, Hecken. △ Mai – September. Europa.

87. Ohrlöffel-Leimkraut, *Silene otites* Wibel, Pflanze behaart, klebrig, 20–50 cm; Bl. klein, gelbgrün, gebüschelt; Bl.stand verlängert, schmal; Kronb. linealisch, ungeteilt; Kelch glockenförmig, kahl. Sandboden, sonnige Hänge. △ Mai – August. Mittel- und Südeuropa.

88. Stengelloses Leimkraut, *Silene acaulis* acq., glänzend grüne, moosähnliche Polsterpflanze; Bl. rot, 9–12 mm, fast sitzend; Kronb. ausgerandet, Schlundschuppen 2lappig; B. linealisch, 6–12 mm, spitz, in Rosetten, steifhaarig bewimpert. Felsen, steinige Weiden. △ Juni – August. Gebirgspflanze der Alpen und des Nordens.

89. Französisches Leimkraut, *Silene gallica* L. ssp. *quinquevulnera* Koch, 15–45 cm; Bl. weiß oder rosarot, mit auffälligem roten Fleck auf jedem Kronb.; Bl.stand 1seitswendig; Kelch rauhhaarig; Bl. mit Nebenkrone. Äcker, Wegränder. △ Mai – Juli. Europa.

90. Korn-Rade, *Agrostemma githago* L., Pflanze 30–100 cm, zottig graufilzig, mit großen, langgestielten, rötlichpurpurnen Bl. mit langen, schmalen, grünen, abstehenden Kelchzipfeln; Bl. 3–5 cm; B. linealisch. Getreideäcker. △ April – Juni. Europa.

91. Echtes Seifenkraut, *Saponaria officinalis* L., kräftige Pflanze, 30–90 cm; mit büschelig gehäuften, großen, rosaroten oder weißlichen Bl.; Kelch 2 cm, röhrig, kahl, grün oder rötlich; B. 5–10 cm, breit-eiförmig, 3nervig. Hecken, Zäune. △ Juni – September. Europa.

92. Rotes Seifenkraut, *Saponaria ocymoides* L., Pflanze 10–30 cm; Bl. rot; Kelch rotbraun überlaufen und wie die Bl.stiele drüsenhaarig; Staubbeutel blau; B. drüsig gewimpert, eiförmig, die oberen stumpf. Felsen, sonnige Hänge. △ April – Oktober. Mittel- und südeuropäische Gebirge.

93. Kriech-Gipskraut, *Gypsophila repens* L., Pflanze niederliegend, bis 25 cm, mit blaugrünen, linealischen B. und weißen oder rosaroten, kleinen Bl. in lockeren Bl.ständen; Kronb. ausgerandet; Kelchzähne spitz, weißhäutig berandet. Gerölle, Felsen. △ Mai – August. Gebirge Mitteleuropas.

94. Karthäuser-Nelke, *Dianthus carthusianorum* L., Bl. purpurrot, in dichten Bl.köpfen, umgeben von braunen Hochb.; Kronb. eiförmig, gezähnt; B. linealisch, spitz, B.scheiden etwa 4mal so lang wie B.breite; Pflanze bis 60 cm. Felsen, trockne Hänge. △ Juni – Oktober. Fast ganz Europa.

95. Dianthus monspessulanus L., lockerrasige, blaugrüne Pflanze, 20–50 cm; Bl. rosarot oder weiß, zu 2–5, bis zur Mitte in schmale Zipfeln zerteilt; Kelchzähne schmal, spitz; B. lang, dünn, weich, spitz. Felsen, steinige Rasen. △ Mai – August. Südliche Alpen und südeuropäische Gebirge.

96. Rauhe Nelke, *Dianthus armeria* L., aufrechte, behaarte Pflanze, 30–60 cm; mit weißpunktierten, roten Bl., 8 mm, in dichten Bl.ständen, umgeben von aufrechten, behaarten Hochb.; Kronb. schmal; Kelch wollig behaart; Rosettenb. ei-länglich, stumpf, Stengelb. linealisch, spitz. Gebüsche, sonnige Hänge. △ Juni – August. Europa.

97. Stein-Nelke, *Dianthus sylvestris* Wulf., polsterige Pflanze, 5–40 cm; Bl. zu 1–4, rot; Kronb. gezähnt oder ganzrandig; Außenkelchb. 2–5, stumpf, lederig; B. sehr schmal, rinnig, am Rand rauh. Steinige Wiesen, Felsen. △ Juni – August. Alpen und südeuropäische Gebirge.

98. Pracht-Nelke, *Dianthus superbus* L., Pflanze aufrecht, oben verzweigt, 30–80 cm; Bl. 3–6 cm, rosarot, duftend; Kronb. über die Mitte in schmale Zipfeln geteilt; Kelchb. grünfleckig, Außenkelchb. 2–4, lang zugespitzt; B. weich, die unteren 3nervig. Waldwiesen, Flachmoore. △ Juni – August. Nord- und Mitteleuropa.

NYMPHAEACEAE | Teichrosengewächse

99. Weiße Seerose, *Nymphaea alba* L., Wasserpflanze stehender Gewässer mit langgestielten, großen, duftenden, schwimmenden, weißen Bl.; B. 10–30 cm, rundlich-eiförmig, schwimmend. Gewässer bis zu 3 m Tiefe. △ Juni – September. Europa.

100. Große Teichrose, *Nuphar lutea* (L.) Sibth., Bl. gelb, 4–6 cm, meist etwas über der Wasseroberfläche; Kelchb. sich über die Kronb. neigend; Schwimmb. dick, lederig, beiderseits grün. Stehende oder langsam fließende Gewässer bis 3 cm Tiefe. △ Juni – August. Europa.

RANUNCULACEAE | Hahnenfußgewächse

101. Echter Schwarzkümmel, *Nigella sativa* L., Pflanze 20–40 cm, ähnlich 102, aber Bl. ohne grüner Außenhülle; Fruchtb. der Kapsel bis zur Spitze verwachsen; Stengel rauhhaarig. Äcker. △ Juni, Juli. Südeuropa.

102. Damaszener Schwarzkümmel, Gretl im Busch, *Nigella damascena* L., Pflanze 20–40 cm; Bl. bläulich, 3 cm, von einer vielzipfeligen, grünen Hülle umgeben; B. in schmale, linealische Abschnitte zerteilt; Kapsel kugelig, aufgeblasen. Äcker. △ Juni – August. Südeuropa, sonst eingebürgert.

103. Winterstern, *Eranthis hyemalis* (L.) Salisb., Pflanze 5–15 cm; Bl. goldgelb, mit Hochb.wirtel; Grundb. langgestielt, 5–7teilig, erst nach dem Blühen erscheinend. Gebüsche, Obstgärten. △ Februar – März. Mittel- und Südosteuropa oder eingebürgert. Giftig.

104. Helleborus cyclophyllus Boiss., Pflanze 20–60 cm; Bl. grün, 6 cm, zu 3–4; Grundb. nicht überwinternd, 5–9teilig, mit ei-lanzettlichen, gesägten Abschnitten; Stengelb. kleiner, 3–5teilig. Wälder. △ Februar – März. Balkan-Halbinsel.

105. Christrose, Schneerose, *Helleborus niger* L., Pflanze 15–30 cm; Bl. 3–10 cm, weiß oder rosa, meist einzeln; Grundb. überwinternd, mit dunkelgrünen, gezähnten Abschnitten; Stengelb. klein, eiförmig. Gebirgswälder der Alpen. △ Januar – April. Giftig.

106. Stinkende Nieswurz, *Helleborus foetidus* L., Pflanze 20–80 cm; Bl. in 1seitswendigen, hängenden Bl.ständen mit glockenförmiger, grüner, am Rande rötlicher Bl.hülle; B. mit 7–11 dunkelgrünen, lanzettlichen, gezähnten Abschnitten; Stengel und B.rosette überwinternd. Steinige, buschige Hänge. △ Januar – März. West- und Mitteleuropa. Giftig.

107. Trollblume, *Trollius europaeus* L., Pflanze 10–70 cm, mit großen, kugeligen, gelben Bl.; Kronb. sich überlappend und eingekrümmt; Grundb. gestielt, handförmig in 3–5 nochmals zerteilte oder gezähnte Abschnitte geteilt; obere B. sitzend. Sumpfwiesen, feuchte Wälder. △ Mai – August. Europa.

108. Wolfs-Eisenhut, *Aconitum vulparia* Reichenb., bis 1,5 m hohe Pflanze mit 1facher oder verzweigter Bl.traube; Bl. gelb, mit schneckenförmig eingerolltem Sporn; B. handförmig 3-7teilig, die Abschnitte tief gezähnt. Formenreiche Art der Gebirgswälder in fast ganz Europa. △ Juni – August. Giftig.

109. Blauer Eisenhut, *Aconitum napellus* L., ähnlich 108, aber Bl. dunkelviolett; Helm breiter als lang; Bl.sporn bogig gekrümmt. Gebirgswälder. △ Juni – September. Europa. Giftig.

110. Hoher Rittersporn, *Delphinium elatum* L., bis 2 m hohe Pflanze mit langer, schlanker, blauer Bl.traube; Bl.sporn bis 3 cm; B. handförmig geteilt, mit breiten Zipfeln. Gebirgswiesen, an Bächen. △ Juni – August. Gebirge Mitteleuropas, Zierpflanze.

111. Delphinium peregrinum L., Pflanze 30–80 cm, mit blauvioletten Bl. in gedrungener, walzenförmiger Ähre; oberste B. linealisch; Stengel und B. blaugrün. Steinige Plätze. △ Juni – Juli. Östliches Mittelmeergebiet.

112. Garten-Rittersporn, *Consolida ambigua* (L.) Ball und Heywood, bis 1 m hohe Pflanze mit blauvioletten, großen, selten weißen Bl. in lockerer Traube; Sporn fast gerade, 13–18 mm; B. handförmig in viele linealische, spitze Abschnitte zerteilt. Äcker, Wegränder. △ Juni – Juli. Südeuropa, sonst eingebürgert. Giftig.

113. Acker-Rittersporn, *Consolida regalis* Gray, ähnlich 112, aber Bl.traube wenigblütig, blau; Pflanze 20–40 cm. Äcker. △ Mai – August. Europa.

114. Leberblümchen, *Hepatica nobilis* Miller, Pflanze 5–15 cm; Bl. blau oder rosa, langgestielt; Kronb. 6–9; Hülle aus 3 eiförmigen, grünen Hochb.; B. mit 3 breiten, rundlichen Lappen, immergrün, unterseits oft purpurn. Gebüsche, Laubwälder. △ März – April. Europa.

115. Anemone palmata L., Pflanze 10–30 cm; Bl. blaßgelb; Kronb. 10–15, länglich, unterseits behaart; Hochb. am Grund verwachsen, mit 3–5 linealischen Abschnitten; Grundb. fast kreisrund, mit 3–5 breiten, seicht gezähnten Lappen. Äcker, Gebüsche. △ Februar – Juni. Südeuropa.

116. Anemone hortensis L., ähnlich 119, aber Hochb. lanzettlich, ungestielt oder lappig; Kronb. 12–19, schmal-elliptisch, violettrot. Steinige Hänge. △ Februar – April. Mittleres Mittelmeergebiet.

117. Anemone pavonia Lam., Pflanze 25–30 cm; Bl. blau, rot oder rosa, gewöhnlich mit hellerem Zentrum; Kronb. 8–9, eiförmig; Hochb. schmal-lanzettlich, ungeteilt oder 3lappig. Steinige Hänge. △ Februar – April. Mittleres und östliches Mittelmeergebiet.

118. Anemone blanda Schott und Kotschy, ähnlich 122, aber Kronb. zahlreicher und unterseits kahl. Gebirge der südlichen Balkan-Halbinsel.

119. Anemone coronaria L., Pflanze 15–40 cm; Bl. 3–6 cm, rot, blau, rosa oder weiß; Kronb. 5–8, eiförmig, sich überlappend; Hochb. klein, stark zerteilt. Felder, Weingärten, Olivenhaine. △ Fabruar – April. Südeuropa.

120. Narzissenblütiges Windröschen, *Anemone narcissiflora* L., Pflanze 20–50 cm; Bl. weiß, zu 3–8 in endständiger Dolde; Hochb. unmittelbar unter der Dolde, tief geteilt. Grundb. tief handförmig geteilt. Gebirgswiesen. △ Juni – Juli. Gebirge Mittel- und Südosteuropas.

121. Busch-Windröschen, *Anemone nemorosa* L., zierliche Pflanze, 5–25 cm; Bl. einzeln, weiß, nickend, mit 3 gestielten, 3teiligen, quirlständigen Hochb.; Kronb. 6–7, weiß, oft rötlich überlaufen; Fruchtb. behaart. Gebüsche, Laubwälder. △ März – Mai. Europa.

122. Anemone appennina L., Pflanze 5–15 cm; Bl. blauviolett, mit 8–14 unterseits behaarten Kronb. Gebüsche. △ März – Mai. Gebirge Südosteuropas.

123. Wiesen-Kuhschelle, *Anemone pratensis* (L.) Mill., Bl. purpurn bis schwarzviolett, nickend 3–4 cm; Kronb. wenig länger als die Staubb.; Grundb. 3fach gefiedert, mit schmalen Abschnitten; Pflanze behaart, 8–40 cm. Heiden, sonnige Hänge. △ April – Mai. Mitteleuropa.

124. Echte Kuhschelle, *Pulsatilla vulgaris* Mill., Pflanze 5–15 cm; Bl. violett, aufrecht; Kronb. viel länger als die Staubb.; Grundb. 2–3fach gefiedert. Wiesen, sonnige Hänge. △ März – April. Mitteleuropa.

125. Frühlingskuhschelle, *Pulsatilla vernalis* (L.) Mill., Pflanze 10–15 cm; Bl. einzeln, weiß; äußere Kronb. violett oder rosa überlaufen, seidenhaarig; Hochb. bis zum Grund in linealische Zipfeln geteilt. Berg- und Heidewiesen. △ April – Juni. Mitteleuropa, Alpen, Pyrenäen.

126. Schwefel-Anemone, *Pulsatilla alpina* (L.) Del. ssp. *apiifolia* (Scop.) Nym., ähnlich 127, aber Bl. schwefelgelb. Steinige Gebirgswiesen der Alpen und Pyrenäen. △ Juni – August.

127. Alpen-Kuhschelle, *Pulsatilla alpina* (L.) Del., ssp. *alpina,* Pflanze 15–30 cm; Bl. einzeln, langgestielt, innen weiß, außen violett überlaufen, zottig behaart; Hochb. doppelt 3teilig, Zipfeln gesägt; Früchte mit fedrig behaarten Griffeln, 4–5 cm. Gebirgswiesen der Alpen und Pyrenäen. △ Juni – August.

128. Alpen-Waldrebe, *Clematis alpina* (L.) Mill., Kletterpflanze, 1–2 m; mit einzelnen, blauvioletten, 4–6 cm großen Bl.; B. doppelt 3zählig gefiedert; Fiedern eiförmig, grob gezähnt. Gebirgswälder, Felsen, Schluchten. △ Mai – Juli. Hauptsächlich Alpen und Gebirge Skandinaviens.

129. Clematis flammula L., ähnlich 131, aber B. 2fach gefiedert, mit vielen 3fach zerteilten Fiedern; Bl. reinweiß, zerbrechlich; Kletterpflanze, 3–5 m. △ Juni – August. Mittelmeergebiet.

130. Ganzblättrige Waldrebe, *Clematis integrifolia* L., Pflanze 30–70 cm, mit hängenden, purpurnen, glockenförmigen Bl.; B. ungeteilt, eiförmig, spitz, sitzend, bis 9 cm. Wiesen. △ Juni – August. Mittel- und Südosteuropa (nicht in Deutschland).

131. Weiße Waldrebe, *Clematis vitalba* L., verholzende, bis 30 m große Kletterpflanze mit weißen, b.achselständigen Bl.rispen und auffälligen, federigen, grauweißen Fruchtständen; B. gefiedert, mit 3–9 gestielten, eiförmigen Fiedern. Wälder, Hecken. △ Juni – August. Europa.

132. Herbst-Blutströpfchen, *Adonis annua* L., Pflanze 20–40 cm; mit federig zerteilten B. und kleinen, roten Bl. mit schwarzgeflecktem Grund; Fruchtköpfchen 2 cm lang, zylindrisch. Getreidefelder. △ Mai – August. Mittelmeergebiet. Giftig.

133. Frühlings-Adonisröschen, *Adonis vernalis* L., Pflanze 20–40 cm; Bl. einzeln, 4–8 cm, gelb, mit 10–20 schmalen Kronb.; Stengelb. in feine, linealische Abschnitte zerteilt. Trockenrasen, Felsen. △ April – Mai. Mittel- und Südosteuropa.

134. Scharbockskraut, *Ranunculus ficaria* L., Pflanze rasig, 5–15 cm; B. ungeteilt, rundlich-herzförmig; Bl. glänzend gelb, 2–3 cm, mit 8–12 Kronb.; Kelchb. 3. Gebüsche, Waldränder, Ufer. △ März – April. Europa. Giftig.

135. Schildblättriger Hahnenfuß, *Ranunculus thora* L., untere B. groß, nierenförmig, blaugrün, obere klein, breit-lanzettlich; Bl. zu 1 oder 2, gelb; Grundb. erst nach dem Blühen erscheinend. Gebirgswiesen, steinige Hänge. △ Juni – Juli. Alpenpflanze. Giftig.

136. Berg-Hahnenfuß, *Ranunculus montanus* Willd., Gebirgspflanze, 5–30 cm; Bl. 2–4 cm, glänzend gelb; Grundb. rundlich, 3–5teilig, obere B. mit fast linealischen Zipfeln. Wiesen, Matten, Geröll. △ Mai – August. Gebirge Mittel- und Südosteuropas.

137. Zungen-Hahnenfuß, *Ranunculus lingua* L., ausläufertreibende Wasserpflanze, bis 1 m; Bl. gelb, 2–5 cm; B. lanzettlich bis 20 cm. Sümpfe, Gräben, Teiche. △ Juni – August. Europa.

138. Eisenhutblättriger Hahnenfuß, *Ranunculus aconitifolius* L., Pflanze 60–120 cm, mit zahlreichen weißen Bl.; Kelchb. rötlichbraun; B. tief 3–5 teilig mit verkehrt-eiförmigen bis lanzettlichen, gesägten Abschnitten. Gebirgswälder, Bachufer. △ Mai – August. Mittelgebirge Mitteleuropas, Alpen, Pyrenäen.

139. Herzblättriger Hahnenfuß, *Ranunculus parnassifolius* L., Pflanze 5–20 cm, mit dicken, ei-förmigen, ganzrandigen B. und 1–2 weißen oder rötlichen Bl. Felsen, Geröllhalden. △ Juni – August. Alpen, Pyrenäen.

140. Stachelfrüchtiger Hahnenfuß, *Ranunculus muricatus* L., glänzende, meist unbehaarte Pflanze, 10–30 cm, mit kleinen, hellgelben Bl., 3–6 mm; B. rundlich oder nierenförmig, schwach eingeschnitten, Lappen gerundet; Früchtchen 7–8 mm, stachelig. Nasse Stellen. △ April – Mai. Mittelmeergebiet.

141. Wasser-Hahnenfuß, *Ranunculus peltatus* Schrank, Wasserpflanze mit fein zerteilten untergetauchten B., deren Zipfeln spreizend; Bl. weiß, $1^1/_2$–3 cm; Schwimmb. rundlich, 3–7teilig. Stehende oder langsam fließende Gewässer. △ Mai – Juni. Europa.

142. Gletscher-Hahnenfuß, *Ranunculus glacialis* L., Pflanze 5–15 cm; Grundb. ziemlich dick, 3zählig, mit gestielten, 3-vielspaltigen Abschnitten; Bl. weiß oder rosa, außen meist dunkler; Kelchb. dunkelrostbraun, behaart. Felsen, feuchter Gesteinsschutt. △ Juni – August. Nordeuropa, sonst auf Hochgebirge beschränkt.

143. Flutender Hahnenfuß, *Ranunculus fluitans* Lam., flutende Wasserpflanze mit fein zerteilten, flutenden B., deren Abschnitte sehr lang, schlaff und gleichlaufend; Schwimmb. selten. Rasch fließende Gewässer. △ Juni – August. Europa.

144. Gelbe Wiesenraute, *Thalictrum flavum* L., Pflanze 50–120 cm, mit dichter, gelber Bl.rispe, süßlich duftend; Bl. hüllb. 4, schmal; Staubb. gelb, aufrecht; B. 2–3fach gefiedert, mit ei-keilförmigen, vorne 3–4spaltigen Fiederchen. Feuchte Wiesen, Ufer. △ Juni – August. Europa.

145. Mäuseschwanz, *Myosurus minimus* L., kahle Pflanze, 2–10 cm, mit grundständiger B.rosette, ganzrandigen, linealischen B. und kleinen, unscheinbaren, grünlichgelben Bl.; Bl.boden walzig verlängert, bis 6 cm. Feuchte Äcker. △ März – Mai. Europa.

146. Wald-Akelei, *Aquilegia vulgaris* L., Pflanze 30–80 cm; Bl. blauviolett, 3–5 cm, langgespornt; Sporn gekrümmt, mit knopfiger Spitze; untere B. langgestielt, doppelt 3teilig, mit 9 kurzgestielten, rundlichen, 3schnittigen Fiederchen; obere B. sitzend, 3lappig. Wälder. Gebüsche, Wiesen. △ Mai – Juli. Europa.

147. Alpen-Akelei, *Aquilegia alpina* L., Alpenpflanze, 15–80 cm, mit behaarten Stengeln und wenigen blauen Bl., 3–4 cm; Sporn dick, gerade; B. doppelt 3teilig gefiedert. Felsen, steinige Hänge. △ Juli – August. Alpen.

PAEONIACEAE | Pfingstrosengewächse

148. Pfingstrose, *Paeonia officinalis* L., kräftige Pflanze, 50–90 cm; Bl. rot, sehr groß, 7–13 cm; Staubfäden rot; untere B. 3fach gefiedert, mit ei-lanzettlichen Fiedern, unterseits behaart; Fruchtb. 2 bis 3, 2–4 cm, wollig. Wälder. Gebüsche. △ Mai – Juli. Südeuropa.

149. Paeonia mascula (L.) Mill., ähnlich 148, aber B. unterseits kahl und 2fach gefiedert; Fruchtb. 3 bis 5, behaart. Wälder, Gebüsche. △ Mai – Juni. Südosteuropa.

BERBERIDACEAE | Berberitzengewächse

150. Berberitze, *Berberis vulgaris* L., bis 3 m hoher Strauch mit ungeteilten, eiförmigen, dornig gezähnten B., 3teiligen Dornen und hängenden, gelben Bl.trauben, 3–5 cm, mit 15–30 Bl.; Beeren orangerot, zylindrisch. Hecken, steinige Hänge. △ Mai – Juni. Fast ganz Europa.

151. Mahonie, *Mahonia aquifolium* (Pursh) Nutt., ähnlich Berberitze, aber B. zusammengesetzt aus 5–9 glänzenden, lederigen, eiförmigen, stachelig gesägten Fiederb. Bl.traube aufrecht, gelb, 5–8 cm; Frucht eine kugelige, bereifte, schwarze Beere. △ Januar – Mai. Zierstrauch. Herkunft Nordamerika.

PAPAVERACEAE | Mohngewächse

152. Welschmohn, *Meconopsis cambrica* (L.) Vig., Pflanze 30–60 cm, mit gelbem Milchsaft; Bl. und Staubb. gelb; Kronb. 4; B. gefiedert, Fiedern eiförmig, gezähnt, unterseits blaugrün; Fruchtkapsel 2–4 cm, keulenförmig, in 4–6 Klappen aufreißend. Wälder, schattige Stellen. △ Juni – August. Südwesteuropa, sonst eingebürgert.

153. Roemeria hybrida (L.) DC., Pflanze 20–40 cm; Bl. blauviolett, am Grund mit dunklem Fleck; B. 2–3fach gefiedert, mit linealischen, stachelspitzen Fiedern; Frucht 5–10 cm, schotenartig, rauhhaarig, 2–4 klappig aufspringend. Felder, Hügel. △ Mai – Juni. Südeuropa.

154. Schlafmohn, *Papaver somniferum* L., Pflanze 50–150 cm, mit großen, tiefgeteilten oder gezähnten B. und großen, violetten oder purpurnen Bl.; Kronb. am Grund oft schwarz gefleckt; Fruchtkapsel 5–9 cm, kugelig. Äcker, Wegränder. △ Juni – Juli. Mittel- und Südeuropa.

155. Bündner Alpenmohn, *Papaver rhaeticum* Ler., Alpenpflanze, 5–25 cm; mit grundständiger, blaugrüner B.rosette und 1blütigem, b.losem Stengel; Bl. gelb; B. 1–2fach fiederteilig, B.abschnitte breit-lanzettlich, stumpf, zu 2–4 Paaren. Kalkschutt der Alpen und Pyrenäen. △ Juli – August.

156. Weißer Alpenmohn, *Papaver sendtneri* Kern., ähnlich 155, aber Bl. weiß, B.abschnitte oval-lanzettlich, spitz, zu 2 Paaren; Pflanze 5–20 cm, mit gelben, steifen Haaren. Kalkschutt der Alpen. △ Juli – August.

157. Klatsch-Mohn, *Papaver rhoeas* L., Pflanze steifhaarig, 25–80 cm; Bl. scharlachrot, 7–10 cm; B. 1–2fach gefiedert, mit schmalen, grob gesägten, fein zugespitzten Abschnitten; Fruchtkapsel kugelig-eiförmig, 1–2 cm. Äcker, Schutt. △ Mai – Juli. Europa.

158. Gelber Hornmohn, *Glaucium flavum* Crantz, verzweigte, blaugrüne Pflanze, 30–100 cm; Bl. 6–9 cm, gelb; B. tief fiederteilig, obere B. sitzend und stengelumfassend, alle B. rauh; Frucht eine 15–30 cm lange Schote. Meeresstrand. △ Juni – August. Europa.

159. Roter Hornmohn, *Glaucium corniculatum* (L.) Rudolph, ähnlich 158, aber Bl. rot oder orange, kleiner; B. tief fiederteilig, behaart; Schote linealisch, 10–20 cm. Äcker, Ödland. △ Mai – Juni. Süd- und Südosteuropa, sonstwo eingebürgert.

160. Stachelmohn, Teufelsfeige, *Argemone mexicana* L., blaugrüne Pflanze, bis 90 cm, mit stacheligen Stengeln und distelartigen B.; Bl. blaßgelb oder orange, 5–6 cm; Kelchb. 2–3; Kronb. 4–6; Fruchtkapsel borstig. △ Juni – August. Herkunft Amerika, in Süd- und Mitteleuropa eingebürgert.

161. Kalifornischer Kappenmohn, *Escholtzia californica* Cham., Pflanze 20–60 cm; Bl. gelb oder orange, bis 10 cm langgestielt, mit 4 breiten, glänzenden Kronb.; B. blaugrün, mehrmals in linealische Abschnitte zerteilt; Frucht linealisch, 7–10 cm, gerade. Zierpflanze. Herkunft Nordamerika.

162. Hypecoum imberbe Sibth. & Sm., Pflanze 10–20 cm, graugrün; B. 3fach fiederteilig, mit linealischen Abschnitten; Bl. orangegelb, 1–$1^1/_2$ cm; Kronb. 3teilig. Kulturland. △ Mai – Juni. Mittelmeergebiet.

163. Rankender Lerchensporn, *Corydalis claviculata* (L.) DC., blaugrüne Kletterpflanze, bis 1 m; mit kleinen gelblichweißen Bl. und Ranken an den B.; Bl.traube 6–8blütig; B. doppelt gefiedert, Fiederchen eiförmig, gestielt. Felsen, lichte Wälder. △ Juni – September. Westeuropa.

164. Gelber Lerchensporn, *Corydalis lutea* (L.) DC., Pflanze bläulichgrün, 20–40 cm; mit farnartigen B. und goldgelber Bl.traube; Bl. kurzgestielt, zu 6–16; B. doppelt gefiedert; Abschnitte 3–5spaltig. Felsen, Hohlwege. △ April – September. Mittel- und Südosteuropa.

165. Blaßgelber Lärchensporn, *Corydalis ochroleuca* Koch, ähnlich 164; Bl. cremefarben; Kronb. gegen die Spitze gelb; B.stiele sehr schmal geflügelt; Fiedern beiderseits blaugrün. Balkan-Halbinsel, sonst eingebürgert.

166. Gefingerter Lerchensporn, *Corydalis solida* (L.) Swartz, Pflanze 10–30 cm; gewöhnlich mit 2 doppelt 3zähligen B. und purpurner oder weißlicher Bl.traube; Sporn der Bl. lange, fast gerade. Wälder, Hecken, Gärten. △ März – April. Europa.

167. Rankender Erdrauch, *Fumaria capreolata* L., Kletterpflanze, bis 1 m; mit langgestielter, achselständiger, cremefarbener oder rosaroter Bl.traube; Spitzen der Kronb. dunkelpurpurn; B. 2–3fach gefiedert, Fiedern länglich-eiförmig. Hecken, Gärten, Schutt. △ April – Juni. Europa.

CAPPARIDACEAE | Kaperngewächse

168. Kapernstrauch, *Capparis spinosa* L., dorniger Strauch, bis $1^1/_2$ m, mit achselständigen, weißen oder hellvioletten Bl.; 5–7 cm, mit zahlreichen herausragenden, violetten Staubb.; B. eiförmig oder rund, wechselständig, etwas fleischig; Frucht eine Beere, zur Reife zerplatzend, mit purpurnen Samen und hellrotem Fleisch. Mauern, Felsen. △ Juni – September. Südeuropa.

CRUCIFERAE | Kreuzblütler

169. Lauchkraut, *Alliaria petiolata* Cav. & Grande, Pflanze 40–120 cm, mit b.loser, weißer Bl.traube; Bl. 6 mm; Kronb. 2mal so lang wie die Kelchb. Schote 2–7 cm; B. breit-herzförmig, grob gezähnt, beim Zerreiben nach Knoblauch riechend. Hecken, schattige Plätze. △ Mai – Juli. Europa.

170. Nachtviole, *Hesperis matronalis* L., kräftige Pflanze, 40–140 cm, mit hellvioletten, purpurnen oder weißen, duftenden Bl. in endständigen Trauben; Bl. 2–$2^1/_2$ cm; B. lanzettlich, fein gezähnelt. Hecken, Auwälder, Wegränder. △ Mai – September. Südeuropa, sonst eingebürgert.

171. Orientalische Rauke, *Sysimbrium orientale* Jacq., Pflanze grauhaarig, 40–80 cm; B. graugrün, Grundb. jederseits mit 2–4 3eckigen, stumpfen Abschnitten und einem Endlappen, Stengelb. schrotsägeförmig fiederspaltig, obere B. mit linealischem Endlappen; Bl. gelb, 10–20 mm; Schote linealisch, 4–10 cm. Schutt, Wegrand, Mauern. △ Mai – Juli. Mittelmeergebiet, sonst eingebürgert und weit verbreitet.

172. Färber-Waid, *Isatis tinctoria* L., kräftige Pflanze, 50–120 cm; mit sattgelben Bl. in dichten, verzweigten Bl.ständen; B. blaugrün, die unteren lanzettförmig, gestielt, die oberen pfeilförmig stengelumfassend; Frucht hängend, elliptisch, flach, 1–$2^1/_2$ cm lang. Wege, Dämme, Steinbrüche. △ Mai – Juni. Europa.

173. Goldlack, *Cheiranthus cheiri* L., Pflanze 20–90 cm, am Grund schwach verholzend; Bl. stark duftend, $2^1/_2$ cm, gelb, häufig mit braunen Adern, in dichten, endständigen Trauben; B. steif, lanzettlich, mit Gabelhaaren; Schote 3–7 cm, fast aufrecht. Mauern, Ruinen, häufig als Zierpflanze und verwildert. △ März – Juni. Europa.

174. Flügel-Zackenschötchen, *Bunias erucago* L., schlanke Pflanze, 30–60 cm; Bl. gelb, 1 cm; Kronb. herzförmig; untere B. tief fiederteilig mit 3eckigen Lappen, obere B. länglich, ganzrandig oder gezähnt; Frucht 10–12 mm, 4kantig, Kanten breitzackig geflügelt. Äcker, Wegränder. △ Mai – Juni. Südeuropa, sonst eingebürgert.

175. Malcolmia maritima (L.) R. Br., Pflanze 10–35 cm; Bl. über 1 cm, violett, rosarot, selten weiß; Kronb. ausgerandet; B. ganzrandig oder gezähnt, länglich-eiförmig; Schote 4–8 cm, behaart, mit kegelförmiger Narbe. Meeressand, Ödland. Südosteuropa, Zierpflanze und oft verwildert.

176. Levkoje, *Matthiola incana* (L.) R. Br., kräftige Pflanze, bis 80 cm; Stengel am Grund verholzt, mit schuppigen Niederb.; Bl. 3 cm, rötlichpurpurn oder weiß, stark duftend; B. schmal-lanzettlich; Schote 5–16 cm, flach, flaumig. Küstenfelsen, Mauern; häufig als Zierpflanze. △ März – Juli. Südeuropa.

177. Matthiola sinuata (L.) R. Br., weißwollige Strandpflanze, 10–60 cm; mit spreizenden Ästen und blaßpurpurnen Bl.; unter B. wellig gezähnt oder buchtig eingeschnitten, obere B. ganzrandig, alle B. drüsig, stark wollig behaart; Schote 5–15 cm. Strandfelsen, Sand. △ Mai – September. Südeuropa.

178. Matthiola fruticulosa (L.) Maire, Pflanze 10–30 cm; Bl. überwiegend rostfarben, mit grünlichen oder violetten Tönen gemischt; Kronb. 12–28 mm; B. sehr schmal; ungeteilt oder fiederschnittig, wollig behaart. Kapsel 3–12 cm. Steinige Plätze. △ März – Mai. Südeuropa.

179. Wasserkresse, *Rorippa amphibia* (L.) Besser, schwach fleischige, kahle, glänzende Pflanze, 40–140 cm, mit gelben Bl.trauben; obere B. lanzettlich, unregelmäßig gezähnt, untere B. gefiedert; Schötchen eiförmig, 3–6 mm lang. Teichränder, Gräben. △ Juni – September. Europa.

180. Quirlblättrige Zahnwurz, *Dentaria enneaphyllos* (L.) Crantz, Bl. hellgelb oder weißlich, hängend; B. quirlig, 3zählig gefingert, Abschnitte eiförmig-lanzettlich, doppelt gesägt. Laubwälder. △ April – Juni. Gebirge Mitteleuropas.

181. Zwiebeltragende Zahnwurz, *Cardamine bulbifera* (L.) Crantz, Pflanze 30–70 cm, mit rötlichen Brutzwiebeln in den Achseln der oberen B.; Bl. hellviolett; B. wechselständig, die unteren gefiedert, die oberen ungeteilt, gesägt; Schote $2–3^1/_2$ cm. Buchenwälder. △ Mai – Juni. Fast ganz Europa.

182. Finger-Zahnwurz, *Cardamine pentaphyllos* (L.) Crantz, Pflanze, 30–60 cm; Bl. rosa oder violett; B. handförmig gefiedert, Fiedern unregelmäßig gesägt. Bergwälder. △ April – Juni. Gebirge von Mittel- und Westeuropa.

183. Wiesen-Schaumkraut, *Cardamine pratensis* L., Pflanze 20–40 cm; Bl. weiß oder rosa, 1–2 cm, in kurzer Traube. Staubb. gelb; B. gefiedert, graugrün, rauh, Fiederb. der unteren B. ei- bis nierenförmig, die der oberen B. schmal-lanzettlich. Stengel hohl. Feuchte Wiesen. △ April – Juni. Europa.

184. Bitteres Schaumkraut, *Cardamine amara* L., ähnlich 183, aber Bl. kleiner, gewöhnlich reinweiß; Staubb. violett; Stengel hohl. Quellen, Waldsümpfe. △ April – Juni. Europa.

185. Immergrünes Felsenblümchen, *Draba aizoides* L., Gebirgspflanze mit steifborstig gewimperten Rosettenb. und b.losen Bl.stengel, bis 10 cm; Bl.traube 4–8blütig; Kronb. gelb, 4–6 mm; Schötchen ellipsoidisch, 6–12 mm, kahl. Felsen, Ruhschutt. △ April – Juni. Gebirge Mittel- und Südosteuropas.

186. Aschgraues Felsenblümchen, *Draba incana* L., Pflanze 10–35 cm, dicht grauweiß behaart; Stengel reich beblättert; Bl. weiß; B. lanzettlich; Schötchen länglich-lanzettlich, kahl. Pflanze sehr variabel. Felsen. △ Juli – August. Gebirge Nord- und Mitteleuropas.

187. Alpen-Gänsekresse, *Arabis alpina* L., Pflanze bis 40 cm, mit nichtblühenden B.rosetten und aufrechten Bl.stengeln; Bl. weiß, in lockeren Trauben; Rosettenb. grob gezähnt; Stengelb. herzförmig, stengelumfassend, alle B. mit Sternhaaren; Schote $2–3^1/_2$ cm. Feuchtes Geröll, Felsen, Quellen. △ April – Juni. Gebirge Europas.

188. Arabis verna (L.) R. Br., Pflanze 5–40 cm; Bl.traube wenigblütig, violett; Kronb. 5–8 mm, violett, mit gelblichem Grund oder weiß; B. eiförmig, mit herzförmigem Grund, gesägt; Schote 4–6 cm. Mauern, Felsen. △ Mai – Juli. Mittelmeergebiet.

189. Sandkresse, *Cardaminopsis arenosa* (L.) Hayek, rauhhaarige Pflanze, 30–80 cm, mit zahlreichen weißen oder hellvioletten Bl. an kräftigen, meist stark verzweigten Stengeln; Grundb. rosettig, fiederteilig, Stengelb. lanzettlich, gezähnt oder gefiedert; Schote 1–5 cm. Sandige Plätze, Mauern. △ April – Juli. Europa.

190. Garten-Silberblatt, *Lunaria annua* L., Pflanze 30–100 cm; Bl. rötlichpurpurn, nachts duftend; Kronb. $1^1/_2$–$2^1/_2$ cm; B. ei- bis herzförmig, zugespitzt, grob gezähnt, obere B. sitzend. Frucht breitelliptisch bis fast kreisrund. Hecken, Ödland. △ April – Juni. Südosteuropa, als Zierpflanze und verwildert fast ganz Europa.

191. Fibigia clypeata (L.) Medicus, dicht sternhaarige, graue Pflanze, bis 80 cm, mit kleinen gelben Bl. und elliptischen, flachen Früchten; Kronb. 8–13 mm, fast 2mal so lang wie die Kelchb.; B. elliptisch, ganzrandig, grau. Fruchtstand eine verlängerte Traube. Felsen, Mauern △ April – Juni. Südosteuropa.

192. Acker-Täschelkraut, *Thlaspi arvense* L., Pflanze 10–60 cm, beim Zerreiben mit Lauchgeruch; Bl. weiß, 4–6 mm, in endständigen Trauben; Stengelb. lanzettlich, ganzrandig oder gezähnt, mit pfeilförmigem Grund, untere B. gestielt; Schötchen flach, kreisrund, 10–15 mm, breit geflügelt, oben ausgerandet, Griffel kürzer als die Ausrandung. Äcker, Wegränder. △ Mai – September. Europa.

193. Rundblättriges Täschelkraut, *Thlaspi rotundifolium* (L.) Gaudin, blaugrüne, schwach fleischige Pflanze, 5–15 cm; Bl. 6–8 mm, violett, in endständigen Trauben; Grundb. rosettig, rund, gestielt; Stengelb. eiförmig, mit breit geöhrtem Grund sitzend; Schötchen eiförmig. Geröll, Schuttkare. △ Juni – August. Alpen.

194. Dänisches Löffelkraut, *Cochlearia danica* L., niederliegende Pflanze, 2–12 cm, mit kleinen, weißen oder violetten Bl., 4–5 mm; untere B. handförmig 3–7lappig, mittlere 3eckig, obere lanzettlich; Schötchen 3–6 mm, eiförmig-elliptisch, an beiden Enden verschmälert, netznervig. Küstenfelsen, Salzwiesen. △ Februar – März. Nord- und Westeuropa.

195. Felsen-Steinkresse, *Aethionema saxatile* (L.) R. Br., Pflanze 10–30 cm, mit violetten, rosaroten oder weißen Bl. in dichter, sich zur Fruchtzeit verlängernder Traube; B. eiförmig-länglich, 1–2 cm, blaugrün, lederig; Schötchen verkehrt-eiförmig, 5–9 mm, geflügelt, an der Spitze ausgerandet. Geröll und Feinschutt. △ April – August. Alpen und Gebirge Süd- und Südosteuropas.

196. Bittere Schleifenblume, *Iberis amara* L., Pflanze 10–30 cm; Bl. weiß, seltener blaßviolett, 6–8 mm, in gedrängter, später sich verlängernder Doldentraube; die beiden äußeren Kronb. 4mal so lang wie die beiden inneren; B. keilig, länglich, beiderseits 2–3zähnig; Schötchen kugelig, geflügelt. Äcker, Weinberge. △ Mai – Oktober. West- und Mitteleuropa.

197. Pfeil-Kresse, *Cardaria draba* (L.) Desv., kahle oder spärlich behaarte, beblätterte Pflanze, 30–90 cm, mit weißen Bl., 5–6 mm, in dichten, ebensträußigen Trauben; B. langlich–eiförmig, unregelmäßig und spärlich gezähnt, obere B. mit herz-pfeilförmigem Grund stengelumfassend; Schötchen 3–5 mm, herzförmig, aufgeblasen. Äcker, Schuttplätze. △ April – Juli. Süd- und Südosteuropa, sonst eingebürgert.

198. Zweiknotiger Krähenfuß, *Coronopus didymus* (L.) Sm., Pflanze 10–30 cm, beim Zerreiben stinkend; Bl. in b.gegenständigen Trauben, weißlichgelb; Kronb. kürzer als die Kelchb.; B. fiederteilig mit lanzettlichen, gezähnten Abschnitten; Schötchen 2knotig, mit netzig-runzeliger Oberfläche. Schutt, Wegränder. △ Juni – August. Herkunft Nordamerika, in West- und Mitteleuropa eingebürgert.

199. Strandkresse, *Lobularia maritima* (L.) Desv., kleine, ästige, am Grund verholzte Pflanze, 10–30 cm, mit zahlreichen stark duftenden, weißen oder rötlich überlaufenen Bl. in kopfigen Trauben; B. gedrängt, schmal, lanzettlich, meist dicht silberhaarig. Felsen, Dünen. △ April – August. Südeuropa, sonst eingebürgert.

200. Moricandia arvensis (L.) DC., kahle, blaugrüne Pflanze, 30–60 cm; Bl. violett, $2^1/_2$ cm; B. blaugrün, fleischig, die unteren verkehrt-eiförmig, seicht gebuchtet, die oberen mit breit herzförmigem Grund stengelumfassend; Schote 3–8 cm, 4kantig. Felsen, Ödland. △ April – Mai. Südeuropa.

201. Weißer Senf, *Sinapis alba* L., Pflanze 30–60 cm; B. leierförmig fiederspaltig, gestielt; Kronb. gelb, 1–$1^1/_2$ cm; Schoten steifborstig, mit säbelförmigem Fruchtschnabel, dieser länger als die Klappen. Kulturpflanze. △ Mai – Juni. Europa.

202. Raukenkohl, *Eruca vesicaria* (L.) Cav., rauhhaarige Pflanze, 10–60 cm, beim Zerreiben unangenehm riechend; Bl. hellgelb, violett geadert, Kronb. 10–20 mm; B. fiederteilig, jederseits mit 2–5 schmalen Seitenlappen und großem, länglichem, gezähntem Endlappen; Schote linealisch, 12–25 mm, mit säbelförmigem Schnabel. Äcker, Mauern. △ April – Juni. Süd- und Mitteleuropa.

203. Meersenf, *Cakile maritima* Scop., fleischige, blaugrüne Pflanze, 15–60 cm, mit stark duftenden, violetten oder rosaweißen Bl. in verlängerten Trauben; Kronb. 8–14 mm; untere B. 3–6 cm, fleischig, tief gestielt, obere B. sitzend; Schote $1^1/_2$–2 cm, aus 2 ungleichen Gliedern. Meeresstrand, Dünen. △ Juni – September. Küsten Europas.

204. Weißer Meerkohl, *Crambe maritima* L., kräftige, blaugrüne, kohlartige Pflanze, 30–75 cm, mit rübenförmiger Wurzel und dicken, unregelmäßig geteilten Grundb.; Bl. weiß, 8–15 mm, zahlreich, in dichten, verzweigten Trauben; Kelchb. abstehend; untere B. langgestielt, eiförmig, fiederteilig, bis 30 cm, obere B. schmal, hochb.artig; Schote 8–16 mm, das untere Glied samenlos, das obere kugelig, 1samig. Dünen, Strandfelsen. △ Mai – August. Küsten Europas (außer Südeuropa).

RESEDACEAE | Resedengewächse

205. Gelbe Resede, *Reseda lutea* L., Pflanze 20–80 cm; Bl. gelb, in ährenförmigen Trauben; Kronb. und Kelchb. gewöhnlich 6; B. mit 1–4 nochmals geteilten, schmalzipfeligen Fiederpaaren; Frucht 7–15 mm, 3klappig aufspringend. Wegränder, Ufer. △ Juni – September. Mittel- und Südeuropa.

206. Weiße Resede, *Reseda alba* L., kahle, schwach blaugrüne Pflanze, 30–80 cm, oben verzweigt, mit langer, ährenförmiger, weißlicher Bl.traube; Bl. 9 mm; B. mit 5–15 schmalen Fiederpaaren, Rand krauswellig. Ödplätze im Küstenbereich. △ Mai – September. Südeuropa oder eingebürgert.

207. Rapunzel-Resede, *Reseda phyteuma* L., lockerästige Pflanze, 10–50 cm, mit gewöhnlich ganzrandigen, ungeteilten, linealisch-spatelförmigen B. und weißlichen Bl. in lockerer Traube; Kronb. 6, tief in schmale Zipfeln geteilt. Kulturland, Felsen. △ Juni – September. Mittel- und Südeuropa.

DROSERACEAE | Sonnentaugewächse

208. Drosophyllum lusitanicum (L.) Link., insektenfangende Pflanze 15–50 cm; B. drüsig, dünn, 10–20 cm lang, die Spitzen uhrfederartig aufgerollt; Bl. zu 5–10, gelb, $2^1/_2$ cm. Trockne, sandige Stellen. △ April – Oktober. Protugal und Südspanien.

209. Langblättriger Sonnentau, *Drosera anglica* Hudson, insektenfangende Pflanze mit länglich-linealischen oder schmal verkehrt-eiförmigen Rosettenb. mit langen, glänzenden Drüsenhaaren; B. 5–10 cm; Bl. weiß, zu 3–6; Bl.schaft 10–20 cm. Hochmoore. △ Juli – August. Fast ganz Europa.

210. Mittlerer Sonnentau, *Drosera intermedia* Hayne, ähnlich 209, aber Pflanze kleiner, B. verkehrt-eiförmig, B.spreite 7 mm lang und 4 mm breit; B. zu 3–7, weiß, Bl.schaft 2–5 cm, kaum länger als die Rosettenb. Torfmoore. △ Juli – August. Fast ganz Europa.

CRASSULACEAE | Dickblattgewächse

211. Berg-Hauswurz, *Sempervivum montanum* L., Bl.rosette 1–5 cm, mit drüsenhaarigen, klebrigen, grünen, bewimperten B.; Bl.schaft 5–15 cm, Bl. zu 2–8, rötlichpurpurn; Kronb. 11–13, 3mal so lang wie die Kelchb. Felsen. △ Juli – August. Gebirge Mitteleuropas.

212. Spinnweben-Hauswurz, *Sempervivum arachnoideum* L., kleine Rosettenpflanze mit fleischigen, grünlichen oder weißlichen Rosettenb., diese an der Spitze durch spinnwebenartige Haare miteinander verbunden; Kronb. 8–10, rosarot, mit purpurnen Adern, breit-lanzettlich; Bl.schaft 4–12 cm. Felsen, Mauern. △ Juli – September. Hauptsächlich Alpen und Pyrenäen.

213. Aeonium arboreum (L.) Webb. & Berth., kräftige Pflanze, bis 1 m, am Grund mit fleischiger B.rosette; Stengel leicht verholzt, verzweigt, glänzend braun; Bl. gelb, 2 cm, zahlreich, in dichten, Bl.ständen; Kronb. 9–11, schmal-lanzettlich, ausgebreitet; B. am Rand gesägt und borstlich gewimpert. Dächer, Mauern. △ Dezember – März. Herkunft Nordafrika, in Südeuropa eingebürgert.

214. Venusnabel, *Umbilicus rupestris* (Salisb.) Dandy, Pflanze 10–40 cm, mit weißlichgrünen oder rötlichen Bl. in ährenförmiger Traube; Kelch klein; Kronb. 5, röhrig verwachsen; Staubb. 10, mit der Krone verwachsen; untere B. fleischig, kreisrund, 2–7 cm, leicht gekerbt, obere B. meist nierenförmig, gezähnt, nach oben hin an Größe abnehmend. Felsen, Mauern. △ Mai – Juli. Südeuropa.

215. Weißer Mauerpfeffer, *Sedum album* L., Bl. weiß, in reichblütiger Doldenripse; Kronb. 2–4 mm, ausgebreitet; B. 6–12 mm, stielrund, eiförmig, kahl, meist rotbraun; Pflanze lockerrasig, mit kriechender Grundachse und zahlreichen nichtblühenden Sprossen, blühende Sprosse 5–18 cm. Mauern, Felsen, Dächer. △ Juni – August. Europa.

216. Felsen-Mauerpfeffer, *Sedum reflexum* L., Pflanze mit niederliegenden Stengeln und aufrechten Bl.stengeln, 15–35 cm; Bl.stand vor dem Aufblühen nickend; Kronb. gelb, meist 7, 6–7 mm; B. fleischig, stielrund, an den nichtblühenden Trieben gleichmäßig verteilt. Felsen, Mauern. △ Juni – August. Europa.

217. Scharfer Mauerpfeffer, *Sedum acre* L., niedrige, rasige Pflanze, 2–10 cm, mit fleischigen, 3eckigen, eiförmigen B. und gelben, sternförmigen Bl. Kronb. 5 spitz; B. 3–6 mm, stumpf; scharf und beißend im Geschmack. Felsen, Mauern, Sandböden. △ Juni – Juli. Europa.

218. Sedum caeruleum L., kleine, verzweigte Pflanze, 5–20 cm; Bl. himmelblau, in der Mitte weiß, in lockeren Bl.ständen; Kronb. meist 7; B. länglich, stielrund, häufig rotbraun, 1 cm. Felsen. △ Juni – Juli. Korsika, Sardinien, Sizilien.

219. Behaarter Mauerpfeffer, *Sedum villosum* L., zierliche, drüsig-weichhaarige Pflanze mit rosaroten oder violetten Bl. mit dunklen Mittelstreifen; Kronb. 4–5 mm, spitz; B. 4–7 mm, linealisch-länglich, gelbgrün. Moore, torfige Wiesen. △ Juni – August. Nord- und Mitteleuropa.

220. Große Fetthenne, *Sedum telephium* L. ssp. *maximum* (L.) Krocker, Pflanze bis 80 cm, mit flachen, fleischigen, eiförmigen B. und grünlich oder gelblichweißen Bl. in Trugdolden; Kronb. 5; Staubb. 10; B. 2–7 cm, gezähnt. Mauern, Felsen, trockne Wälder. △ Juni – September. Europa.

221. Rosenwurz, *Rhodiola rosea* L., Pflanze bis 35 cm, mit dicken, aufrechten Stengeln mit oberwärts dichtgedrängten, zahlreichen, fleischigen B.; Bl. gelbgrün oder rötlich, in dichtgedrängten, reichblütigen Trugdolden; Kelchb. und Kronb. 4; B. blaugrün, meist gezähnt, nach oben hin größer werdend. Felsen. △ Mai – August. Nordeuropa und Gebirge Mitteleuropas.

SAXIFRAGACEAE | Steinbrechgewächse

222. Roter Steinbrech, *Saxifraga oppositifolia* L., Pflanze kriechend, rasig oder polsterig, 10–20 cm; Bl. einzeln, kurzgestielt, purpurn oder rosarot, 1 cm; Staubb. bläulich; B. 2–6 mm, 4zeilig angeordnet, sich überlappend, mit kalkausscheidenden Grübchen, am Rand gewimpert. Felsen, Gerölle. △ Mai – August. Arktis, Alpen, Pyrenäen.

223. Saxifraga longifolia Lapeyr., Pflanze mit 6–18 cm großen B.rosetten aus vielen, linealischen, blaugrünen, von Kalk inkrustierten, 3–8 mm breiten B.; Bl.stengel 25–50 cm; Bl.stand pyramidenförmig, reichblütig, Bl. weiß; Kronb. 5–6 mm, manchmal rot gepunktet. Felsen. △ Juni – Juli. Pyrenäen.

224. Fetthennen-Steinbrech, *Saxifraga aizoides* L., Pflanze lockerrasig, 10–20 cm, mit gelben, orange gepunkteten Bl., 1 cm; Kronb. entfernt gestellt; B. fleischig, 1–2 cm, länglich, spitz, oft gewimpert. Nasse Felsen, Quellfluren, Bachufer. △ Juni – August. Nordeuropa, Gebirge Mitteleuropas.

225. Finger-Steinbrech, *Saxifraga tridactylites* L., zierliche, verzweigte, drüsenhaarige, oft rötliche Pflanze, bis 10 cm; Grundb. spatelig, schmal; Stengelb. 3lappig; Bl. weiß; Kronb. 2–3 mm, ausgerandet, 2mal so lang wie die Kelchb. Felsen, Mauern, Äcker. △ April – Mai. Europa.

226. Mannsschild-Steinbrech, *Saxifraga androsacea* L., kleine, behaarte Pflanze mit weichen, dunkelgrünen, spatelförmigen, 1fach oder kurz 3lappigen, am Rande gewimperten B. in lockeren Rosetten und 1–3blütigen Bl.stengeln; Kronb. weiß, 5–7 mm, 2mal so lang wie drüsenhaarige Kelchb. Feuchter Felsschutt. △ Mai – Juli. Gebirge Mitteleuropas.

227. Stern-Steinbrech, *Saxifraga stellaris* L., Rosettenpflanze, 10–20 cm; mit glänzenden, spatelförmigen, gezähnten, spärlich behaarten B. und weißen, sternförmigen Bl. in lockeren Bl.ständen; Kronb. 3–7 mm, lanzettlich, mit 2 gelben Punkten; Staubb. orange. Nasse Felsen, Quellfluren, Bachufer. △ Juni – August. Gebirge Europas.

228. Trauben-Steinbrech, *Saxifraga paniculata* Mill., B.rosetten halbkugelig, 1–3 cm; B. blaugrün, fein gezähnt, mit kalkausscheidenden Grübchen; Bl.stengel 12–30 cm, im oberen Drittel verzweigt; Rispenäste 1–3blütig, drüsenhaarig; Bl. weiß, manchmal rot gepunktet. Felsen, Ruhschutt. △ Juni – August. Arktis, Gebirge Mittel- und Südosteuropas.

229. Rundblättriger Steinbrech, *Saxifraga rotundifolia* L., Pflanze 15–40 cm; Bl. weiß, in lockerer, reichblütiger Rispe; Kronb. 6–11 mm, mit roten oder gelben Punkten; Grundb. langgestielt, B.spreite herz-nierenförmig, tief gekerbt, meist behaart; Stengelb. wenige. Feuchte, schattige Plätze. △ Juni – August. Gebirge Mittel- und Südeuropas.

230. Moschus-Steinbrech, *Saxifraga moschata* Wulf., Pflanze rasig, 2–10 cm; B. 3–15 mm, meist tief 3teilig oder 5zipfelig, in kleinen Rosetten; Bl. grünlichgelb oder weißlich, zu 1–7; Kronb. 3–4 mm, wenig länger als die Kelchb. Felsen, Felsschutt. △ Juli – August. Gebirge Mitteleuropas.

231. Saxifraga hirsuta L., Pflanze 20–40 cm, B. fast kreisrund, grob gezähnt oder gekerbt, beiderseits rauhhaarig, unterseits rötlich, B.stiel 2–4mal so lang wie die B.spreite; Bl. weiß, rot gepunktet, in lockerer Rispe. Schattige Plätze, Bachufer. △ Mai – August. Pyrenäen, Nordspanien, Irland.

232. Gegenblättriges Milzkraut, *Chrysoplenium oppositifolium* L., schwach fleischige Pflanze, 5–20 cm; Stengel 4kantig; Stengelb. gegenständig, rundlich-eiförmig, gekerbt, glänzend dunkelgrün; Grundb. oberirdisch kriechenden Stengeln entspringend; Bl. goldgelb, 5–6 mm, in Trugdolden; Bl.hülle 1fach, 4blättrig. Waldbäche, Schluchten, überrieselte Felsen. △ April – Juni. West- und Mitteleuropa.

PARNASSIACEAE | Herzblattgewächse

233. Sumpf-Herzblatt, *Parnassia palustris* L., Bl. einzeln, weiß, an einem aufrechten, unverzweigten Bl.stengel mit 1 sitzendem, herzförmigen, umfassenden B.; B. kahl, schwach blaugrün; Grundb. gestielt, Spreite ei-herzförmig, 1–3 cm. Nasse Wiesen, Flachmoore. △ Juli – September. Europa.

GROSSULARIACEAE

234. Schwarze Johannisbeere, *Ribes nigrum* L., eigenartig riechender Strauch, bis 2 m, mit lockeren, hängenden, rötlichgrünen Bl.trauben; Bl. 8 mm, glockenförmig; Kronb. aufrecht, kürzer als die zurückgekrümmten, behaarten Kelchb.; B. bis 10 cm, 3–5lappig; Beeren schwarz, süß, aromatisch. Wälder. △ April – Mai. Fast ganz Europa.

235. Stachelbeere, *Ribes uva-crispa* L., stark verzweigter Strauch, 1–1$^1/_2$ m, mit spitzen Stacheln; Bl. klein, zu 1–3 in B.achseln; Kronb. weiß, kleiner als die verkehrt-eiförmigen Kelchb.; B. 2–5 cm, 3- oder 5lappig, behaart; Beere 1–2 cm, grün oder rötlich, eiförmig, meist behaart. Gebüsche, Wälder, Felsen. △ März – April. Europa.

236. Rote Johannisbeere, *Ribes rubrum* L., bis 1$^1/_2$ m hoher Strauch mit herzförmigen, 3–5lappigen, etwas gezähnten B., diese etwa 6 cm, und gelblichgrünen Bl. in lockeren, hängenden Trauben zu 10–20; Frucht 6–10 mm, kugelig, rot. Feuchte Wälder, Gebüsche. △ April – Mai. Kulturpflanze.

PLATANACEAE | Platanengewächse

237. Morgenländer Platane, *Platanus orientalis* L., bis 30 m hoher Baum mit grauer, schuppiger Rinde; B. groß, so breit wie lang, mit 5–7 grob gezähnten Lappen, Buchten schmal; Bl. hülle unauffällig; Bl. 1geschlechtig, männliche Bl. mit 4–6 Staubb., weibliche mit 3–4 sterilen Staubb. und 5–9 Fruchtb.; Bl.- und Fruchtköpfchen 3–6, an langen, hängenden Stielen. Schluchten, Ufer. △ Mai – Juni. In Südeuropa häufig gepflanzt.

238. Rubus arcticus L., Pflanze 10–30 cm; Bl. zu 1–3 1$^1/_2$–2$^1/_2$ cm, rosarot oder rot; Kronb. 5–7, oval, oft gezähnt; Staubb. purpurn; B. 3zählig, Abschnitte ungleich gezähnt. Frucht dunkelrot. Nordeuropa.

239. Torfbeere, *Rubus chamaemorus* L., mehrjährige Pflanze mit kriechenden Rhizomen und 1jährigen, beblätterten Stengeln, 5–30 cm; Bl. einzeln, weiß, 2 cm, 1geschlechtig; Kronb. viel länger als die Kelchb.; B. herzförmig, mit 5–7 rundlichen, gezähnten Lappen und seichten Buchten; Stengel glatt, ohne Stacheln; Frucht orangerot. Moore. △ Juni – August. Nordeuropa.

240. Acker-Brombeere, Kratzbeere, *Rubus caesius* L., Pflanze 30–60 cm; Bl. weiß oder rosa, 2 cm; B. 3zählig, Fiedern eiförmig, grob gesägt; Nebenb. lanzettlich; Schößlinge rund, rötlich, bläulich bereift, kurzstachelig; Frucht stark blau bereift. Auwälder, Hecken, Äcker. △ Mai – Juli. Europa.

241. Echtes Mädesüß, *Filipendula ulmaria* (L.) Maxim., große beblätterte Pflanze, bis 120 cm, mit rahmfarbenen Bl. in zusammengesetzten, fast ebensträußigen Bl.ständen; Kronb. verkehrt-eiförmig, 2–5 mm; B. gefiedert, Fiederb. groß, 3–6 cm, 2–5paarig, endständiges Fiederb. größer, handförmig 3–5spaltig. Feuchte Wiesen, Ufer, Röhricht. △ Juni – August. Europa.

242. Kleines Mädesüß, *Filipendula vulgaris* Moench, ähnlich 241, aber Fiederb. klein, bis 2 cm, bis 40paarig; Kronb. cremegelb; Pflanze 20–80 cm. Trockne Wiesen, Heiden. △ Mai – Juli. Europa.

ROSACEAE | Rosengewächse

243. Weiden-Spierstrauch, *Spiraea salicifolia* L., $^1/_2$–2 m hoher Strauch mit aufrechten, gelbbraunen Zweigen und schmalen, gezähnten B.; Bl.stand reichblütig, dicht, rispig, 2–10 cm Bl. hellrosa, 8 mm; Staubb. hervorragend, 2mal so lang wie die Kronb. B. 3–7 cm, länglich-elliptisch, kahl. Hecken. △ Juni–Juli. Mitteleuropa oder eingebürgert.

244. Wald-Geißbart, *Aruncus dioicus* (Walter) Fernald, bis 2 m hohe Pflanze mit großen, verzweigten, gelblichweißen Bl.ständen; Bl. sehr zahlreich, klein; B. 2–3fach gefiedert, bis 1 m lang, Fiedern eiförmig, spitz, doppelt gesägt. Schluchten, Bergwälder. △ Juni–August. Mitteleuropa, Alpen, Pyrenäen.

245. Feld-Rose, *Rosa arvensis* Hudson, kletternder Strauch, $^1/_2$–1 m, mit weißen Bl. 3–5 cm; Kelchb. eiförmig, lang zugespitzt; Griffel zu einer Griffelsäule verwachsen; Bl.stiele gewöhnlich mit gestielten Drüsen; Stacheln zerstreut, hakenförmig; B. mit 5–7 eiförmig-elliptischen, gezähnten Fiedern; Frucht 1–1$^1/_2$ cm, kugelig, rot. Hecken, Laubwälder, Felsen. △ Juni-Juli. Mittel- und Südeuropa.

246. Stachelige Rose, *Rosa pimpinellifolia* L., Zwergstrauch 50–100 cm; Schößlinge dicht bedeckt mit ungleichen Nadelstacheln und steifen Borsten; B. meist 9zählig, Fiederb. klein, rundlich-elliptisch, sägezähnig, kahl; Bl. weiß bis rosa, 3–5 cm; Frucht kugelig, fast schwarz. Kalk- und Gipshügel, Dünen. △ Mai–Juni. Fast ganz Europa.

247. Alpen-Rose, *Rosa pendulina* L., Zwergstrauch, $^1/_2$–2 m; Bl. rot, 3–5 cm, einzeln, an meist stachellosen Zweigen; Fiederb. 9–11, länglich-eiförmig, doppelt gezähnt, meist dunkelgrün, unterseits zerstreut behaart; Frucht rot, 2–2$^1/_2$ cm, länglich, in einen flaschenförmigen Hals verschmälert. Felsen, Bergwälder. △ Juni–Juli. Gebirge Mittel- und Südosteuropas.

248. Silberwurz, *Dryas octopetala* L., niedrige, rasige Pflanze mit einzelnen, weißen Bl. an 2–8 cm langen Stielen; Kronb. 8, länglich; Kelchb. mit schwärzlichen Drüsenhaaren; B. 1–2 cm, gekerbt, oben grün, unten weißfilzig; Frucht mit federigen Griffeln. Felsschutt, Felsen. △ Mai–August. Arktis, Gebirge Europas.

249. Großer Wiesenknopf, *Sanguisorba officinalis* L., Pflanze aufrecht, schlank, 20–100 cm, mit langstengeligen, b.losen, dunkelroten, eiförmigen Bl.köpfchen, 1–2 cm; B. gefiedert, Fiederb. 7–15, eiförmig, gezähnt, unterseits blaugrün, 2–4 cm. Wiesen. △ Juni–September. Europa.

250. Bach-Nelkenwurz, *Geum rivale* L., Pflanze 20–60 cm, mit nickenden, rotvioletten Bl., 2 cm; Kronb. spatelig, innen orange; Grundb. mit 7–13 ungleichen, eiförmigen gezähnten Fiederb., Endfieder größer; obere B. gelappt. Feuchte Wiesen, Auwälder. △ Mai–Juli. Europa.

251. Dolomiten-Fingerkraut, *Potentilla nitida* L., lockerrasige Pflanze, 2–10 cm, mit verholzten, dem Boden angedrückten Ästen; Kronb. rosarot, verkehrt-eiförmig, ausgerandet; Staubb. schwarzpurpurn; B. 3zählig, filzig seidenhaarig. Felsen, Gerölle. △ Juli–August. Südliche Kalkalpen.

252. Sumpf-Blutauge, *Potentilla palustris* (L.) Scop., Pflanze mit 30–100 cm langen, kriechenden, rötlichen Stengeln; Bl. dunkel rötlichpurpurn, 2–3 cm; Kronb. kleiner als die purpurnen, eiförmigen, langspitzigen, ausgebreiteten Kelchb.; B. handförmig gefiedert, mit 5–7 länglichen, grob gesägten Fiederb., 3–6 cm. Moore, Teichränder. △ Juni–August. Europa.

253. Felsen-Fingerkraut, *Potentilla rupestris* L., schwach drüsenhaarige Pflanze, 20–40 cm, mit lockerem, verzweigtem Bl.stand; Kronb. weiß, verkehrt-eiförmig; Grundb. mit 5–7 doppelt gezähnten Fiederb., obere B. 3zählig. Felshänge, trockne Wälder. △ Juni–August. Europa.

254. Strauch-Fingerkraut, *Potentilla fruticosa* L., bis 1 m hoher Strauch, mit 5zählig gefiederten B. mit eingerolltem Rand; B.unterseite dicht seidenhaarig; Bl. gelb, 2–2$^1/_2$ cm, einzeln oder zu wenigen an beblätterten Zweigen. Zierstrauch. △ Juni–August.

255. Frühlings-Fingerkraut, *Potentilla tabernaemontani* Ascherson, polsterige Pflanze, 5–20 cm, mit niederliegenden Stengeln; Bl. gelb, 1–1$^1/_2$ cm; Grundb. handförmig gefiedert, mit 5 verkehrt-eiförmigen, gezähnten Fiedern. Sonnige Hänge, Wiesen. △ März–April. Europa.

256. Sarcopoterium spinosum (L.) Spach, kugeliger Strauch, 30–60 cm, mit steifen, grauen, stark verwobenen, dornigen Zweigen und kugeligen Bl.köpfen; männliche Bl.köpfe mit vielen gelben Staubb., weibliche mit purpurnen, federigen Narben; B. mit 9–15 Fiederb., 6 mm; Frucht beerenartig, rot. Trockne Hügel, Brachland. △ März–April. Südosteuropa.

257. Echte Quitte, *Cydonia oblonga* Miller, 2–8 m hoher Baum mit 4–5 cm großen, weißen oder rosaroten, sitzenden Bl.; B. 5–10 cm, ganzrandig, sehr kurzgestielt, oben kahl, unten wollig behaart; Frucht 6–10 cm groß, wollhaarig, zur Reife gelb, aromatisch. △ Mai. Herkunft Asien. Als Kulturpflanze in fast ganz Europa.

258. Gemeine Felsenbirne, *Amelanchier ovalis* Med., 1–3 m hoher Strauch mit kleinen, eiförmigen, fein gezähnten, unterseits wollhaarigen B. und weißen Bl.; Kronb. schmal, entfernt gestellt, 1$^1/_2$–2 cm; Frucht bläulichschwarz, süß, 1 cm. Felshänge, Gebüsche. △ April–Mai. Fast ganz Europa.

259. Mehl-Vogelbeere, *Sorbus aria* (L.) Crantz, 5–15 m hoher Baum mit dunkelgrauer Rinde und weißen Doldenrispen; B. eiförmig, 5–12 cm, doppelt gesägt, mit kräftiger Nervatur, unterseits weißfilzig; Bl. 12 mm; Frucht 8–15 mm, rot. Felshänge, trockne Wälder. △ Mai–Juni. Europa.

260. Wilde Vogelbeere, *Sorbus aucuparia* L., 5–15 m hoher Baum mit glatter, grauer Rinde, gefiederten B. und weißen Bl. in wollig behaarten Doldenrispen; Bl. 1 cm; Fiederb. 9–19, länglich, spitz, fein gesägt, 3–6 cm; Frucht kugelig, 6–9 mm, orangerot. Wälder, Gebüsche. △ Mai–Juni. Europa.

261. Lorbeer-Kirsche, *Prunus laurocerasus* L., immergrüner Strauch oder Baum, bis 6 m, mit glänzenden, lederigen, dunkelgrünen B., hellgrünen Zweigen und weißen Bl. in 5–12 cm langen, aufrechten Trauben; Kronb. 4 mm; B. länglich-spitz, 5–18 cm; Frucht ei-kegelförmig, schwarzpurpurn, glänzend, 8 mm. Gebüsche; oft als Zierpflanze angebaut und verwildert. △ April–Mai. Südosteuropa.

262. Prunus lusitanica L., ähnlich 261, Trauben 5–25 cm; B. 6–12 cm, eiförmig, regelmäßig sägezähnig, glänzend, dunkelgrün; Zweige rötlich. Herkunft Iberische Halbinsel. Manchmal als Zierbaum angepflanzt.

263. Sauer-Kirsche, *Prunus cerasifera* Ehrh., bis 10 m hoher Baum mit 8–12 cm langen, gezähnten, glänzenden B. und weißen Bl., $1^1/_2$–$2^1/_2$ cm; Kronb. fast kreisrund; Frucht 2 cm, kugelig, gelb oder rot; Kerne rund, glatt. Hecken. △ April–Mai. Südosteuropa, sonst kultiviert oder verwildert.

264. Trauben-Kirsche, *Prunus padus* L., bis 15 m hoher Baum oder Strauch mit duftenden, weißen Bl. in langen, hängenden Trauben; B. eiförmig-elliptisch, lang zugespitzt, fein gezähnt, 8–12 cm; Frucht kugelig, 6–8 mm, reif schwarz. Feuchte Wälder, Ufer. △ April–Juni. Europa.

265. Vogel-Kirsche, *Prunus avium* L., bis 25 m hoher Baum mit glänzender, rötlichbrauner, in Querstreifen sich abringelnder Rinde und weißen Bl. in 2–6blütigen Dolden; Kronb. verkehrt-eiförmig, ausgerandet; B. 6–15 cm, elliptisch, lang zugespitzt, gezähnt; Frucht kugelig, 1 cm, dunkelrot oder schwärzlich, süß oder sauer. Wälder, Hecken. △ April–Mai. Europa.

266. Schwarzdorn, Schlehe, *Prunus spinosa* L., sparriger Dornstrauch, 1–4 m, mit dicht gedrängten, weißen, vor den B. erscheinenden Bl.; Kronb. 5–8 mm; B. 2–4 cm, eiförmig, gezähnt; Frucht kugelig, 1–$1^1/_2$ cm, blauschwarz, mit wachsartigem Reif. Böschungen, Wälder, Hecken. △ April–Mai. Europa.

267. Weichsel-Kirsche, *Prunus mahaleb* L., Strauch oder Baum, 1–12 m, mit wenigen, weißen Bl. zu 4–8 in aufrechten Doldentrauben; Bl. langgestielt; Kronb. 8 mm; B. mit sehr kurzen, stumpfen Zähnen; Frucht eiförmig, $^1/_2$ cm, schwarz, bitter. Trockne Hänge, Wälder, Felsen. △ April–Mai. Europa.

LEGUMINOSAE | Schmetterlingsblütler

268. Japanische Mispel, *Eriobotrya japonica* (Thunb.) Lindley, bis 10 m hoher, immergrüner Baum mit großen, lederigen, grob gezähnten, länglich-lanzettlichen B. mit kräftiger Nervatur, unterseits wollig behaart; Bl. gelblichweiß, 1 cm, duftend; Frucht pflaumenartig, mit 2 großen Kernen. Herkunft China, im Mittelmeergebiet kultiviert. △ November–April.

269. Gemeine Zwergmispel, *Cotoneaster integerrimus* Medicus, kleiner, sparriger Strauch, 30–100 m; Bl. weiß oder rosarot, zu 1–4 in den Achseln von kleinen, eiförmigen, B.; Kronb. 3 mm; B. sommergrün, 2–4 cm, oberseits kahl, unterseits wollig behaart, grau; Frucht kugelig, 6 mm, glänzend rot, hängend. Felsen, sonnige Hügel. △ April–Juni. Europa.

270. Johannisbrotbaum, *Ceratonia siliqua* L., breitkroniger, immergrüner Baum, 7–10 m, mit dunkelgrünen, unpaarig gefiederten B. und grünen Bl. in traubigen, bis 15 cm langen Bl.ständen; Fiederb. 3–8 cm, eiförmig, lederig, zu 3–11; Frucht dick, lederig, bis 20 cm lang und 2 cm breit. Steinige Plätze im Küstenbereich. △ August–Oktober. Mittelmeergebiet.

271. Akazie, *Acacia longifolia* (Andrew) Willd., bis 10 m hoher Strauch oder Baum; Bl. gelb, in kugeligen Köpfen, diese in 2–6 cm langen Ähren angeordnet; B. durch verbreiterte, b.artige B.stiele, Phyllodien genannt, ersetzt, diese lanzettlich, 5–15 cm. Herkunft Australien; häufig als Zierbaum und als Pioniergehölz auf Sandböden, im Mittelmeergebiet. △ März–April.

272. Gemeiner Goldregen, *Laburnum anagyroides* Medicus, bis 7 m hoher Baum mit glatten Ästen und langen, hängenden Bl.trauben mit vielen, gelben, oft braungestreiften, Bl., 2 cm; B. 3zählig, Fiedern elliptisch, oben dunkelgrün, unten bläulichgrün, behaart. Frucht 3–5 cm. Bergwälder, Gebüsche; oft als Zierbaum. △ Mai–Juni. Mitteleuropa. Giftig.

273. Albizia julibrissin Durazz., bis 12 m hoher Baum mit großen, 2fach gefiederten B. und rosaroten Bl. in Rispen am Ende der Zweige. Staubb. auffällig, rosa, etwa $2^1/_2$ cm lang. Herkunft Asien und tropisches Afrika. △ Juli–August. Als Zierbaum im Mittelmeergebiet.

274. Judasbaum, Wildes Johannisbrot, *Cercis siliquastrum* L., kleiner Baum, bis 10 m, mit feinrissiger Rinde, rundlich-nierenförmigen B. und roten Bl. in Trauben aus den Ästen gewöhnlich vor den B. hervorbrechend; Bl. etwa 2 cm; Kelch rötlichpurpurn, 5zähnig; Frucht bis 10 cm, flach, rötlichbraun. Felshänge, oft als Zierbaum. △ März–Mai. Südeuropa.

275. Calicotome villosa (Poiret) Link., dichtästiger Dornstrauch, bis 1 m, mit behaarten Stengeln und gelben Bl. zu 5–15 in Büscheln; B. 3zählig, beim Trocknen schwarz werdend; Fiederb. verkehrteiförmig, unterseits weich behaart; Dornen 1–2 cm; Frucht 3 cm, dicht wollhaarig. Sonnige Hügel, steinige Plätze. △ März–Juni. Südeuropa.

276. Schwarzer Geißklee, *Lembotropis nigricans* (L.) Griseb., 1–2 m hoher Strauch mit 3zähligen B. und langen, endständigen Trauben mit vielen kurzgestielten, gelben Bl.; Kronb. 7–10 mm; Flügel kürzer als das Schiffchen; Kelch behaart; B.fiedern oval bis länglich, 1–3 cm; Frucht 2–$3^1/_2$ cm, angedrückt behaart. Felsen, Hecken. △ Juni–Juli. Mittel- und Südosteuropa.

277. Gemeiner Besenginster, *Cytisus scoparius* (L.) Link, aufrechter Strauch, bis 2 m, mit steifen, 4kantigen, grünen Zweigen und goldgelben, b.achselständigen Bl.; Kronb. 2 cm, Fahne breit, ausgerandet; untere B. 3zählig, obere B. mit 1 Fiederb., diese bald abfallend und viele Zweige b.los; Frucht 3–5 cm, schwarz. Trockne Wälder, Heiden. △ April–Juni. Europa.

278. Cytisus sessilifolius L., bis 2 m hoher Strauch mit grünen Zweigen und endständigen, ziemlich armblütigen, lockeren, kurzen Trauben; Bl. gelb, 1–1 $^1/_2$ cm; Fahne rundlich, Schiffchen geschnäbelt; B. 3zählig, der blühenden Triebe sitzend; Fiederb. 1–2 cm, rautenförmig spitz; Frucht kahl, braun, 2–4 cm. Hügel, Wälder. △ April–Juni. Südeuropa.

279. Behaarter Zwergginster, *Chamaecytisus hirsutus* (L.) Link, ausgebreiteter Strauch, bis 1 $^1/_2$ m, mit großen, gelben, meist dunkelgefleckten Bl., zu 1–4 an seitenständigen Kurztrieben; Kelch röhrenförmig, 2lippig, lang abstehend behaart; B. 3zählig, unterseits dicht behaart; Zweige und Frucht dicht behaart. Wälder, Gebirgswiesen, Dickichte. △ April–Juni. Mittel- und Südosteuropa.

280. Roter Zwergginster, *Cytisus purpureus* (Scop.) Link, ähnlich 279, aber Bl. purpurrot; Kelch spärlich behaart; Stengel meist kahl; B.fiedern blaugrün, kahl. Buschige Felshänge. △ April–Juni. Süd- und Südostalpen.

281. Spanischer Ginster, *Genista hispanica* L., bis 60 cm hoher, dorniger Strauch mit gelben, 5–12blütigen, endständigen, kugeligen Bl.köpfen; Fahne kahl, so lang wie das behaarte Schiffchen; B. 1fach, ei-lanzettlich. Sonnige Hänge, Gebüsche. △ April–Juli. Spanien und Frankreich.

282. Flügel-Ginster, *Chamaespartium sagittale* (L.) Gibbs, kleiner Zwergstrauch mit kriechenden, an den Knoten wurzelnden, verholzten Stengeln, diese unverzweigt, meist b.los, mit breiten, an den Knoten verschmälerten Flügeln; Bl. gelb, 12–15 mm, in vielblütigen, dichten Trauben; Frucht bis 2 cm, behaart. Trockenhänge, Wälder. △ Mai–September. Mittel- und Südeuropa.

283. Lygos monosperma (L.) Heywood, besenartiger Strauch, bis 3 m, mit aufrechten, gefurchten, silberhaarigen Ästen und beblätterten, weißen Bl.trauben; Fahne behaart, kürzer als das Schiffchen; B. lineal-lanzettlich, silberhaarig, bald abfallend; Frucht eiförmig oder kugelig, 1samig. Küstensand, Hügel. △ Februar–Mai. Portugal, Spanien.

284. Pfriemenginster, *Spartium junceum* L., 1–3 m hoher Strauch mit aufrechten, fast b.losen, blaugrünen Ästen und 2–2 $^1/_2$ cm großen, leuchtend gelben Bl. in aufrechten, endständigen Trauben; B. Länglichlanzettlich; Frucht 5–8 cm, Trockne Hügel, Hecken. △ Mai–August. Südeuropa.

285. Erinacea anthyllis Link, polsteriger Zwergstrauch, bis 30 cm, mit steifen, stark dornigen Ästen; Bl. blauviolett, 1 $^1/_2$–2 cm; Kelch aufgeblasen; B. 1fach, behaart; junge Zweige silberhaarig. Steinige, trockne Hügel. △ Mai–Juni. Spanien und Frankreich.

286. Kleiner Stechginster, *Ulex minor* Roth, ausgebreiteter Dornstrauch, 20–100 cm; Stengel mit zahlreichen, etwas gefurchten, schwachen Dornen; Bl. gelb, 8–10 mm, zu 1–3 an Kurztrieben; Kelch anliegend behaart; erste Laubb. 3zählig, spätere 1fach. Heiden. △ Juli–Oktober. Südwesteuropa.

287. Gelbe Lupine, *Lupinus luteus* L., Pflanze 20–80 cm, mit goldgelben, nach Veilchen duftenden, quirlständigen Bl. in 5–16 cm langen Bl.ständen; B. mit 6–8 linealischen bis verkehrt-eiförmigen Fiedern. Kulturpflanze und verwildert. △ März–Juli. Mittel- und Südeuropa.

288. Blaue Lupine, *Lupinus angustifolius* L., Pflanze 20–80 cm, mit dunkelblauen Bl. in 10–20 cm langen Trauben; B. mit 5–9 schmalen Fiederb. Sandböden. △ April–Juni. Südeuropa, in Mitteleuropa eingebürgert.

289. Weiße Lupine, *Lupinus albus* L., Pflanze 20–100 cm, angedrückt behaart; Bl. weiß mit blauer Spitze, in lockeren armblütigen Trauben, 6–10 cm; B.fiedern 5–7, länglich-eiförmig; Frucht zottig behaart. Kulturpflanze. △ Mai–Juni. Herkunft Südosteuropa.

290. Falsche Akazie, *Robinia pseudoacacia* L., bis 30 m hoher Baum mit grauer, tief längsrissiger Rinde und duftenden, weißen Bl. in hängenden Trauben; Fahne aufrecht, am Grund mit gelbem Fleck; B. 15–25 cm, mit 7–15 eiförmigen Fiederb.; Zweige und Kurztriebe mit langen Dornen; Frucht bis 10 cm lang. Hecken, Flußufer. △ April–Juni. Herkunft Nordamerika, in Europa eingebürgert.

291. Geißraute, Geißklee, *Galega officinalis* L., Pflanze $^1/_2$–1 $^1/_2$ m, mit hellvioletten oder weißen Bl. in aufrechten, b.achselständigen Trauben; Bl. 8–15 mm, kurzgestielt; B. mit 9–17 länglichen, spitzen Fiederb., Nebenb. groß, pfeilförmig. Ufer, feuchte Äcker; häufig als Zierpflanze. △ Juni–August. Mittel- und Südeuropa.

292. Blasenstrauch, *Colutea arborescens* L., bis 3 m hoher Strauch mit grünen Zweigen, aufrechten, 2–8blütigen Trauben und gelben, oft rötlichbraun gestreiften Bl., 2 cm; B. mit 7–15 eiförmigen Fiederb., Frucht 4–7 cm lang und 2–4 cm breit, aufgeblasen. Gebüsche; Zierpflanze und häufig verwildert. △ April–Juli. Süd- und Südosteuropa.

293. Süßholz-Tragant, Bärenschote, *Astragalus glycyphyllos* L., Pflanze, 60–100 cm; Bl. cremweiß oder grünlichgelb, in dichten, eiförmigen Trauben; B. 10–20 cm, kahl, mit 9–13 eiförmigen Fiedern; Frucht 2 $^1/_2$–3 $^1/_2$ cm, gekrümmt, aufgeblasen. Gebüsche, Waldränder. △ Mai–August. Europa.

294. Alpen-Tragant, *Astragalus alpinus* L., niederliegende Pflanze, 8–25 cm, mit kugeligen, blauen, violetten, selten weißen Bl.trauben; Kelch dicht behaart; B. mit 17–25 lanzettlichen Fiedern; Frucht 1 cm, hängend, angedrückt behaart. Steinige Matten, Felsen. △ Juli–August. Nordeuropa und Gebirge Mitteleuropas.

295. Kicher-Tragant, *Astragalus cicer* L., weichhaarige Pflanze, 30–80 cm; Bl. hellgelb, in langgestielten Trauben; Kelch angedrückt schwarz behaart; B. mit 13–25 länglich-elliptischen Fiedern; Frucht eiförmig, aufgeblasen, dicht behaart. Wegränder, Gebüsche. △ Juni-Juli. Mitteleuropa.

296. Harz- oder Asphaltklee, *Psoralea bituminosa* L., Pflanze bis 1 m, mit 3zähligen B., beim Zerreiben nach Teer riechend; Bl.köpfe langgestielt, blauviolett, am Grund mit 2 tiefgezähnten Hochb.; Bl. 1–1 $^{1}/_{2}$ cm; untere B. mit rundlichen, obere mit lanzettlichen Fiedern, drüsenhaarig; Frucht behaart, lang geschnäbelt. Wegränder, trockne Hänge. △ April–Juli. Südeuropa.

297. Vicia benghalensis L., Bl. rötlichviolett mit schwärzlichpurpurnen Spitzen, 1–$^{1}/_{2}$ cm, in 4-12blütigen Trauben, diese kürzer oder so lang wie die weichhaarigen B.; Nebenb. gezähnt, zottig; Frucht 1$^{1}/_{2}$–2$^{1}/_{2}$ cm. Wegränder, steinige Hänge. △ Juni–August. Mittelmeergebiet.

298. Saat-Wicke, *Vicia sativa* L., Pflanze 30–80 cm; Bl. 1 oder zu 2, b.achselständig, purpurn, bläulich, oder 2farbig; B. mit 4–7 eiförmigen bis linealischen Fiederpaaren; B.ranken verzweigt; Frucht aufrecht, kurzhaarig, braun. Äcker, Hecken; Kulturpflanze. △ April-September. Europa.

299. Zottel-Wicke, *Vicia villosa* Roth, Pflanze 30–120 cm, meist zottig behaart; Bl. rotviolett, 15–20 mm, zu 12–30 in dichten Trauben; Kelchzähne zottig; B. mit linealischen Fiedern. Äcker, Wegränder. △ Juni–August. Mittel- und Südeuropa.

300. Vogel-Wicke, *Vicia cracca* L., Pflanze bis 2 m, mit achselständigen, 10–40 blütigen, blauvioletten Trauben; Bl. 10–12 mm; B. mit 6–20 länglich-linealischen Fiederpaaren, am Ende mit verzweigter Ranke; Frucht eiförmig. Äcker, Zäune, Hecken. △ Juni–August. Europa.

301. Adenocarpus complicatus (L.) Godron, bis 4 m hoher Strauch mit aufrechten, silberhaarigen, kantigen Ästen und orangegelben Bl. in langen, endständigen Trauben; Bl. 1$^{1}/_{2}$ cm; Kelch drüsig, röhrenförmig; B. gebüschelt, 3zählig, Fiedern länglich-lanzettlich, oft mit Längsfalten, unterseits angedrückt behaart. Hügel, Gebüsche. △ Mai–September. Südeuropa.

302. Ranken-Platterbse, *Lathyrus aphaca* L., rankende Pflanze, bis 1 m; Bl. gelb, einzeln, 1 cm; B. nur aus einer Ranke und am Grund den beiden, b.artigen, spießförmigen Nebenb. bestehend. Äcker. △ April–Juni. Mittel- und Südeuropa.

303. Eselsohren, *Lathyrus ochrus* L., Pflanze 30–70 cm, mit sehr breit geflügelten Stengeln und B.stielen; Bl. hellgelb, einzeln, etwa 2 cm; obere B. mit 1–2 eiförmigen Fiederpaaren und verzweigten Ranken; Frucht am Rücken mit 2 häutigen Flügeln. Äcker, Hecken. △ März–Juni. Südeuropa.

304. Gras-Platterbse, *Lathyrus nissolia* L., Pflanze 30–90 cm, mit grasartigen, abgeflachten, lineallanzettlichen B.stielen, Fiederb. und Ranken fehlend; Stengel schmal geflügelt; Bl. einzeln, rot oder purpurn. Wiesenränder, buschige Plätze. △ Mai–Juli. Mittel- und Südeuropa.

305. Purpurne Platterbse, *Lathyrus clymenum* L., blaugrüne Pflanze, 30–100 cm; Bl. 1$^{1}/_{2}$–2 cm, zu 1–5 an einem langen Stiel, mit purpurner Fahne und helleren Flügeln und Schiffchen; untere B. 1fach, lanzettlich, rankenlos, obere B. mit 2–4 schmal-lanzettlichen Fiederpaaren und verzweigten Ranken; B.stiel und Stengel geflügelt. Wegränder, steinige Plätze. △ April–Juni. Südeuropa.

306. Erdnuß-Platterbse, *Lathyrus tuberosus* L., Pflanze rankend, 30–120 cm; Bl. karminrot, duftend, 1$^{1}/_{2}$–2 cm, zu 2–7; Stiel viel länger als die B., diese mit 2 ei-lanzettlichen, langspitzigen Fiederb. und halbpfeilförmigen, großen Nebenb. Äcker, Weingärten. △ Juni–August. Mittel- und Südeuropa.

307. Lathyrus japonicus Willd., ausgebreitete Pflanze, 30–90 cm; Bl. 1$^{1}/_{2}$–2$^{1}/_{2}$ cm, in 2–12blütigen Trauben; Fahne purpurn, Flügel bläulich; B.fiedern zu 3–5 Paaren, elliptisch, 2–4 cm; B. mit Ranken und großen Nebenb.; Frucht 3–5 cm, rotbraun. Dünensand, Küsten. △ Juli–August. West- und Südwesteuropa.

308. Schwarze Platterbse, *Lathyrus niger* (L.) Bernh., Pflanze 30–80 cm, mit trüb purpurnen bis bräunlichen Bl. zu 2–10 in langgestielten Trauben; Kelch kraushaarig; Fiederb. eiförmig, spitz, unterseits blaugrün, zu 3–6 Paaren; Ranken fehlend; Frucht 5 cm, undeutlich netzadrig, reif schwarz. Lichte Wälder. △ Mai–Juli. Fast ganz Europa.

309. Breitblättrige Platterbse, *Lathyrus latifolius* L., Pflanze 1–2 m; Bl. karminrot, 2–3 cm; Stengel und B.stiel breit geflügelt; B. mit 2 eiförmigen, 2–5 cm breiten Fiederb.; Frucht 5–11 cm, braun, kahl. Herkunft Südeuropa; häufig kultiviert und verwildert. △ Juni–Juli. Hauptsächlich Südeuropa.

310. Saat-Platterbse, *Lathyrus sativus* L., Pflanze 15–60 cm; Bl. lila, blau oder weiß, einzeln, 1$^{1}/_{2}$ cm; Kelchzähne abstehend, länger als die Kelchröhre; Bl.stiele 3–6 cm; B. mit 2 lineal-lanzettlichen Fiederb.; Stengel schmal geflügelt; Hülse oben 2flügelig. △ Juni–Juli. In Mittel- und Südeuropa als Futterpflanze angebaut und oft verwildert.

311. Frühlings-Platterbse, *Lathyrus vernus* (L.) Bernh., Pflanze 20–40 cm; Bl. blauviolett, in lockeren, 3–10blütigen Trauben; Fiederb. zu 2–4 Paaren, breiteiförmig, lang zugespitzt, weich, glänzend, bis 6 cm; Nebenb. groß, Ranken fehlend. Wälder, Gebüsche. △ April–Juni. Europa.

312. Garten-Erbse, *Pisum sativum* L., sehr variable Pflanze, bis 1 m, mit rosafarbenen oder violetten Bl. mit schwärzlichpurpurnen oder weißlichen Flügeln; Trauben 1–3blütig; B.fiedern zu 1–3 Paaren, eiförmig, kleiner als die länglich-eiförmigen, großen, b.artigen Nebenb.; Ranken verzweigt; Frucht 4–10 cm. Herkunft Südosteuropa, vielerorts kultiviert und verwildert. △

313. Gelbe Hauhechel, *Ononis natrix* L., drüsenhaarige, klebrige, am Grund verholzte Staude, 30–50 cm; Bl. gelb, rot gestreift, $1^1/_2$ cm, an kurzen Stielen; B. meist 3zählig, kurzgestielt, Fiedern länglich-elliptisch, gezähnt. Trockne, steinige Hänge. △ Mai–August. Südeuropa.

314. Ononis fruticosa L., stark verzweigter Strauch mit rosaroten, purpurn geaderten Bl. in endständigen, b.losen, verlängerten, zusammengesetzten Bl.ständen; Kronb. $1^1/_2$–2 cm, Fahne behaart; Tragb. 5 mm, eiförmig, spitz, gezähnt; B. 3zählig, Fiederb. lederig, spatelförmig, grob gezähnt; Frucht drüsenhaarig. Iberische Halbinsel und Frankreich.

315. Rundblättrige Hauhechel, *Ononis rotundifolia* L., am Grund verholzte Staude, 30–50 cm; Bl. rosarot, $1^1/_2$ cm, langgestielt, zu 1–3 in den Achseln der oberen B.; B. 3zählig, drüsenhaarig, Fiederb. rund, gezähnt, das mittlere größer und gestielt. Wälder, Felshänge. △ Mai–August. Südwesteuropa.

316. Weißer Steinklee, *Melilotus albus* Med., Pflanze bis $1^1/_2$ m, mit kleinen, weißen Bl. in langen, endständigen Trauben; Bl. 4–5 mm, Fahne länger als die Flügel; B. 3zählig, Fiedern gestielt, gezähnt. Wegränder, Äcker. △ Juni–August. Europa.

317. Hoher Steinklee, *Melilotus altissimus* Thuill., ähnlich 316, aber Bl.trauben gelb, Schiffchen, Fahne und Flügel gleichlang; Bl. 5–7 mm. Feuchte Wiesen, Gräben, Salzböden. △ Mai–September. Europa.

318. Blauer Bockshornklee, *Trigonella coerulea* (L.) Ser., Pflanze 30–80 cm, mit blauvioletten Bl. in kugeligen, langgestielten Trauben; Bl. 5–7 mm; B. 3zählig, Fiedern eiförmig, stumpf, fein gesägt; Frucht eiförmig, mit Längsrippen, geschnäbelt. Äcker; Kulturpflanze. △ Juni–Juli. Südosteuropa oder eingebürgert.

319. Gelblicher Bockshornklee, *Trigonella foenum-graecum* L., Pflanze 20–60 cm; Bl. gelblich, zu 1 oder 2 in den Achseln der oberen B. sitzend; Kelch behaart; B. 3zählig, Fiedern länglich bis verkehrt-eiförmig, vorne gezähnt; Frucht linealisch, vorne in einen 2–3 cm langen Schnabel ausgezogen. Äcker; Kulturpflanze. △ April–Mai. Herkunft Asien, in Europa eingebürgert.

320. Strand-Schneckenklee, *Medicago marina* L., filzig behaarte, niederliegende Pflanze, bis 50 cm; Bl. hellgelb, in 5–10blütigen, rundlichen, kurzgestielten Trauben; Kronb. 6–8 mm; B. 3zählig, weißwollig; Frucht wollig, mit 2–3 engen Windungen, meist mit kurzen Dornen. Sanddünen. △ April–Juni. Mittelmeergebiet.

321. Blauer Schneckenklee, Luzerne, *Medicago sativa* L. subsp. *sativa,* Pflanze 30–80 cm; Bl. blau oder violett, in länglichen Trauben; Kronb. 7–11 mm; B. 3zählig, Fiedern länglich bis verkehrt-eiförmig, bis 3 cm; Frucht meist behaart, mit 2–3 lockeren Windungen. Wegränder, Böschungen, häufig kultiviert. △ Juni–September. Europa.

322. Sichelklee, *Medicago sativa* L. subsp. *falcata* (L.) Arcang., Pflanze 20–50 cm; Bl. gelb, 5–8 mm, in eiförmigen Trauben; B. 3zählig, Fiedern schmal, länglich-keilförmig, bis $1^1/_2$ cm; Frucht sichelförmig. Wiesen. Wegränder, Böschungen. △ Mai–August. Europa.

323. Rauher Schneckenklee, *Medicago polymorpha* L., Pflanze 10–40 cm; Bl. gelb, in 3–8blütiger Traube; Schiffchen kürzer als die Flügel; Frucht mit $1^1/_2$–4 Windungen und doppelter Dornenreihe. Wegränder, Kulturland. △ Mai–Juni. Süd- und Südosteuropa.

324. Scheibenklee, *Medicago orbicularis* (L.) Bartal., Pflanze 20–70 cm; durch große, flache, scheibenförmige Früchte, 12–18 mm, mit 3–5 glatten Windungen ausgezeichnet, diese trocken mit auffälligen radialen Nerven; Bl. gelb, 3 mm, zu 1–5; Fiederb. verkehrt-eiförmig oder 3eckig, gezähnt. Kulturland, Olivenhaine. △ April–Juli. Südeuropa.

325. Berg-Esparsette, *Onobrychis montana* DC., niederliegend bis aufsteigende Pflanze, 5–30 cm; Bl. dunkelrot, 1–$1^1/_2$ cm, Schiffchen länger als die Fahne; B. gefiedert, Fiedern ei-länglich, 7–17. Steinige Magerrasen. △ Juni–August. Gebirge von Mittel- und Südosteuropa.

326. Purpur-Klee, *Trifolium rubens* L., Pflanze 25–60 cm, mit walzigen, purpurnen, häufig paarweisen, langgestielten Bl.köpfen, 5–6 cm; Bl. 12–15 mm; Kelchröhre kahl, Kelchzähne behaart; B.3zählig, Fiedern länglich, bis 5 cm, mit kräftiger Nervatur, fein gesägt. Laubwälder, buschige Hänge. △ Juni–August. Mittel- und Südeuropa.

327. Schweden-Klee, *Trifolium hybridum* L., Pflanze 30–60 cm; Bl. 6–7 mm, weiß oder hellrosa, in kugeligen, lockeren Köpfen; Bl.stiel 3mal so lang wie die Kelchröhre; Kelchzähne linealisch, lang zugespitzt, 2mal so lang wie die Kelchröhre; B. 3zählig, Fiedern 1–3 cm, verkehrt-eiförmig, gezähnt. Wegränder Äcker oder kultiviert. △ Mai–September. Europa.

328. Berg-Klee, *Trifolium montanum* L., ähnlich 327, aber Stengel und B.unterseite behaart; Bl. weiß, in dichten, kugeligen Köpfen; Bl.stiele viel kürzer als die Kelchröhre; B.fiedern am Rand mit hervortretenden Nerven, fein gesägt. Hügel, Gebüsche. △ Mai–Juli. Europa.

329. Inkarnat-Klee, Blutklee, *Trifolium incarnatum* L., Pflanze 20–50 cm, mit langen, walzigen oder kegelförmigen Bl.köpfen, bis 6 cm; Bl. karminrot, $1-1^1/_2$ cm; Kronb. länger als der dicht behaarte Kelch, dieser mit lanzettlichen, zur Reife spreizenden Zähnen; B. 3zählig, Fiedern 1–3 cm. Kulturpflanze. △ Mai–Juli. Europa.

330. Zickzack-Klee, *Trifolium medium* L., Pflanze 20–50 cm, mit endständigen, kurzgestielten, roten Bl.köpfen; B. 3zählig, Fiedern schmal elliptisch; Stengel aufsteigend, meist hin- und hergebogen. Laubwälder, trockne Wiesen. △ Mai–Juli. Europa.

331. Hasen-Klee, *Trifolium arvense* L., weichhaarige, häufig graue Pflanze, 5–40 cm, mit eiförmigen, walzigen, weichhaarigen Bl.köpfen und winzigen, rötlichen oder weißlichen Bl.; Kronb. viel kürzer als der behaarte Kelch; obere B. sitzend, Fiedern länglich, 1–2 cm. Sandböden, Dünen. △ Mai–Oktober. Europa.

332. Braun-Klee, *Trifolium badium* Schreb., aufrechte Gebirgspflanze, 10–25 cm, mit goldgelben, kugeligen Bl.köpfen, 8–20 mm, verblühte Köpfe braun; Bl. 7–9 mm Fahne gekrümmt, stark geadert; B. 3zählig, Fiedern verkehrt-eiförmig, sitzend. Matten, Felshänge. △ Juli–August. Gebirge Mitteleuropas.

333. Trifolium stellatum L., leicht kenntlich an den kugeligen Fruchtköpfen mit steifen, oft gefärbten, sternförmig ausgebreiteten Kelchzähnen; Bl.köpfe einzeln, endständig, hellrosa; Kronb. kaum länger als der seidenhaarige Kelch; weichhaarige Pflanze, 5–25 cm. Trockne Plätze, Sand, Wegränder. △ April–Juni. Südeuropa.

334. Alpen-Klee, *Trifolium alpinum* L., niederliegende Pflanze, 10–30 cm; Bl. purpurn, 2 cm, duftend, zu 3–12 in lockeren Köpfen; B. langgestielt, 3zählig, Fiedern lanzettlich, spitz. Steinige Matten und Wiesen der Alpen und Pyrenäen. △ Juni–August.

335. Dorycnium rectum (L.) Ser., ähnlich 336, aber Bl. zu 20–40, weiß oder rosa, mit schwärzlichem Schiffchen; B.fiedern eiförmig, blaugrün, unterseits angedrückt behaart; Kraut oder Zwergstrauch, bis 1 m. Feuchte Stellen, Gräben. △ Mai–August. Südeuropa.

336. Zottiger Backenklee, *Dorycnium hirsutum* (L.) Ser., zottig behaart, graue Pflanze, bis 50 cm, mit lockeren, kurzgestielten, kugeligen Bl.ständen mit weißlichen, rötlich überlaufenen Bl. und dunkleren Schiffchen; Bl. zu 5–10; Kelch zottig behaart; B. 3zählig, Fiedern schmal-eiförmig, zottig. Felsen, sandige Plätze. April–Juni. Südeuropa.

337. Sumpf-Hornklee, *Lotus uliginosus* Schkuhr, Pflanze 30–80 cm; Stengel röhrig, hohl; Bl. 10–12 mm, gelb, in dichten 5–15blütigen, kugeligen Trauben; Schiffchen allmählich zugespitzt (beim **Gemeinen Hornklee** ist das Schiffchen vorne rechtwinkelig nach oben gebogen); B. 3zählig, Fiedern verkehrt-eiförmig. Feuchte Wiesen, Ufer, Sümpfe. △ Mai–August. Europa.

338. Rote Spargelerbse, *Tetragonolobus purpureus* Moench, weichhaarige Pflanze, 10–40 cm, mit dunkelroten Bl.; Schiffchen meist schwarz; B. 3zählig, Nebenb. b.artig; Frucht mit 4 breiten, welligen Flügeln, schwarz werdend. Wegränder, Kulturland. △ März–Mai. Südeuropa.

339. Gebirgs-Wundklee, *Anthyllis montana* L., rasige Pflanze, 10–30 cm, mit purpurnen oder rosaroten Bl. in dichten, einzelnen Köpfen an langen, vom Wurzelstock entspringenden Stielen; Kelch wollig behaart; B. mit 15–31, eiförmigen Fiedern. Felsen, Matten. △ Juni–Juli. Gebirge Mittel- und Südeuropas.

340. Gemeiner Wundklee, *Anthyllis vulneraria* L., variable Pflanze, 10–60 cm; Bl. gelb, rötlich oder weiß, in dichten, kugeligen Köpfen; Bl. 12–15 mm; Kelch wollig behaart; B. mit 1–6 Fiederpaaren und meist großer Endfieder. Trockenhänge, Wegränder, Gerölle. △ Mai–August. Europa.

341. Anthyllis tetraphylla L., grauhaarige Pflanze, 10–50 cm; Bl. hellgelb, mit roter Spitze, zu 2–7 in sitzenden, achselständigen Köpfen; Kelch stark aufgeblasen, gelblich oder rötlich, silberhaarig; B. mit 1–2 Fiederpaaren und sehr großer, eiförmiger Endfieder. Kulturland, Olivenhaine. △ März–Juli. Südeuropa.

342. Alpen-Süßklee, *Hedysarum hedysarioides* (L.) Schinz & Thell., Gebirgspflanze, bis 50 cm, mit violetten, oder purpurnen Bl. in verlängerten, 1seitswendigen langgestielten Trauben; Bl. zu 12–20, $1^1/_2-2^1/_2$ cm; B. mit 11–23 länglich-eiförmigen, kahlen Fiedern; Frucht mit 2–5 eiförmigen, schmal geflügelten Gliedern. Matten, Felsen. △ Juli–August. Gebirge Mittel- und Südeuropas.

343. Italienischer Hahnenkamm, Spanische Esparsette, *Hedysarum coronarium* L., kräftige Pflanze, bis 1 m, mit langgestielten, großen, karminroten Bl.trauben; Bl. 2 cm; Kelch behaart; B.fiedern

5–11, eiförmig, unterseits angedrückt behaart; Frucht kahl, mit 2–4 rundlichen Gliedern. Äcker. △ April–Juli. Südeuropa und im Mittelmeergebiet oft angebaut.

344. Hedysarum glomeratum Dietrich, ähnlich 343, aber Bl. größer, purpurviolett. B.fiedern breitelliptisch, 9–17, unterseits angedrückt behaart. Steinige Hänge, Felsen. △ April–Juli. Südeuropa und Portugal.

345. Strauchige Kronwicke, *Coronilla emerus* L., bis 2 m hoher Strauch mit grünen, gefurchten Zweigen und gelben Bl. mit roter Spitze in langgestielten, 2–7blütigen Dolden; Kronb. 2 cm, 2–3mal so lang wie der becherförmige Kelch; B. mit 5–9 verkehrt-eiförmigen, oft ausgerandeten Fiedern; Frucht 5–10 cm, gegliedert. Gebüsche, Felshänge. △ Mai–Juli. Mittel- und Südeuropa.

346. Bunte Kronwicke, *Coronilla varia* L., ausgebreitete Pflanze, bis 60 cm, mit reichblütigen, langgestielten Dolden und bunten Bl.; Fahne lila oder rosarot, Flügel weiß, Schiffchen hellrosa mit purpurner Spitze; Bl. zu 10–20; Fiederb. 15–25, länglich-elliptisch, spitz; Frucht mit 3–6 Einschnürungen, geschnäbelt. Äcker, Hügel. △ Mai–August. Europa.

OXALIDACEAE | Sauerkleegewächse

347. Wald-Sauerklee, *Oxalis acetosella* L., Pflanze 5–15 cm; Bl. 1–1$^1/_2$ cm, weiß oder rosa, fein violett geadert, einzeln, an dünnen, langen Stielen; B. langgestielt, 3zählig, Fiedern verkehrt-herzförmig, hellgrün. Wälder. △ April–Mai. Europa.

348. Oxalis pes-caprae L., Bl. zitronengelb, 2–2$^1/_2$ cm, in 6–12blütigen, langstrahligen Dolden an langen, b.losen Stielen; Kronb. 3–4mal so lang wie der Kelch; B. grundständig, langgestielt, Fiedern verkehrt-herzförmig; Pflanze bis 20 cm. Weingärten, Olivenhaine. △ Februar–Mai. Herkunft Südafrika, im Mittelmeergebiet als Unkraut weit verbreitet.

GERANIACEAE | Storchschnabelgewächse

349. Blutroter Storchschnabel, *Geranium sanguineum* L., Pflanze 20–40 cm; Bl. bis 3 cm, meist einzeln, purpurrot; Kronb. ausgerandet; Kelchb. eiförmig, spitz abstehend behaart; B. im Umriß rund, 5 cm, handförmig bis zum Grund in 5–7 schmale, häufig 3schnittige Lappen geteilt. Steinige Hänge, lichte Wälder, Hecken. △ Juni–September. Europa.

350. Berg-Storchschnabel, *Geranium pyrenaicum* Burm., weichhaarige, drüsige Pflanze, 25–60 cm; Bl. paarweise, 1$^1/_2$ cm, rosarot, in ziemlich reichblütigen Bl.ständen; Kronb. 7–10 mm, tief ausgerandet, 2mal so lang wie der Kelch; Grundb. zu $^2/_3$ in 5–9 rundliche, schwach 3–5schnittige Lappen geteilt. Wegränder, Hecken, lichte Wälder. △ Juni–Oktober. Europa.

351. Geranium nodosum L., Bl. 2–2$^1/_2$ cm, lila, violett geadert; B. zu $^3/_4$ eingeschnitten, mit 3–5 stark gesägten, lanzettlichen Lappen. Stengel an den Knoten verdickt, angedrückt behaart. Hecken, lichte Wälder. △ Juli–August. Südeuropa.

352. Wald-Storchschnabel, *Geranium sylvaticum* L., Pflanze 30–80 cm; Bl. blauviolett; Kronb. 12–18 mm, nicht ausgerandet; B. fast bis zum Grund in 5–7 rhombische, grob gezähnte Lappen geteilt. Wiesen und Wälder. △ Juni–August. Gebirge Europas.

353. Glänzender Storchschnabel, *Geranium lucidum* L., glänzend grüne, zerbrechliche Pflanze, 10–40 cm, mit rot gefärbten Stengeln; B. rundlich, etwas fleischig, bis zur Mitte in breite, stumpfzähnige Abschnitte geteilt; Kronb. rosarot 8–9 mm, nicht ausgerandet; Kelchb. mit 3 scharf gekielten Nerven, dazwischen querrunzelig. Schattige Felsen, Mauern. △ April–August. Europa.

354. Felsen-Storchschnabel, *Geranium macrorrhizum* L., Pflanze 10–40 cm, mit dicken Rhizomen; Bl. 2$^1/_2$ cm, rot, mit stark ausgebreiteten Kronb. und weit hervorragenden Staubb. und Griffeln; Kelchb. stark gewölbt, eiförmig, spitz, rötlich behaart; Bl.stiele dicht drüsenhaarig. Schattige Felsen. △ Juli–August. Südalpen, Südeuropa.

355. Brauner Storchschnabel, *Geranium phaeum* L., Pflanze 30–60 cm; Bl. schwärzlich purpurn, oft mit hellerem Zentrum; Kronb. zurückgebogen oder weit ausgebreitet, 1 cm, so lang wie die Kelchb.; B. zu $^3/_4$ in 5–7 eiförmige, unregelmäßig gezähnte oder eingeschnittene Lappen geteilt, häufig braun gefleckt. Wiesen, Gebüsche. △ Juni–August. Mittel- und Südeuropa.

356. Malvenblättriger Reiherschnabel, *Erodium malacoides* (L.) L'Hér., drüsenhaarige Pflanze 10–40 cm, mit ei-herzförmigen, gesägten B.; Bl. zu 3–8, an langen, drüsenhaarigen Stielen; Kronb. lila, 4–7 mm, entfernt gestellt, wenig länger als der Kelch. Wegränder, Schutt. △ Februar–Juni. Südeuropa.

357. Erodium gruinum (L.) L'Hér., untere B. langgestielt, ei-herzförmig, ungeteilt, die oberen in 3 gezähnte Lappen geteilt. Kronb. lila, 1 cm, so lang wie der Kelch, dieser sich zur Reife vergrößernd; Fruchtschnabel 8–11 cm. Küstenfelsen, Sandböden. △ April–Mai. Südeuropa.

ZYGOPHYLLACEAE | Jochblattgewächse

358. Erd-Burzeldorn, Erdstern, *Tribulus terrestris* L., niederliegende, behaarte Pflanze, 10–50 cm, mit kleinen, einzelnen, gelben Bl. in den Acheln von gefiederten B.; Bl. 7–10 mm; B.fiedern 5–8paarig, 1 cm, silberhaarig; Frucht eine 5teilige, sternförmige, dornige Kapsel. Sandböden, Äcker. △ April–September. Süd- und Südosteuropa.

LINACEAE | Leingewächse

359. Ausdauernder Lein, *Linum perenne* L., zierliche, variable Pflanze 30–80 cm, mit blauen Bl., $2^1/_2$ cm, in lockeren Bl.ständen; B. linealisch, 2 cm, meist 1nervig. Wiesen, Felsen, steinige Hügel. △ Mai–August. Mittel- und Südosteuropa.

360. Linum suffruticosum L., sparrig verzweigter, kugeliger Zwergstrauch, bis 50 cm, mit weißen am Grund purpurn oder violett gefärbten Bl. in lockeren verzweigten Bl.ständen; Kronb. 3–4mal so lang wie die Kelchb.; B. schmal, pfeilförmig, rauh und steif. Steinige, trockne Hänge. △ Mai–Juli. Südwesteuropa.

EUPHORBIACEAE | Wolfsmilchgewächse

361. Lackmuskraut, *Chrozophora tinctoria* (L.) Juss., dicht grauhaarige Pflanze, bis 40 cm, mit aufrechten, kurzen, gelben Bl.ständen; männliche Bl. zahlreich, meist sitzend, weibliche Bl. zu 1–4 am Grund des Bl.standes, langgestielt, hängend; B. ei-rautenförmig, grob gesägt, langgestielt, sternhaarig. Kultur- und Ödland. △ Juni–Oktober. Südeuropa.

362. Wald-Bingelkraut, *Mercurialis perennis* L., Pflanze 15–40 cm; B. gegenständig, 3–8 cm, elliptisch bis eiförmig, sägezähnig, kurzgestielt; Bl. unscheinbar, grün, 1geschlechtig, 4–5 mm, die männlichen in unterbrochener Scheinähre, die weiblichen an langestielten, 1–3blütigen Büscheln. Wälder. △ März–Juni. Europa.

363. Ricinus communis L., kräftige Pflanze, 1–3 m, mit sehr großen, gefingerten B., bis zu 80 cm; Bl.stände aufrecht, verzweigt, 30–60 cm, Bl. rötlich, die männlichen mit stark verzweigten Staubfäden, die weiblichen mit 3 roten 2spaltigen Narben; Frucht eine kugelige, stachelige Kapsel, $1–2^1/_2$ cm. Herkunft Tropen, als Zierbaum in Südeuropa eingebürgert. △ Februar–Dezember.

364. Euphorbia characias L. ssp. **wulfenii** (Koch) A.R. Sm., ähnlich 368, aber kräftiger, bis 180 cm, Dolden bis 15 cm breit; Drüsen des Hüllbechers gelblich, halbmondförmig, mit langen Hörnern. Südeuropa.

365. Euphorbia characias L., bis 1 m hohe, am Grund verholzte Pflanze; Bl.stand verlängert, mit großer, vielstrahliger Enddolde und vielen seitlichen Dolden; Hochb.hülle zu $^1/_2$ becherförmig verwachsen; Drüsen des Hüllbechers, rötlichpurpurn; Stengel oben mit lederigen, lanzettlichen B., unten mit B.schuppen besetzt; Frucht dicht wollig behaart. Trockne, steinige Plätze. △ April-Juli. Südeuropa.

366. Euphorbia acanthothamnos Boiss., halbkugeliger, dorniger Strauch, 20–40 cm; Dolden meist 3strahlig, Strahlen meist nochmals 2–3mal geteilt; B. klein, hellgrün. Felsen. △ März–Mai. Südosteuropa.

367. Baum-Wolfsmilch, *Euphorbia dendroides* L., kräftiger Strauch mit dicken, rötlichen, verholzten Stengeln, bis 2 m; Bl.stand 3–10strahlig, Strahlen nochmals gabelig geteilt; Drüsen des Hüllbechers oval oder halbmondförmig; B. lanzettlich, dick, schwach blaugrün. Felsen, steinige Hänge in Küstennähe. △ April–Juni. Südeuropa.

368. Euphorbia paralias L., steife, blaugrüne, aufrechte Pflanze, 30–60 cm; B. zahlreich, oft dachziegelig, dick, fleischig, spitz; Hochb.hülle breit, fleischig; Dolden 3–6strahlig; Drüsen des Hüllbechers mit kurzen Hörnern; Frucht kahl, feinwarzig. Sanddünen, Küsten. △ Mai–September. West- und Südosteuropa.

369. Mandel-Wolfsmilch, *Euphorbia amygdaloides* L., Pflanze bis 80 cm; Gipfeldolde 5–10strahlig, darunter einige Seitendolden; Hochb.hülle gelblich, nierenförmig, miteinander zu $^1/_3$ verwachsen; Drüsen des Hüllbechers halbmondförmig, 2hörnig; B. weich, hellgrün; Frucht kahl, fein punktiert. Wälder. △ April–Juni. Mittel- und Südeuropa.

370. Sonnenwend-Wolfsmilch, *Euphorbia helioscopia* L., kahle, meist unverzweigte Pflanze, 10–50 cm; Dolden 5strahlig, Strahlen nochmals 2–3mal geteilt; Drüsen des Hüllbechers oval, grün; Hochb.hülle eiförmig, häufig gelbgrün; B. verkehrt-eiförmig, fein gesägt; Frucht glatt. Kultur- und Ödland. △ April–November. Europa.

371. Spring-Wolfsmilch, *Euphorbia lathyris* L., kräftige Pflanze, bis 120 cm, oben gabelig verzweigt; B. regelmäßig kreuz-gegenständig, blaugrün, mit hervortretendem Mittelnerv; Dolden 2–6strahlig; Tragb. 3eckig-lanzettlich; Drüsen des Hüllbechers halbmondförmig mit stumpfen Hörnern; Frucht 8–20 mm, glatt. Schuttplätze, Kulturland. △ Mai–Juli. Südeuropa, in Mitteleuropa eingebürgert.

RUTACEAEA | Rautengewächse

372. Weinraute, *Ruta graveolens* L., aromatisch riechende, am Grund verholzte Pflanze, bis 80 cm, mit locker verzweigten Bl.ständen und gelben, meist 4zähligen, gelben Bl.; Kronb. entfernt gestellt; B. 2–3fach in ovale bis spatelförmige Abschnitte geteilt, mit stark riechenden Öldrüsen. Trockenhänge, Felsen. △ Mai–Juli. Südeuropa.

373. Weißer Diptam, *Dictamnus albus* L., stark duftende, reichdrüsige Pflanze, bis 1 m, mit großen, weißen und roten, violett geaderten Bl. in langen, lockeren Trauben; Kronb. ungleich, die oberen 4 aufrecht, das unterste zurückgebogen; Staubb. weit hervorragend; B. mit 5–9 ovalen, feingezähnten, lederigen Fiedern. Trockengehänge, Felsen. △ Mai–Juni. Mittel- und Südeuropa.

374. Orange, *Citrus sinensis* (L.) Osbeck., kleiner, immergrüner Baum, mit stark duftenden, weißen Bl.; B. ei-länglich, spitz, 5–8 cm, mit schmal geflügeltem B.stiel; Frucht eine große, kugelige Beere mit dicker von Öldrüsen punktierter Schale und süßem Fruchtfleisch. Herkunft Asien, im Mittelmeergebiet kultiviert. △ Frühjahr.

375. Zitrone, *Citrus limon* (L.) Burm., kleiner immergrüner Baum mit duftenden, weißen, außen rötlich überlaufenen Bl., 2 cm; B. länglich oval, spitz, oft unregelmäßig gezähnt; B.stiel sehr schmal geflügelt; Frucht eiförmig, am Ende mit einer Zitze, Fruchtfleisch sauer. Im Mittelmeergebiet kultiviert.

SIMAROUBACEAE | Bittereschengewächse

376. Götterbaum, *Ailanthus altissima* (Mill.) Swingle, raschwüchsiger Baum, bis 20 m, mit glatter, längsstreifiger Rinde und großen, gefiederten B. mit 13–41 oval-lanzettlichen, gezähnten Fiedern; Bl. 7–8 mm, grünlichgelb, unangenehm riechend, in endständigen Rispen; Frucht geflügelt. Herkunft China, in Mittel- und Südeuropa als Zierbaum angepflanzt. △ Juli–August.

POLYGALACEAE | Kreuzblumengewächse

377. Zwergbuchs, *Polygala chamaebuxus* L., immergrüne Pflanze, bis 20 cm; Bl. gelb, an der Spitze leuchtend rot, $1^1/_2$–2 cm, achselständig; innere Kelchb. gelb; B. ei-länglich, spitz, lederig $1^1/_2$–3 cm. Lichte Wälder, Felsen. △ April–September. Mitteleuropa.

378. Gemeine Kreuzblume, *Polygala vulgaris* L., Bl. 6–8 mm, rosa oder blau, seltener weiß, in reichblütigen, lockeren Trauben; äußere Kelchb. 3 mm, grünlich, innere 6 mm, wie die Kronb. gefärbt; B. lineal lanzettlich, wechselständig; Pflanze 10–30 cm. Trockne Wiesen, Raine. △ Mai–Juli. Europa.

379. Polygala nicaeensis Koch., Bl. 8–10 mm, rosa, blau oder weiß, in lockeren, sich verlängernden Trauben; Flügel elliptisch, plötzlich in den Grund zusammengezogen, mit Netzadern; Tragb. so lang oder länger als die Bl.stiele. Sonnige Hänge, Felsen. △ April–Juli. Mittel- und Südeuropa.

CORIARIACEAE | Gerbstrauchgewächse

380. Gerberstrauch, *Coriaria myrtifolia* L., 1–3 m hoher Strauch mit grauen, 4kantigen Zweigen und ei-lanzettlichen, stark 3nervigen, schwach lederigen B.; Bl. 5zählig, grünlich, 4 mm, in kurzen Trauben; Kronb. kürzer als die Kelchb.; Frucht 6 mm, rötlichpurpurn, später glänzend schwarz, mit 5 spreizenden, schwach gerippten Lappen. Steinige, trockne Hänge. △ März–Juli. Südeuropa. Giftig.

ANACARDIACEAE | Sumachgewächse

381. Mastix-Strauch, *Pistacia lentiscus* L., harziger, aromatisch riechender Strauch, 1–3 m, mit paarig-gefiederten, immergrünen B. und geflügelten B.stielen; männliche Bl. zahlreich, dicht gebüschelt, mit roten Staubbeuteln; weibliche Bl. bräunlich; Fiederb. lederig, spitz, dunkelgrün, zu 3–6 Paaren; Frucht kugelig, 3 mm, rot, dann schwarz. Trockne, steinige Hänge. △ April–Juni. Südeuropa.

382. Pistazie, *Pistacia terebinthus* L., Laubabwerfender Strauch, 2–5 m, mit unpaarig gefiederten B.; Fiederb. eiförmig, 6 cm, zu 2–5 Paaren; Bl. rötlichpurpurn, in zusammengesetzten, verzweigten Bl.ständen am Ende vorjähriger Triebe; Frucht 8 mm, rot dann braun. Felsige Hänge. △ April–Juli. Südeuropa.

383. Perückenstrauch, *Cotinus cogyria* Scop., Laubabwerfender Strauch, bis 3 m, mit aromatisch riechenden, langgestielten, rundlichen bis verkehrt-eiförmigen, unterseits blaugrünen B., 4–7 cm; Bl. gelblich, in endständigen, dichten, aufrechten Rispen; Bl.stiele fedrig werdend, dadurch Bl.stand perückenartig; Frucht 3 mm, verkehrt-eiförmig, glänzend braun. Trockenhänge, lichte Wälder. △ Mai–Juli. Südeuropa.

ACERACEAE | Ahorngewächse

384. Berg-Ahorn, *Acer pseudoplatanus* L., bis 30 m hoher Baum mit glatter, grauer, später schuppiger Rinde und handförmig gelappten B. mit 5 breiten, grobgezähnten Lappen; Bl. gelb, in langen, hängenden Trauben; Frucht mit 3–6 cm langen Flügeln, im spitzen Winkel spreizend. Hecken, Ufer, Bergwälder. △ April–Mai. Mittel- und Südeuropa.

385. Spitzahorn, *Acer platanoides* L., ähnlich 384, aber B. mit 3eckigen, langspitzigen Lappen mit wenigen großen, scharfspitzigen Zähnen; Bl. gelb, in aufrechten, Doldentrauben; Flügel der Frucht im stumpfen Winkel spreizend. Wälder. △ April–Mai. Europa.

HIPPOCASTANACEAE | Roßkastaniengewächse

386. Gemeine Roßkastanie, *Aesculus hippocastanum* L., bis 30 m hoher Baum mit grauschwarzer, später schuppig abblätternder Rinde und großen, langgestielten, handförmig geteilten B.; Bl. weiß, zu 20–30 in aufrechten Trauben; Frucht 6 cm, grün, mit kräftigen Stacheln, Samen glänzend rotbraun, 3 cm. Herkunft Südosteuropa, häufig in Wirtsgärten gepflanzt. △ Mai. Mittel- und Südeuropa.

387. Rote Roßkastanie, *Aesculus carnea* Hayne, ähnlich 386, aber Bl. rosa oder rot; B.fiedern meist 5 (statt 7); Frucht kleiner, stachellos, 3–4 cm. Zierbaum. △ Mai–Juni. Mittel- und Südeuropa.

BALSAMINACEAE | Springkrautgewächse

388. Echtes Springkraut, *Impatiens noli-tangere* L., kahle Pflanze, 20–80 cm, mit glatten, an den Knoten verdickten Stengeln; Bl. gelb, $3^1/_2$ cm, in armblütigen Trauben; unteres Kelchb. gelb, groß, kegelförmig, in einen gekrümmten Sporn endend; B. ei-länglich, grob gezähnt. Auwälder, Bachufer. △ Juni–August. Europa.

389. Impatiens capensis Meerb., ähnlich 388, aber Bl. orange, innen stark rotbraun gefleckt, 2–3 cm; B. unterseits blaugrün. Herkunft Nordamerika, in Frankreich und England eingebürgert. △ Juni–August.

390. Kleines Springkraut, *Impatiens parviflora* DC., Pflanze 30–80 cm; Bl. hellgelb, ungefleckt, $^1/_2$–$1^1/_2$ cm, mit geradem Sporn; B. oval, langspitzig, in den geflügelten B.stiel verschmälert, B.rand mit nach vorne gerichteten Zähnen. Wegränder, Flußufer, Waldränder. △ April–Oktober. Herkunft Zentralasien, in Europa eingebürgert.

391. Drüsiges Springkraut, *Impatiens glandulifera* Royle, dickstengelige, stinkende Pflanze, $1^1/_2$–2 m, mit rotvioletten Bl., 2–4 cm, in langgestielten Trauben; unteres Kelchb. fingerhutförmig, Sporn sehr schlank; B. meist gegenständig, 6–15 cm, elliptisch-lanzettlich, scharf gezähnt. Flußufer, Gräben. △ Juli–September. Herkunft Himalaya, in Mitteleuropa eingebürgert. △ Juni–September.

AQUIFOLIACEAE | Stechhülsengewächse

392. Stechpalme, *Ilex aquifolium* L., kleiner Baum oder Strauch, 3–15 m, mit glatter Rinde und dornigen, glänzenden, immergrünen, lederigen, am Rande gewellten B. und weißen Bl., 6 mm, in achselständigen Bl.ständen; Frucht rot, 7–12 mm. Wälder, Hecken. △ April–Mai. Mittel- und Südeuropa.

CELASTRACEAE | Spindelbaumgewächse

393. Europäisches Pfaffenhütchen, *Euonymus europaeus* L., 2–6 m hoher Strauch, mit grünen, 4kantigen Zweigen und glatter, grauer Rinde; Bl. grünlich, 8 mm, in achselständigen Trugdolden; Kronb. 4, entfernt gestellt; B. 3–13 cm, elliptisch, feingezähnt, gestielt, im Herbst leuchtend rot; Frucht eine karminrote, 4kantige Kapsel. Wälder Gebüsche. △ April–Juni. Europa.

RHAMNACEAE | Kreuzdorngewächse

394. Immergrüner Kreuzdorn, *Rhamnus alaternus* L., immergrüner Strauch, 1–5 m; B. klein, eiförmig, bis lanzettlich, glänzend, lederig; Bl. klein, gelblich, in verzweigten, achselständigen Bl.ständen, 1geschlechtig; Kronb. fehlend; Frucht kugelig, 5 mm, rot, dann schwarz. Gebüsche, steinige Hänge. △ März–April. Südeuropa.

395. Purgier-Kreuzdorn, *Rhamnus cathartica* L., dorniger Strauch, 2–8 m, mit gegenständigen, meist rechtwinkelig abstehenden Zweigen; Bl. grünlich, 4 mm; Kelchb. und Kronb. 4; B. eiförmig-elliptisch, 3–6 cm, B.rand gezähnt; alte Zweige in einen Dorn auslaufend; Frucht kugelig, 6–10 mm, grün, dann schwarz. Hecken, Wälder. △ Mai–Juni. Europa.

MALVACEAE | Malvengewächse

396. Spitzblättrige oder Rosen-Malve, *Malva alcea* L., Pflanze 50–120 cm; Bl. rosa; Kronb. ausgerandet, $2^1/_2$–$3^1/_2$ cm; Kelch und Außenkelch dicht sternhaarig; B. sehr unterschiedlich, im Umriß rundlich, tief oder seicht gelappt; Stengel dicht sternhaarig. Wiesen, Zäune, Hecken. △ Juni–September. Mitteleuropa.

397. Malva nicaeensis All., spärlich behaarte Pflanze 20–50 cm; Bl. hellviolett oder weißlich, 1–$1^1/_2$ cm, zu 3–6 in den oberen B.achseln; Außenkelchb. länglich, fast so lang wie der behaarte Kelch; B. rundlich-herzförmig, die oberen mit 3–5 spitzen Lappen. Schutt, Wegränder. △ Mai–Juli. Südeuropa.

398. Strauchpappel, *Lavatera arborea* L., kräftige Pflanze, bis 3 m, mit dickem, verholztem Stengel; Bl. purpurn, dunkel geadert, 3–4 cm; Kronb. fast 3mal so lang wie der Kelch; Außenkelch sich zur Reife vergrößernd; B. bis 20 cm, rundlich, mit 5–7 seichten Lappen. Küstenfelsen, Schutt. △ April–September. Südeuropa, sonst als Zierpflanze und verwildert.

399. Lavatera trimestris L., rauhhaarige Pflanze, bis 1 m; Bl. einzeln, rosarot, 5–7 cm; Kronb. 4–5mal so lang wie die Kelchb.; Außenkelchb. breit-3eckig, ausgebreitet, zur Reife größer; B. groß, rundlich, die oberen schwach 3–7lappig. Äcker, Felsen; Zierpflanze. △ April–Juli. Südeuropa.

400. Echter Eibisch, *Althaea officinalis* L., samtigfilzige Pflanze, bis 2 mm; Bl. hellila, $2^1/_2$–5 cm, in den B.achseln büschelig gehäuft; Außenkelchb. 7–9, lanzettlich; obere B. 3eckig-eiförmig, schwach 3–5lappig. Feuchte, salzhaltige Böden, Schutt. △ Juni–September. Mittel- und Südeuropa.

401. Bleicher Eibisch, *Alcea pallida* (Willd.) Walst. & Kit., Pflanze bis $2^1/_2$ m, mit steifen, b.losen Stengeln; Bl. hellrosa oder weißlich, am Grund gelb, 6–9 cm; Außenkelchb. 3eckig spitz; B. graufilzig, rundlich-herzförmig, 1fach oder zu $^1/_3$ in 3–5 stumpfe, gezähnte Lappen geteilt. Äcker, Schutt. △ April–Juli. Südosteuropa.

402. Baumwolle, *Gossypium herbaceum* L., Bl. bis 7 cm, einzeln, prächtig hellgelb, mit purpurnem Grund; B. herzförmig, tief 3–7lappig; Frucht eine 4–5klappige Kapsel mit 5–10 schwärzlichen, von langen Haaren bedeckten Samen. Herkunft vermutlich Westasien, in Südeuropa kultiviert. △ September.

403. Gelbe Stundenblume, *Hibiscus trionum* L., Pflanze 15–60 cm, mit einzelnen, hellgelben, häufig purpurn geaderten Bl. mit dunklerem Grund; Außenkelch mit 12 linealischen, borstig gewimperten Zipfeln; Kelch behaart, später aufgeblasen und die Frucht einhüllend; B. ungeteilt oder tief in 3–5 gezähnte Lappen geteilt. Schutt, Äcker. △ Juni–September. Südosteuropa.

THYMELAEACEAE | Seidelbastgewächse

404. Thymelaea hirsuta (L.) Endl., Strauch, bis $1^1/_2$ m, mit weißwolligen Zweigen, kleinen, fleischigen, dachziegeligen, eiförmigen B., 4–6 mm, und gelblichen, 4–5 mm, Bl. in 2–5blütigen Bl.ständen; B. unterseits weißhaarig. Sonnige Hänge, Küsten. △ Oktober–Mai. Südeuropa.

405. Thymelaea tartonraira (L.) All., bis 50 cm hoher Strauch mit locker stehenden, spateligen, silbrigweiß behaarten B., 1–2 cm und gelben, b.achselständigen, außen seidenhaarigen Bl., 4–5 mm. Felsen und Sand in Küstennähe. △ April–Mai. Südeuropa.

406. Rosmarin-Seidelbast, *Daphne cneorum* L., immergrüne Gebirgspflanze, 10–50 cm, mit duftenden, rosaroten Bl. in 6–12blütigen Dolden; B. lineal-spatelig, lederig, gleichmäßig an den behaarten Zweigen verteilt. Felsen, Gebirgswiesen. △ April–August. Gebirge Mitteleuropas, Alpen, Pyrenäen.

407. Gemeiner Seidelbast, *Daphne mezereum* L., aufrechter Strauch, $^1/_2$–1 m, mit duftenden, rotvioletten, vor den B. erscheinenden Bl. an vorjährigen Zweigen; B. 4–10 cm, länglich-lanzettlich, kurzgestielt, unterseits blaugrün. Frucht eine leuchtend rote Beere. Wälder. △ Februar–Mai. Europa.

408. Lorbeer-Seidelbast, *Daphne laureola* L., immergrüner Strauch, $^1/_2$–1 m; Bl. grünlichgelb, geruchlos, in meist 5blütigen, achselständigen, nickenden Trauben; B. 6–12 cm, länglich, dick, lederig; Frucht schwarz, eiförmig, fleischig. Lichte Wälder. △ Februar–April. Mittel- und Südeuropa.

ELEAGNACEAE I Ölweidengewächse

409. Gemeiner Sanddorn, *Hippophae rhamnoides* L., dorniger Strauch, bis 3 m, mit sehr kleinen, grünlichen, vor den B. erscheinenden Bl., die weiblichen einzeln, die männlichen in seitlichen Bl.ständen; B. 3–8 cm, lineal-lanzettlich, silbrig-schuppig, später fast kahl und mattgrün; Frucht 6–8 mm, orange. Sandboden, Küsten. △ März–Mai. Europa.

GUTTIFERAE (HYPERICACEAE) I Johanniskrautgewächse

410. Mannsblut, *Hypericum androsaemum* L., strauchige Pflanze, $^1/_2$–1 m, mit gegenständigen, sitzenden B. und wenigblütigen, doldenartigen Bl.ständen mit gelben Bl.; Kronb. eiförmig, sehr ungleich; B. 5–10 cm, oval, herzförmig, durchscheinend punktiert; Stengel 2kantig. Feuchte Wälder, schattige Plätze. △ Juni–Juli. Mittel- und Westeuropa.

411. Hypericum calycinum L., niedriger, kriechender, immergrüner Strauch; Bl. einzeln, gelb, 7–8 cm, mit weit herausragenden Staubb.; B. lederig, länglich-eiförmig, 5–10 cm; Stengel 4kantig. Herkunft Südosteuropa; in Westeuropa eingebürgert. △ Juli–September.

412. Tüpfel-Johanniskraut, *Hypericum perforatum* L., Pflanze 20–100 cm; Bl. 2–3$^1/_2$ cm, in Trugdolden; Kronb. goldgelb, schwarz gepunktet; B. kahl, durchscheinend punktiert; Stengel 2kantig. Lichte Wälder, Wiesen. △ Mai–August. Europa.

413. Rauhes Johanniskraut, *Hypericum hirsutum* L., Pflanze 40–100 cm; Stengel stielrund, wie die eiförmigen, durchscheinend punktierten B. weichhaarig; Bl. hellgelb, in vielblütigen, langen Rispen. Wälder, Hecken. △ Juni–August. Europa.

414. Berg-Johanniskraut, *Hypericum montanum* L., Pflanze 40–80 cm; Bl. gelb, 1–1$^1/_2$ cm, in fast kopfigen Bl.ständen; Kelchb. lanzettlich, drüsig gesägt, $^1/_2$ so lang wie die Kronb.; B. 3–5 cm, 2zeilig, elliptisch, halbstengelumfassend sitzend, am Rand schwarzdrüsig; Stengel stielrund. Wälder, Hecken. △ Juni–Juli. Europa.

415. Sumpf-Johanniskraut, *Hypericum elodes* L., weichhaarige Pflanze, 10–30 cm; Bl. gelb, in wenigblütigen, seitlichen Bl.ständen; Kelchb. elliptisch, am Rand drüsig gewimpert; B. 1–2 cm, herzförmig oder rundlich, halbstengelumfassend. Moore, Gräben. △ Juni–September. West- und Mitteleuropa.

VIOLACEAE I Veilchengewächse

416. Acker-Stiefmütterchen, *Viola tricolor* L., Pflanze 8–30 cm; Bl. oft 3farbig, meist überwiegend violett und gelb; Sporn kurz; B. herzförmig bis lanzettlich. Äcker, Dünen, Wiesen. △ März–September. Europa.

417. Zweiblütiges Veilchen, *Viola biflora* L., Pflanze 5–12 cm; Bl. gelb, braun gestreift, meist zu 2; B. nierenförmig, gezähnt. Feuchte, schattige Felsen und Gerölle. △ Juni–August. Gebirge Europas.

418. Sumpf-Veilchen, *Viola palustris* L., Pflanze 5–12 cm, mit unterirdischen Ausläufern; Bl. blaßviolett, meist dunkler gestreift, 1–1$^1/_2$ cm; Sporn länger als die Anhängsel der Kelchb.; B. schwach blaugrün, breitherzförmig bis nierenförmig. Sümpfe, Moorwiesen. △ April–Juni. Europa.

419. Wohlriechendes Veilchen, *Viola odorata* L., Pflanze 5–15 cm, mit langen, oberirdischen, am Ende wurzelnden Ausläufern; Bl. stark duftend, violett, mit hellerem Sporn; Kelchb. oval; B. 2–6 cm, rundlich-nierenförmig, mit herzförmigem Grund, schwach gekerbt. Hecken, Wälder. △ März–Mai. Europa.

420. Hain-Veilchen, *Viola riviniana* Reichenb., Pflanze 5–20 cm, Hauptachse in einer B.rosette endend; Bl. blauviolett, an kurzen Seitentrieben; Sporn dick, weißlich, abwärts gekrümmt, gefurcht; B. eiförmig-rundlich, mit tief herzförmigem Grund. Wälder, Hecken, Wiesen. △ April–Mai. Europa.

421. Alpen-Stiefmütterchen, *Viola calcarata* L., Pflanze 5–10 cm; Krone etwa 3 cm, violett, unteres Kronb. am Grund gelb; Sporn 8–15 mm; B. ei-länglich, in grundständiger Rosette; Nebenb. ganzrandig oder 3spaltig. Matten, Felsschutt. △ Juni–Juli. Alpen.

422. Gelbes Stiefmütterchen, *Viola lutea* Hudson, Pflanze 10–25 cm; Bl. gelb, violett oder bunt, 2–3 cm; Sporn 3–6 mm; untere B. oval, obere lanzettlich, gezähnt; Nebenb. gefingert oder gefiedert. Magerrasen auf Zinkböden und Galmei. △ Juli–August. Westeuropa und Mitteleuropa.

CISTACEAE | Cistrosengewächse

423. Salbeiblättrige Cistrose, *Cistus salvifolius* L., Strauch 20–100 cm; Bl. 2–4 cm, weiß, meist mit orangefarbener Mitte, zu 1–3, langgestielt; B. gestielt, ei-länglich, runzelig, nicht klebrig, oben grünlich, unten weißhaarig. Gebüsche, Kiefernwälder. △ April–Juni. Südeuropa.

424. Französische Cistrose, *Cistus monspeliensis* L., von 423 durch sitzende, linealische bis schmallanzettliche, stark klebrige, drüsige B. unterschieden; B. oberseits dunkelgrün, glänzend, unterseits grauhaarig, B.rand umgerollt; Bl. 2–3 cm, weiß, in der Mitte gelb, zu 2–10; stark aromatischer Strauch, 30–100 cm. Trockne, steinige Plätze, Kiefernwälder. △ April–Juni. Südeuropa.

425. Cistus incanus L., Strauch 30–150 cm; Bl. 4–6 cm, rosa, zu 3–6; Kelchb. 5; B. eiförmig-elliptisch, dicht sternhaarig 2–5 cm, in den kurzen B.stiel verschmälert, Rand etwas wellig; Frucht angedrückt behaart. Sonnige, steinige Hänge, Dickichte. △ April–Juni. Südeuropa.

426. Lack-Cistrose, *Cistus ladaniferus* L., 1–2 m hoher Strauch mit stark verzweigten, klebrigen Ästen; Bl. 5–8 cm, weiß, in der Mitte meist gelb oder purpurn, meist einzeln, kurzgestielt; Kelchb. 3, rund, warzig; B. 4–10 cm, lineal-lanzettlich, sitzend, klebrig. Trockne Hänge, Kiefernwälder. △ Mai–Juni. Südwesteuropa.

427. Lorbeerblättrige Cistrose, *Cistus laurifolius* L., Strauch 1–3 m; von 426 durch eiförmige und lanzettliche, gestielte, oberseits klebrige, unterseits wollig behaarte, graue B., 3–7 cm, unterschieden; Bl. langgestielt, zu 3–8, weiß, mit gelbem Fleck, 5–8 cm; Kelchb. 3, eiförmig, spitz. Trockne Hänge, Kiefernwälder. △ Juni–Juli. Südwesteuropa.

428. Weißliche Cistrose, *Cistus albidus* L., von 425 durch hellere, sitzende, eiförmige bis lanzettliche, flache, nicht wellige B. unterschieden; Bl. 4–6 cm, rosa, zu 1–5; Kelchb. 5; graublättriger Strauch, 30–170 cm. Steinige, trockne Hänge. △ April–Juni. Südwesteuropa.

429. Geflecktes Sandröschen, *Tuberaria guttata* (L.) Fourr., Pflanze 5–20 cm, mit zahlreichen, gelben, braun gefleckten Bl. in b.losen, endständigen Bl.ständen; Kelchb. 5, die 2 äußeren kleiner und schmäler; Grundb. elliptisch, meist in einer Rosette, obere B. schmäler, 1nervig, mit Nebenb. Sandböden, Kiefernwälder, Heiden. △ April–Juni. Süd- und Westeuropa.

430. Apennin-Sonnenröschen, *Helianthemum appenninum* (L.) Mill., von 431 durch weiße Bl. mit gelber Mitte und fadenförmigen Nebenb. unterschieden; B. $^1/_2$–2 cm, beiderseits oder nur unten grauwollig; Rand meist umgerollt; Kelchb. dicht wollig behaart, grau; Pflanze bis 50 cm. Sonnige Felshänge, lichte Wälder. △ Mai–Juli. Mittel- und Südeuropa.

431. Gelbes Sonnenröschen, *Helianthemum nummularium* (L.) Mill., bogig aufsteigender Halbstrauch, 10–50 cm; Bl. gelb, 2 cm; B. 1–5 cm, schmal-elliptisch, mit lineal-lanzettlichen Nebenb.; sehr variable Art. Felsen, Matten, Trockenhänge. △ Mai–August. Europa.

432. Halimium commutatum Pau, stark verzweigter Halbstrauch, 10–40 cm, mit 1–3 hellgelben Bl., 1 cm; Kelchb. 5, eiförmig, kahl; B. linealisch, 1–4 cm, oben glänzend grün, kahl, unten weißwollig, Rand eingerollt. Küstensand. △ Februar–Mai. Spanien, Portugal.

TAMARICACEAE | Tamariskengewächse

433. Tamarix africana Poir., 2–3 m hoher, laubabwerfender, federbuschiger Strauch mit langen, schlanken Zweigen; Bl. 2–3 mm, rosa oder weiß, in langen, schmalen Rispen; B. durchsichtig berandet. Küsten, Flußufer; oft als Zierstrauch. △ März–Juni. Südwesteuropa.

CUCURBITACEAE | Kürbisgewächse

434. Citrulus colocynthis (L.) Schrader, rauhhaarige Kletterpflanze mit kleinen, grünlichgelben Bl. und rauhhaarigen, gelben oder grünen Früchten, bis 8 cm; B. 5–12 cm, tief in längliche, borstlich behaarte Abschnitte mit welligem Rand zerteilt. △ Mai–September. Mittelmeergebiet.

435. Spritzgurke, *Ecballium elaterium* (L.) Richard, rauhhaarige, fleischige, dickstengelige Pflanze, bis 60 cm, mit gelben, glockenförmigen Bl., $2^1/_2$ cm; B. 3eckig-herzförmig, dick, grob gezähnt, unten weißhaarig; Frucht eine langgestielte, zylindrische Beere; die Samen werden zur Reife meterweit explosionsartig ausgeschleudert. Ödland, Wegränder. △ April–September. Südeuropa.

436. Rote Zaunrübe, *Bryonia cretica* L., rauhe, krautige Kletterpflanze mit zerbrechlichem Stengel, bis 3 m; Bl. grünlich, achselständig; männliche Bl.stände gestielt, weibliche fast sitzend; Kronb. geadert; B. mit 5 grob gesägten Lappen; Ranke 1fach, sich spiralfederartig um einen Gegenstand windend; Frucht kugelig, 5–8 mm, zur Reife rot. Hecken, Zäune, Auwälder. △ Mai–August. Mittel- und Südeuropa. Giftig.

CACTACEAE | Kakteengewächse

437. Echter Feigenkaktus, *Opuntia ficus-indica* (L.) Mill., kräftige Pflanze, bis 3 m, mit abgeflachten, rautenförmigen, dornigen, grünen Stengelgliedern; B. stielrund, frühzeitig abfallend; Bl. gelb, 6–7 cm, an den Rändern der Stammglieder; Frucht groß, rot, gelb oder purpurn, eßbar. Herkunft Amerika. In Südeuropa eingebürgert. △ Juni–Juli.

LYTHRACEAE | Weiderichgewächse

438. Blut-Weiderich, *Lythrum salicaria* L., Pflanze bis 2 m, mit rotvioletten Bl. in langer, reichblütiger, unten oft unterbrochener Ähre; Bl. 1–$1^1/_2$ cm; B. sitzend, lanzettlich, gegenständig oder in 3er Wirteln. Fluß- und Seeufer, Sümpfe, Gräben. △ Juni–September. Europa.

439. Ruten-Weiderich, *Lythrum virgatum* L., ähnlich 438; Bl. purpurn, in wenigblütigen Quirlen; B. in den B.grund verschmälert; Pflanze 50–120 cm, weniger kräftig. Wiesen, Sümpfe, feuchte Wälder. △ Juni–August. Mittel- und Südosteuropa.

440. Sumpfquendel, *Lythrum portula* (L.) D. A., kriechende, kahle Pflanze, 5–25 cm, mit verzweigten, 4kantigen, an den Knoten wurzelnden Stengeln und gegenständigen, breit-spatelförmigen, kurzgestielten B., 1–2 cm; Bl. 1 mm grünlich, einzeln in den B.achseln sitzend; Kronb. 6, klein, lila oder fehlend. Gräben, Teichränder. △ Mai–Oktober. Europa.

TRAPACEAE | Wassernußgewächse

441. Wassernuß, *Trapa natans* L., Wasserpflanze mit Schwimmb.rosette und einzelnen, weißen Bl., 1–2 cm, an kurzen Stengeln dicht über der Wasseroberfläche; B.spreite rautenförmig, B.stiel meist aufgeblasen. Stehende Gewässer. △ Juni–Juli. Mittel- und Südosteuropa.

MYRTACEAE | Myrtengewächse

442. Myrte, *Myrtus communis* L., immergrüner Strauch, 2–3 m, mit steifen, dunkelgrünen, glänzenden, stark aromatischen, ei-lanzettlichen, drüsig gepunkteten B., 2–3 cm; Bl. 2–3 cm, weiß, einzeln, achselständig, langgestielt, duftend, mit vielen Staubb.; Frucht blauschwarz. Dickichte, Kiefernwälder; häufig als Zierpflanze. △ Mai–Juli. Südeuropa.

PUNICACEAE | Granatapfelgewächse

443. Granatapfelbaum, *Punica granatum* L., dorniger Strauch oder kleiner Baum, 2–5 m, mit länglichen, glänzenden B. und scharlachroten Bl., 4 cm; Kronb. 5–7, zerknittert; Kelch glockenförmig, fleischig, rot; Staubb. etwa 20; Frucht bis 9 cm, mit lederiger, braungelber Schale und rötlichem, süßsaurem Fruchtfleisch mit vielen Samen. △ Mai–September. In Südeuropa häufig kultiviert.

ONAGRACEAE | Nachtkerzengewächse

444. Großes Hexenkraut, *Circaea lutetiana* L., Pflanze 20–70 cm; B. gegenständig, eiförmig, spitz, mit herzförmigem Grund, schwach gesägt; Bl. weiß, in tragb.losen, sich bald verlängernden Trauben; Kronb. 2–4 mm, tief ausgerandet; Bl.stiele drüsenhaarig. Wälder, Hohlwege. △ Juni–August. Europa.

445. Gemeine Nachtkerze, *Oenothera biennis* L., Pflanze 50–100 cm, mit großen, gelben Bl.; Kronb. 4, 2–3 cm, verkehrt-herzförmig; Rosettenb. schmal-lanzettlich, langgestielt, Stengelb. breiter, sitzend, fein gesägt. Steinige Plätze, Flußufer, Dünen. △ Juni–August. Herkunft Amerika, in Europa eingebürgert.

446. Oenothera rosea Aiton, strauchartige Pflanze, bis 1 m, mit kleinen, einzelnen, rosaroten Bl. in den oberen B.achseln; Kronb. 4–10 mm; B. ei-lanzettlich, gestielt, ungeteilt oder tief gelappt. Schuttplätze. △ Juni–Juli. Herkunft Amerika, in Südwesteuropa eingebürgert.

447. Wald-Weidenröschen, *Epilobium angustifolium* L., Pflanze 20–120 cm; B. zahlreich, schmallanzettlich, 5–15 cm, unterseits blaugrün und netznervig, spiralig gestellt; Bl. rot, 2–3 cm, in langer ährenförmiger Traube. Frucht 3–8 cm, 4kantig. Kahlschläge, Waldlichtungen. △ Juni–September. Europa.

448. Rauhhaariges Weidenröschen, *Epilobium hirsutum* L., Pflanze 80–150 cm; Bl. $1^1/_2$–$2^1/_2$ cm, rot; Kronb. ausgerandet; Bl.traube beblättert; Narbe 4lappig; B. gegenständig, länglich, 6–12 cm, B.rand am Stengel herablaufend. Ufer, Gräben. △ Juli–August. Europa.

449. Berg-Weidenröschen, *Epilobium montanum* L., kleinblütige Pflanze, 20–60 cm; B. gegenständig, kurzgestielt, ei-lanzettlich, mit rundlichem B.grund; Bl. hellrosa, 6–9 mm, in beblätterten Trauben; Narbe 4lappig. Wälder, Gebüsche. △ Juni–September. Europa.

HALORAGACEAE | Seebeerengewächse

450. Ähriges Tausendblatt, *Myriophyllum spicatum* L., $^1/_2$–3 m lange, flutende Wasserpflanze; B. kammförmig gefiedert, mit 13–25 Abschnitten, zu 4 im Quirl stehend; Bl. rosa, quirlständig, in Ähren. Stehende Gewässer. △ Juli–August. Europa.

CORNACEAE | Hartriegelgewächse

451. Kornelkirsche, *Cornus mas* L., Strauch, 2–5 m, mit kleinen, gelbblütigen Trugdolden, vor den B. erscheinend; Bl. zu 6–10, etwa 4 mm; B. 4–10 cm, eiförmig, lang zugespitzt; Frucht länglich-elliptisch, 1 cm, rot, sauer, Wälder, Hecken, Felshänge. △ März–April. Mittel- und Südosteuropa.

452. Roter Hartriegel, *Cornus sanguinea* L., Strauch, 1–4 m, mit roten Zweigen; B. gegenständig, oval, 4–8 cm, gestielt; Bl. weiß, in langgestielten, schirmförmigen Bl.ständen. Frucht kugelig, schwarz, 6–8 mm. Gebüsche, Wälder, Ufer. △ Mai–Juni. Europa.

453. Schwedischer Hartriegel, *Cornus suecica* L., Arktische oder alpine Pflanze, 6–20 cm, mit mehreren, unverzweigten, aufrechten Stengeln mit je einer endständigen Trugdolde, umgeben von 4 weißen Hüllb.; Bl. dunkelrot, 2 mm, zu 8–25; B. 1–3 cm, eiförmig, sitzend; Frucht rot, kugelig, 5 mm. Moore, Zwergstrauchheiden. △ Juli–August. Hauptsächlich Nordeuropa.

454. Aucuba japonica Thunb., kahler, immergrüner Strauch, bis 2 m, mit großen, glänzenden, dunkelgrünen, oft gelb gefleckten, eiförmigen B., 8–20 mm; Bl. purpurn, 5 mm, in rispigen, aufrechten Bl.ständen, 5–10 cm; Frucht eiförmig, rot, 1–2 cm. Herkunft Japan; Zierpflanze. △ März–April.

ARALIACEAE | Efeugewächse

455. Gemeiner Efeu, *Hedera helix* L., holzige Kletterpflanze, bis 30 m; B. glänzend, immergrün, ei- oder rautenförmig oder mit 3–5 seichten, 3eckigen Lappen; Bl. gelbgrün, in kugeligen Dolden; Frucht 6–8 mm, schwarz. Wälder, Mauern. △ September–November. Europa.

UMBELLIFERAE (AMMIACEAE) | Doldengewächse

456. Berg-Schafdolde, *Hacquetia epipactis* (Scop.) DC., rasige Pflanze, 8–25 cm, mit dichtblütigen, 1fachen Dolden, $1^1/_2$ cm, und gelben Bl., umgeben von 5–6 großen, eiförmigen, b.artigen Hüllb.; B. glänzend grün, langgestielt, handförmig geteilt, Abschnitte keilförmig und gezähnt. Bergwälder. △ April. Östliches Mitteleuropa.

457. Große Sterndolde, *Astrantia major* L., Pflanze 30–100 cm, mit weißen, rosaroten oder grünlichen Bl. in dichten, runden Dolden, umgeben von lanzettlichen Hüllb.; Grundb. mit 8–15 cm großer Spreite, im Umriß rundlich, tief in 3–7 eiförmige, grob gezähnte Lappen geteilt; Frucht eiförmig, 6–8 mm. Bergwiesen, lichte Wälder. △ Juni–September. Europa.

458. Stranddistel, *Eryngium maritimum* L., derbstachelige Pflanze, 30–60 cm, mit blaugrünen, buchtig-gezähnten, stacheligen B. und kugeligen Köpfen mit bläulichen Bl., umgeben von elliptischen, stacheligen Hüllb. Dünen, Küsten. △ Juni–September. Küsten Europas.

459. Feld-Mannstreu, *Eryngium campestre* L., gelbgrüne, stark ästige Pflanze, bis 60 cm, mit kleinen, eiförmigen, weißlichgrünen Bl.köpfen, 1–$1^1/_2$ cm, umgeben von 3–6 ausgebreiteten, linealischen Hüllb.; untere B.langgestielt, 3zählig, mit doppelt fiederspaltigen Abschnitten, obere B. stengelumfassend. Steinige Hänge, Wegränder. △ Juni–September. Mittel- und Südeuropa.

460. Stahlblaue Mannstreu, *Eryngium amethystinum* L., ähnlich 458, Pflanze im oberen Teil stahlblau überlaufen; Bl.köpfe größer; Hüllb. 7–8, blau; untere B. mit dornigen, geflügelten B.stielen und dornigen, doppelt fiederschnittigen Abschnitten. Steinige Hänge. △ Juli–August. Südosteuropa.

461. Duftende Süßdolde, *Myrrhis odorata* (L.) Scop., stark nach Anis riechende Pflanze, 60–120 cm, mit weißen Dolden, 1–5 cm; Hüllchenb., zurückgeschlagen; B. 2–3fach fiederteilig mit länglich-ovalen, nochmals tief eingeschnittenen oder gesägten Abschnitten; Frucht 2–$2^1/_2$ cm, mit scharfen

Rippen, reif glänzend schwarz. Waldwiesen, Schluchten, manchmal kultiviert. △ April–August. Europa.

462. Durchwachsenblättrige Gelbdolde, *Smyrnium perfoliatum* L., gelbgrüne Pflanze, 50–100 cm; Bl. gelb; Stengel mit zottig gewimperten Längsflügeln; obere B. eiförmig oder rundlich, feingesägt, stengelumfassend, untere B. gestielt, 2–3fach 3zählig, mit eiförmigen, gezähnten Abschnitten und großer, aufgeblasener B.scheide; Frucht 3 mm, schwarz. Steinige Hänge. △ April–Juni. Süd- und Südosteuropa.

463. Crithmum maritimum L., fleischige, blaugrüne Pflanze, 15–40 cm, mit gelbblütigen Dolden, 3–6 cm; Doldenstrahlen 8–20; B. 2–3fach fiederteilig, mit linealischen, stielrunden, fleischigen Abschnitten; B.scheiden lang, hautrandig. Küstenfelsen. △ Juli–Oktober. West- und Südeuropa.

464. Oenanthe crocata L., glänzende, kahle Pflanze, 50–150 cm, mit hohlen, gerieften Stengeln und rübenförmigen Wurzeln; Dolden 5–10 cm, 12–40strahlig, Bl. weiß; B. 3–4fach gefiedert, mit breit-eiförmigen, gezähnten Abschnitten. Frucht 4–6 mm, länglich. Gräben, Sümpfe. △ Juni–Juli. Westeuropa. Sehr giftig.

465. Röhrige Rebendolde, *Oenanthe fistulosa* L., blaugrüne Pflanze, 30–60 cm, mit weichen, hohlen Stengeln und B.stielen; B. 2fach, obere 1fach fiederteilig, mit linealischen oft 3spaltigen Abschnitten; Dolden 2–4strahlig, Döldchen vielstrahlig; Bl. weiß; Frucht kantig, 3–4 mm. Sümpfe, Ufer, Gräben. △ Juni–September. Europa.

466. Sterndolden-Hasenohr, *Bupleurum stellatum* L., blaugrüne Pflanze, 20–40 cm, leicht kenntlich an den becherförmig verwachsenen, gelblichen Hüllchenb., diese länger als die Döldchen; Hüllb. 2–4, b.artig; Grundb. schmal-lanzettlich. △ Juli–August. Alpen und Korsika.

467. Knotenblättriger Sellerie, *Apium nodiflorum* (L.) Lag., an den Knoten wurzelnde Pflanze mit kleinen, meist sitzenden, grünlichweißen, b.gegenständigen, 2–4strahligen Dolden; B. glänzend grün, 1fach fiederteilig, mit 4–6 ei-lanzettlichen, gezähnten Fiederpaaren; Frucht 2 mm, eiförmig. Ufer, Gräben, Sümpfe. △ Juni–September. Mittel- und Südeuropa.

468. Steckenkraut, *Ferula communis* L., Pflanze, 1–5 m, mit dicken, gefurchten Stengeln und großen, gelben, 20–40strahligen Dolden; B. dunkelgrün, vielfach fiederteilig, Abschnitte schmal-linealisch; obere B. sitzend, mit großen, bootsförmigen, die jungen Dolden einhüllenden B.scheiden; Frucht $1^1/_2$–2 cm, oval bis elliptisch. Trockenhänge, steinige Plätze. △ Juni–August. Südeuropa.

469. Gefleckter Schierling, *Conium maculatum* L., Pflanze $^1/_2$–$2^1/_2$ m, mit widerlichem Mäusegeruch; Stengel blaugrün, unten meist rot gefleckt; Dolden 10–20strahlig, weiß; Hülle zurückgeschlagen; Hüllchen 1seitig, meist 3blättrig; B. 2–3fach fiederteilig, Abschnitte 1–2 cm, länglich-lanzettlich, gezähnt; Frucht 3 mm, mit welligen Rippen. Hecken, Wegränder, Schutt. △ Juni–August. Europa. Sehr giftig.

470. Ligusticum scotinum L., glänzend grüne, beim Zerreiben nach Sellerie riechende Pflanze, 20–90 cm, mit gefurchten Stengeln und grünlichweißen Dolden, 4–6 cm; Hüllb. und Hüllchenb. 1–7 linealisch; B. doppelt 3zählig, mit breit-eiförmigen, gezähnten Abschnitten; Frucht 4–8 mm, länglich, mit scharfkantigen Rippen. Küstenfelsen. △ Juli. Nordeuropa.

471. Erzengelwurz, *Angelica archangelica* L., kräftige Pflanze, 2–3 m; Bl. grünlichweiß, in kugeligen, 20–40strahligen Dolden; Grundb. 30–60 cm, 2–3fach gefiedert, Fiedern ei-lanzettlich; Frucht 5–6 mm, mit kantigen Rückenrippen. Feuchte Wiesen, Ufer. △ Juli–August. Nord- und Mitteleuropa.

472. Kaukasus-Bärenklau, *Heracleum mantegazzianum* Sommier & Levier, bis 4 m hohe Staude mit rot geflecktem, bis 10 cm dickem Stengel und großen, weißen Dolden, bis $^1/_2$ m; B. tief fiederteilig. mit 3zählig zerteilten, grob gezähnten Lappen; Frucht eiförmig, bis 14 mm. Herkunft Kaukasus; häufig als Zierstaude angebaut und in der Nähe von Siedlungen verwildert. △ Juni–September. In Mitteleuropa eingebürgert.

473. Gemeiner Pastinak, *Pastinaca sativa* L., Pflanze $^1/_2$–$1^1/_2$ m, mit kantig gefurchten Stengeln und 5–15strahligen, gelben Dolden; B. gelbgrün, 1fach gefiedert, mit 5–7paarigen, ei-lanzettlichen, gelappten oder grob gezähnten Fiedern; Frucht 5–8 mm, eiförmig, breit geflügelt, mit schwach vorspringenden Rückenrippen. Wegränder. △ Juni–September. Europa.

474. Tordylium apulum L., Pflanze bis 50 m; Dolden locker, weiß; äußere Kronb. der randständigen Bl. tief gelappt und viel länger als die der übrigen Bl.; B. weichhaarig, gefiedert, die untern mit ovalen, gezähnten Abschnitten, die obersten mit linealischen; Frucht kreisrund, abgeflacht, 5–8 mm, mit warzigem, verdicktem Rand. Kultur- und Ödland. △ April–Juni. Südeuropa.

475. Wilde Möhre, *Daucus carota* L., Pflanze 50–100 cm, mit weißen oder rosaroten, vielstrahligen Dolden; Hüllb. 7–13, auffällig fiederteilig; B. 2–3fach gefiedert, mit fiederspaltigen, feinen Zipfeln; Frucht 2–4 mm, länglich-eiförmig, abwechselnd mit stacheligen und behaarten Rippen. Wegränder, Äcker. △ Mai–Oktober. Europa.

DIAPENSIACEAE

476. Diapensia lapponica L., polsteriger, immergrüner Zwergstrauch, bis 5 cm, mit kurzgestielten, einzelnen, weißen Bl., 1–$1^1/_2$ cm; B. spatelförmig, lederig, in endständiger Rosette. △ Mai–Juni. Arktis und nördliche Regionen.

PYROLACEAE | Wintergrüngewächse

477. Gewöhnlicher Fichtenspargel, *Monotropa hypopitys* L., gelbliche, wachsartige Moderpflanze mit fleischigem, aufrechtem Stengel, 8–30 cm, mit vielen Schuppenb. und 1seitswendiger Traube mit gelblichweißen, röhrenförmigen Bl. Feuchte Wälder. △ Juni–September. Europa.

478. Nickendes Wintergrün, *Orthilia secunda* (L.) House, kriechende Pflanze, 5–25 cm, mit eiförmigen B. in grundständiger Rosette und dichten, 1seitswendigen Bl.trauben mit grünlichweißen Bl., 5 mm; Krone röhrigglockig, Kelchzipfel stumpf. Bergwälder. △ Juni–August. Europa.

479. Kleines Wintergrün, *Pyrola minor* L., kriechende Pflanze, 10–30 cm; B. eiförmig, in grundständiger Rosette; Bl. weiß oder rosarot, kugelig, 6 mm, in gedrängten, eiförmigen Trauben; Kelchzipfel 3eckig spitz; B.stiel kürzer als die Spreite. Wälder, Moore, Dünen. △ Mai–Juli. Europa.

480. Mittleres Wintergrün, *Pyrola media* Swartz, ähnlich 479, aber Bl.traube verlängert, lockerblütig; Bl. 1 cm, fast kugelig, 1 cm; Kelchzipfel ei-lanzettlich, abstehend; B. dunkelgrün, 3–5 cm. Schattige Wälder. △ Juni–August. Nördliches Europa und Gebirge Europas.

481. Einblütiges Moosauge, *Moneses uniflora* (L.) Gray, kriechende Pflanze, 5–20 cm, mit rundlichen Rosettenb. und einzelnen, langgestielten, meist nickenden, duftenden Bl., $1^1/_2$–$2^1/_2$ cm; Bl.stengel mit Schuppenb. Bergwälder. △ Mai–Juli. Nord- und Mitteleuropa.

ERICACEAE | Heidekrautgewächse

482. Rostrote Alpenrose, *Rhododendron ferrugineum* L., azaleenähnlicher, immergrüner Strauch, bis 1 m, mit glänzenden, elliptischen, unterseits rostfarbenen B. und 3–8blütigen, dunkelroten Doldentrauben; Bl. 2 cm, trichterig. Felshänge, lichte Wälder. △ Juni–August. Alpen, Pyrenäen, Karpaten.

483. Rauhblättrige Alpenrose, *Rhododendron hirsutum* L., ähnlich 482, aber B. fein gezähnt, am Rand mit abstehenden Haaren, unterseits von rostfarbenen Drüsen gepunktet; Bl. hellrot; Zweige, Bl.stiele und Kelch rauhhaarig. Felshänge. △ Juni–August. Alpen.

484. Rhododendron ponticum L., immergrüner Strauch, bis 5 m, mit dunklen, lorbeerähnlichen, lederigen, B. 6–12 cm, und purpurnen Doldentrauben; Krone 5 cm, weit trichterförmig, Kronzipfel länger als die Kronröhre. Wälder, Gebüsche; Zierpflanze. △ Mai–Juni. Südwest- und Südosteuropa, sonst eingebürgert.

485. Alpenazalee, *Loiseleuria procumbens* (L.) Desv., kriechender Zwergstrauch, 10–30 cm, mit kleinen, ovalen B. und rosaroten, kurzgestielten Bl., 4–5 mm zu 2–5 in endständigen Doldentrauben; Krone mit 5 ausgebreiteten Lappen. Matten, Felsen, Gerölle. △ Juni–August. Arktis und Alpen.

486. Daboecia cantabrica (Huds.) Koch, immergrüner, drüsenhaariger Zwergstrauch, bis 50 cm, mit lockeren, b.losen, 2–10blütigen Trauben; Bl. gestielt, nickend, rotviolett; Krone flaschenförmig, 8–12 mm; Kronb. und Kelchb. 4; B. linealisch-elliptisch, Rand umgerollt, unten weißfilzig. Lichte Wälder. Heiden. △ Juni–Oktober. Südwesteuropa.

487. Phyllodoce caerulea (L.) Bab., ähnlich 486, aber Kronb. und Kelchb. 5; Bl. nickend, flaschenförmig, rotviolett, in lockeren, 2–6blütigen Trauben; Bl.stiele rötlich, drüsig; niedriger Zwergstrauch, bis 20 cm, mit dicht gedrängten, linealischen, immergrünen, umgerollten B. △ Juli–September. Nordeuropa.

488. Rosmarinheide, *Andromeda polifolia* L., wintergrüner Halbstrauch, bis 40 cm; Bl. langgestielt, nickend, rosarot, kugelig-eiförmig, zu 2–8 in lockerer Traube; B. $1^1/_2$–$3^1/_2$ cm, breitlinealisch, spitz, Rand umgerollt, unterseits blaugrün. Hochmoore. △ Mai–Juni. Europa. Giftig.

489. Echte Bärentraube, *Arctostaphylos uva-ursi* (L.) Sprengel, niederliegender Spalierstrauch, 20–60 cm, mit lederigen, immergrünen B. und kugeligen, rosaweißen Bl. in 5–12blütigen Trauben; B. 1–2 cm, eiförmig, oben dunkelgrün, unten heller; Frucht 6–8 mm, kugelig, leuchtend rot. Kiefernwälder, Felshänge, Matten. △ Mai–Juli. Europa.

490. Alpen-Bärentraube, *Arctostaphylos alpina* (L.) Sprengel, ähnlich 489, aber B. sommergrün, fein gesägt; Bl. grünlichweiß oder rötlich, 4 mm; Frucht anfangs rot, dann blauschwarz. Felsen, steinige Hänge. △ Mai–Juni. Nordeuropa und Alpen.

491. Moosbeere, *Vaccinium oxycoccos* L., sehr zarter, dünnstengeliger, bis 80 cm weit kriechender Zwergstrauch mit ovalen, oben dunkelgrünen, unten blaugrünen B., 4–8 mm; Bl. 1–4, langgestielt, rosarot, mit 4 zurückgeschlagenen Kronb.; Frucht 5–15 mm, rot. Hochmoore. △ Mai–Juli. Europa.

492. Preiselbeere, *Vaccinium vitis-idaea* L., immergrüner Zwergstrauch, bis 30 cm; B. dunkelgrün, unten heller, verkehrt-eiförmig, 2zeilig; Bl. weiß, rötlich überlaufen, glockenförmig, in hängenden Trauben; Kronzipfel auswärts gekrümmt; Frucht kugelig rot. Lichte Wälder, Moore, Heiden, Alpenmatten. △ Mai–Juli. Europa.

493. Heidelbeere, *Vaccinium myrtillus* L., Halbstrauch, 20–60 cm, mit grünen, scharfkantigen Ästen; B. sommergrün, 1–3 cm, oval, fein gesägt; Bl. kugelig, rosa oder grünlichweiß, einzeln, mit 4–5 kurzen, stumpfen Kronzipfeln.; Frucht 8 mm, blauschwarz, bereift. Heiden, Moore, Wälder. △ Mai–Juli. Europa.

494. Baum-Heide, *Erica arborea* L., buschiger Strauch, 1–4 m, mit dichten, pyramidenförmigen, sehr reichblütigen Trauben mit kleinen, weißlichen oder hellvioletten, duftenden, langgestielten Bl.; Krone 3 mm glockenförmig; B. 5 mm schmal-linealisch, unterseits mit tiefer Rinne, in 3–4er Wirteln; Zweige dicht von verzweigten Haaren bedeckt. Gebüsche, Heiden. △ März–Mai. Südeuropa.

495. Erica lusitanica Rudolphi, ähnlich 494, aber Bl. größer, 4–5 mm, zylindrisch; B. 5–6 mm; Zweige von 1fachen, grauen Haaren bedeckt. △ Dezember–Juli. Südwesteuropa.

496. Schneeheide, *Erica herbacea* L., niederliegender Zwergstrauch, bis 60 cm; Bl. rosarot, in 1seitswendigen Trauben; Krone, 4–8 mm, schlank-glockenförmig; B. stachelspitz, gekielt, wirtelig stehend. Lichte Wälder, Felshänge. △ Dezember–April. Gebirge Mitteleuropas.

497. Erica multiflora L., reich verzweigter Strauch, 1 m; mit dichten rundlichen, endständigen Bl.ständen; Krone rosarot, zylindrisch-glockenförmig, 5 mm, 2mal so lang wie der Kelch; Bl.stiele 2–3mal so lang wie die Krone; Staubbeutel hervorragend; B. in 3–5er Wirteln, linealisch, 8–10 mm; Zweige kahl. Heiden, Trockenhänge. △ Juli–Dezember. Südeuropa.

498. Erica ciliaris L., abstehend behaarter Zwergstrauch, bis 60 cm; Bl. in verlängerter, 1seitswendiger Traube, 5–12 cm; Krone tiefrot, 8–10 mm, krugförmig; B. 1–3 mm, oval, drüsenhaarig, lang gewimpert, in 3er Wirteln. Heiden, Kiefernwälder. △ April–Oktober. Westeuropa.

499. Erdbeerbaum, *Arbutus unedo* L., kleiner, immergrüner Baum oder Strauch, 1–10 m; B. 4–10 cm, elliptisch, glänzend, unten heller, Rand sägezähnig; Bl.gelblichweiß, in reichblütigen, hängenden Bl.ständen; Krone 7 mm, krugförmig, mit 5 breiten, stumpfen Zipfeln; Frucht erdbeerähnlich, rot, $1^1/_2$–2 cm, kugelig, mit warziger Oberfläche. Gebüsche, Felsenhänge. △ Oktober–Januar. Südeuropa.

PRIMULACEAE | Primelgewächse

500. Wald-Schlüsselblume, *Primula elatior* (L.) Hill, Bl. 1–2 cm, hellgelb, geruchlos, in 1seitswendigen, 1–20blütigen, nickenden Dolden; Kelch kantig, Kelchzähne lanzettlich; Bl.schaft 10–30 cm; B. länglich, 10–20 cm. Wälder, Hecken, Wiesen. △ März–Mai. Europa.

501. Alpen-Aurikel, *Primula auricula* L., Bl. leuchtend gelb, duftend, zu 2–12; Kelchzipfel stumpf; B. schwach fleischig, kahl, bereift, verkehrt-eiförmig mit knorpeligem Rand, in grundständiger Rosette; Bl.schaft 5–25 cm. Kalkfelsen. △ Mai–Juli. Gebirge Mitteleuropas.

502. Stengellose Primel, *Primula vulgaris* Huds., Bl. zahlreich, langgestielt, einzeln vom Wurzelstock entspringend; Krone 2–3 cm, hellgelb, manchmal rot; Kelch und Bl.schaft zottig behaart; B. 8–15 cm, verkehrt-eiförmig, gezähnt, oben kahl, unten behaart, allmählich in den geflügelten Stiel verschmälert, rosettenständig. Wälder, Gebüsche, Obstgärten. △ März–Mai. Europa.

503. Klebrige Primel, *Primula viscosa* All., Bl. zu 3–20, violettpurpurn, $1^1/_2$ cm; Kelch, Bl.stiele und Bl.schaft drüsenhaarig, 6–15 cm; B. eiförmig, grob gezähnt, drüsenhaarig, in den B.stiel verschmälert. Felsen, Gerölle der Alpen und Pyrenäen. △ Juni–Juli.

504. Mehl-Primel, *Primula farinosa* L., Pflanze bis 15 cm, mit kleinen, mehlig bestäubten, spatelförmigen, gezähnten Rosettenb. und rosavioletten Bl. in endständiger Dolde; Krone 1 cm, Saum ausgebreitet, tief ausgerandet. Feuchte Wiesen, Quellen, Flachmoore. △ Juni–Juli. Gebirge Europas.

505. Zwerg-Primel, *Primula minima* L., niedrige Alpenpflanze mit kleinen, keilförmigen, vorne scharf gezähnten, glänzenden Rosettenb. und großen, einzelnen, leuchtend roten Bl. $1^1/_2$–2 cm; Kronsaum ausgebreitet, tief ausgerandet; Bl. fast ungestielt. Matten, Felsen. △ Juli–August. Alpen und Karpaten.

506. Behaarte Primel, *Primula hirsuta* All., ähnlich 503, aber 13blütig; Bl.schaft kürzer oder nur so lang wie die B.; Krone leuchtend purpurn, im Schlund weiß; B. klein, 2–5 cm, gezähnt, beiderseits stark klebrig. Felsen. △ Juni–Juli. Alpen und Pyrenäen.

507. Ganzblättrige Primel, *Primula integrifolia* L., Bl. leuchtend rosa, rot oder lila, 2 cm, zu 1–3; Bl.schaft kurz, drüsig, oft rötlich, bis 6 cm; Kronsaum mit tief eingeschnittenen Lappen; Kelch drüsenhaarig; B. 2–4 cm, oval, ganzrandig, drüsenhaarig, nicht klebrig, am Rand gewimpert, rosettenständig. Felsen, Alpenmatten. △ Mai–August. Alpen und Pyrenäen.

508. Fleischiger Mannsschild, *Androsace carnea* L., dichtrasige Rosettenpflanze mit kleinen, dichten 2–10blütigen Dolden; Bl. rosa, mit gelbem Schlund oder Bl. weißlich; Kronb. nicht ausgerandet; B. kahl, linealisch, spitz, rosettig; Bl.schaft flaumig, 4–12 cm. Feuchte Gerölle, Matten. △ Juli–August. Alpen.

509. Alpen-Mannsschild, *Androsace alpina* (L.) Lam., Bl. weiß oder rosa, im Schlund gelb; Kelch behaart; B. lanzettlich, 2–8 mm, sternhaarig, in Rosetten, $1–1^1/_2$ cm. Felsen, Gerölle. △ Juli–August. Alpen.

510. Alpen-Glöckel, *Cortusa matthioli* L., Pflanze 10–40 cm; Grundb. langgestielt, rundlich-nierenförmig, mit 5–7 gezähnten Lappen; Bl. blauviolett, hängend, zu 2–5; Krone glockenförmig; Feuchte Matten, Schluchten. △ Juni–Juli. Gebirge Mitteleuropas.

511. Alpen-Troddelblume, *Soldanella alpina* L., Bl.schaft 5–15 cm, mit 2–5 blauvioletten, hängenden Bl.; Krone glockenförmig, bis zur Mitte zerschlitzt, 8–15 mm; B. rundlich-nierenförmig, dick, lederig, $1^1/_2$–3 cm breit. Feuchte Matten, Schneetälchen. △ April–Juli. Gebirge Mitteleuropas.

512. Sumpf-Wasserfeder, *Hottonia palustris* L., Wasserpflanze mit hellgrünen, untergetauchten, 1–2fach kammförmig gefiederten B. mit linealischen Abschnitten; Bl.stengel oberhalb der Wasseroberfläche, mit hellvioletten Bl. mit gelber Mitte in 3–8blütigen Quirlen; Gesamtbl.stand pyramidenförmig; Kronb. 5, ausgebreitet, leicht ausgerandet. Stehende Gewässer. △ Mai–Juli. Europa.

513. Geschweiftblättriges Alpenveilchen, *Cyclamen repandum* Sm., Bl. im Frühjahr mit den B. erscheinend, duftend, leuchtend rosarot; Kronb. zurückgeschlagen, eiförmig, 2–3 cm, leicht gedreht, Kronschlund rund; B. dünn, 3eckig-herzförmig, unregelmäßig gelappt und knorpelig gezähnt, oben nicht gefleckt, unten purpurn; Knolle 1–3 cm. Wälder, Felshänge. △ März–Mai. Südeuropa.

514. Cyclamen graecum Link, Bl. tief rosapurpurn, mit 2 dunkleren Flecken am Grund; Kronschlund 5eckig; B. silbergrau gezeichnet, B.rand mit kleinen, knorpeligen Zähnen; Knolle mit Längsrissen auf der korkigen Oberfläche. Gebüsche, steinige Hänge. △ Oktober–November. Südosteuropa.

515. Neapolitanisches Alpenveilchen, *Cyclamen hederifolium* Aiton, Bl. vor den B. erscheinend, weiß oder rosarot, mit dunklen Flecken im Schlund; Kronb. zurückgeschlagen, $2^1/_2$ cm; Kelch so lang wie die Kronröhre; Bl.schaft 10–30 cm; B. langgestielt, herzförmig, oberseits silbergrau gefleckt, unterseits purpurn; Knolle 2–10 cm. Wälder, Gebüsche. △ August–November. Süd- und Südosteuropa.

516. Wald-Alpenveilchen, *Cyclamen purpurascens* Mill., Bl. mit den B. erscheinend, duftend, karminrot, mit dunkleren Flecken am Grund der zurückgeschlagenen, länglich-elliptischen Kronb.; Kronschlund rund; B. rundlich-herzförmig, ganzrandig oder fein gezähnt, oben silbrig gefleckt, unten rotviolett, langgestielt; Bl.schaft 6–15 cm; Knolle kugelig. Wälder, Gebüsche. △ Juni–Oktober. Mitteleuropa. Giftig.

517. Salz-Milchkraut, *Glaux maritima* L., weitkriechende Pflanze, bis 30 cm, mit fleischigen, dachigen, 4zeiligen, ovalen, sitzenden B., 4–12 mm; Bl. rosarot, in den Achseln der oberen B. sitzend; Kelch glockenförmig, 5 mm, mit 5 stumpfen, ausgebreiteten, rosaroten Lappen mit durchscheinendem Rand. Kronb. fehlend; Salzböden, Küsten. △ Mai–September. Europa.

518. Europäischer Siebenstern, *Trientalis europaea* L., zierliche Pflanze, 10–25 cm; B. lanzettlich, über der Mitte des Stengels quirlständig; Bl. 1, selten 2 oder 3, $1^1/_2$–2 cm; Kronb. 7, ausgebreitet, weiß. Kiefernwälder, Heiden. △ Mai–August. Nord- und Mitteleuropa.

519. Punktierter Gilbweiderich, *Lysimachia punctata* L., Pflanze $^1/_2–1^1/_2$ m; Bl. goldgelb, 3 cm, zu 1–4 in den B.achseln, eine lange, beblätterte Traube bildend; Kronzipfel drüsig gewimpert; Kelchzipfel drüsenhaarig, grün; B. kurzgestielt, gegen- oder quirlständig, ei-lanzettlich. Steinige Hänge, Gebüsche. △ April–November. Südosteuropa, sonstwo eingebürgert.

520. Hain-Gilbweiderich, *Lysimachia nemorum* L., niederliegende Pflanze, mit aufsteigenden Bl.stengeln, 10–30 cm; Bl. hellgelb, ausgebreitet, $1–1^1/_2$ cm; Kelchzipfel lineal-pfriemlich; B. 2–4 cm, eiförmig, spitz, kurzgestielt. Feuchte Wälder, Gebüsche. △ Mai–August. Europa.

521. Pfennig-Gilbweiderich, *Lysimachia nummularia* L., niederliegende, bis 60 cm weit kriechende Pflanze mit rundlichen, paarweisen, kurzgestielten, stumpfen B.; Bl. einzeln, b.achselständig, langgestielt, goldgelb; Kelchzipfel herzförmig. Feuchte Wiesen, Gräben, Ufer. △ Mai–August. Europa.

522. Anagallis linifolia L., niederliegend oder aufsteigende Pflanze, 5–20 cm, mit großen blauen Bl. mit purpurnem Grund, 1–2 cm; Kronb. gezähnt; Bl.stiele dünn, länger als die linealischen bis lanzettlichen B. △ Februar–November. Südwesteuropa.

PLUMBAGINACEAE | Strandnelkengewächse

523. Strandnelke, *Limonium sinuatum* (L.) Mill., rauhhaarige Rosettenpflanze, 20–50 cm, mit geflügelten, oben verästelten Stengeln; Bl. blauviolett, in der Mitte gelb; Kelch papierartig, gefältelt, gefärbt; ausdauernd, Krone klein, gelblich, bald welkend; B. buchtig gelappt, in dichter Rosette. Küstenfelsen, Dünensand. △ April–September. Südeuropa.

524. Gemeine Grasnelke, *Armeria maritima* (Mill.) Willd., dichtrasige, polsterige Rosettenpflanze; B. linealisch, 2–15 cm lang, 1–2 mm breit, schwach fleischig, 1nervig; B. rosarot, in dichten, kugeligen, $1^1/_2$–$2^1/_2$ cm breiten Köpfen; Bl.schaft, unverzweigt, 5–30 cm. Strandfelsen, manchmal in Mittelgebirgen. △ Mai–August. West- und Nordeuropa.

525. Armeria fasciculata (Vent.) Willd., B. blaugrün, gerieft, kräftig, mit dorniger Spitze, in dichten Rosetten, vermischt mit alten, zurückgekrümmten B. Bl.köpfe $1^1/_2$–3 cm, hellrosa; Hüllb. zäh, lederig, oval, braun und hautrandig; Bl.schaft 10–40 cm. Küstenfelsen, Dünen. △ Mai–Juni. Portugal, Spanien, Korsika, Sardinien.

OLEACEAE | Ölbaumgewächse

526. Ölbaum, *Olea europaea* L., kleine, oft knorrige, gedrehte Bäume, 2–10 cm; B. immergrün, graugrün, unterseits blaugrün-weißlich; ei-lanzettlich, 4–10 cm; Bl. weißlich, in kleinen, aufrechten Knäueln; Krone mit 4 ovalen, ausgebreiteten Lappen; Frucht grün, zuletzt schwarz, etwa kirschgroß. Steinige Böden. △ Mai–Juni. Im Mittelmeergebiet häufig kultiviert und verwildert.

527. Manna-Esche, *Fraxinus ornus* L., Baum 4–10 m; B. unpaarig gefiedert, mit 5–9, kurzgestielten, unterseits weißlichen Fiederb.; Bl. weißlich, duftend, in pyramidenförmigen Bl.ständen, mit den B. erscheinend. Gebüsche, lichte Wälder. △ April–Mai. Südalpen, Südosteuropa.

528. Echter Jasmin, *Jasminum officinalis* L., bis 8 m hoher, kletternder oder niederliegender Strauch; B. gegenständig, gefiedert, mit 3–7 lanzettlichen, ganzrandigen Fiederb. und größerer Endfieder; Bl. weiß, stark duftend, in 3–10blütigen Doldentrauben; Kelchzipfel linealisch. Herkunft Asien; häufig als Zierbaum gepflanzt; in Südeuropa manchmal verwildert. △ Mai–September.

529. Jasminum fruticans L., aufrechter Strauch, 30–100 cm, mit grünen, kantigen Zweigen und duftenden, gelben Bl. zu 1–5 an den Enden der Zweige; Krone $1^1/_2$ cm; B. 3zählig oder 1fach, dick glänzend; Frucht eine schwarze, glänzende Beere, 3 mm. Steinige Hänge. △ Mai–Juni. Südeuropa.

GENTIANACEAE | Enziangewächse

530. Echtes Tausendgüldenkraut, *Centaurium erythraea* Raf., Pflanze 15–50 cm, mit grundständiger B.rosette und schirmförmigen Bl.ständen mit rosaroten Bl.; Kronzipfel 5–6 mm, ausgebreitet; B. elliptisch, 3–7nervig. Wiesen, Gebüsche. △ Juni–September. Europa.

531. Stengelumfassender Bitterling, *Blackstonia perfoliata* (L.) Hudson, blaugrüne Pflanze, 20–80 cm, mit goldgelben Bl., 1–$1^1/_2$ cm, und breiten, paarweise verwachsenen, 3eckig-eiförmigen B.; Grundb. rosettenständig, nicht verwachsen, verkehrt-eiförmig; Kronzipfel ausgebreitet. Moorige Wiesen, feuchte Sandböden. △ Mai–September. Mittel- und Südeuropa.

532. Ausdauernder Tarant, *Swertia perennis* L., Pflanze 20–60 cm, mit hellen, grünlichgelben, lanzettlichen B.; Bl. violett, ausgebreitet, in traubig-rispigen Bl.ständen; Kelch und Krone fast bis zum Grund 4–5teilig; untere B. 5–15 cm, langgestielt oder sitzend, alle B. stark 5–7nervig. Moore, Sumpfwiesen. △ Juli–September. Gebirge Mitteleuropas.

533. Gelber Enzian, *Gentiana lutea* L., Pflanze $^1/_2$–2 m, mit kurzgestielten, gelben Bl. in dichten Scheinquirlen in den obersten B.paaren; Krone 5–9teilig, mit lanzettlichen, sternförmig ausgebreiteten Zipfeln; B. breit-eiförmig, 20–30 cm, blaugrün, mit 7 kräftigen Bogennerven; Stengel dick, hohl. Gebirgswiesen und Matten. △ Juni–August. Gebirge Mittel– und Südeuropas.

534. Breitblättriger Enzian, *Gentiana kochiana* Perr. & Song., Bl. einzeln, 4–6 cm lang, tief azurblau, breit-trichterförmig, kurzgestielt; Kronröhre innen grüngesprenkelt; Kelchzähne spatelförmig, Buchten dazwischen breit; B. breit-elliptisch, größte Breite im oberen Drittel, in 5–15 cm breiter Rosette. Matten, Felsen. △ Juli–August. Gebirge Mitteleuropas.

535. Stengelloser Enzian, *Gentiana clusii* Perr. & Song., ähnlich 534, aber B. elliptisch-lanzettlich, in oder unter der Mitte am breitesten; Kelchzipfel spitz, nie eingeschnürt, Buchten zwischen den Kelchzähnen spitz; Krone azurblau, innen ohne grünen Flecken; steinige Matten, Felsen, Kalkmoore. △ Mai–August. Alpen, Apenninen, Karpaten.

536. Frühlings-Enzian, *Gentiana verna* L., lockerrasige Pflanze; Bl. tief azurblau, kurzgestielt, einzeln; Kronröhre 3–4 cm lang; Kelch schmal geflügelt; B. 1–2 cm, elliptisch bis lanzettlich, in grundständiger Rosette. Bergwiesen, Flachmoore. △ März–August. Gebirge Mittel- und Südeuropas.

537. Schlauch-Enzian, *Gentiana utriculosa* L., Pflanze 8–25 cm, verzweigt; Bl. 1–$1^1/_2$ cm, blau; Kronzipfel eiförmig, stumpf, außen oft grünlich; Kelch aufgeblasen, eiförmig, an den Kanten breit geflügelt; Kelchzipfel 3eckig. Gebirgswiesen, Matten. △ Juli–August. Alpen, Apenninen, Karpaten, Balkan.

538. Kreuz-Enzian, *Gentiana cruciata* L., kräftige, beblätterte Pflanze, bis 50 cm; B. 5–10 cm, oval bis lanzettlich, 3–5nervig, die untern in den Stiel verschmälert, die oberen in eine kurze Scheide verwachsen; Bl. blau, in kopfig gehäuften Bl.ständen; Krone keulenförmig-glockig, mit 4 kurzen, breiten spitzen Zipfeln. Waldwiesen, Flachmoore. △ Juni–September. Mittel- und Südeuropa.

539. Lungen-Enzian, *Gentiana pneumonanthe* L., unverzweigte, dicht beblätterte Pflanze, 10–50 cm, mit linealischen B. und 1–7 großen, tiefblauen, außen grün gestreiften, kurzgestielten Bl. in den oberen B.achseln; Krone glockig-trichterförmig, 3–4 cm. Flachmoore, feuchte Waldwiesen. △ Juli–Oktober. Europa.

540. Deutscher Enzian, *Gentianella germanica* (Willd.) Börner, Pflanze 10–30 cm; Bl. violett, im Schlund bärtig; Kronzipfel 4, Kelch fast bis zum Grund 4teilig; Grundb. 1–$2^1/_2$ cm, oval, stumpf; Stengelb. schmäler, länglich, spitz. Grasige Hänge, Wiesen. △ Mai–Oktober. Mitteleuropa.

541. Purpur-Enzian, *Gentiana purpurea* L., ähnlich 540, aber Bl. purpurrot, innen gelblich, zu 5–10 in den Achseln von Hochb.; B. ei-lanzettlich; Pflanze 20–60 cm. Matten, felsige Hänge. △ Juli–August. Gebirge Mittel- und Südeuropas.

542. Punktierter Enzian, *Gentiana punctata* L., Pflanze 20–60 cm, mit elliptischen, 5–7nervigen B. und blaßgelben, dunkelviolett gepunkteten Bl., einzeln oder zu mehreren in den B.achseln. Gebirgswiesen, Felsschutt. △ Juli–August. Gebirge Mittel- und Südeuropas.

543. Schwalbenwurz-Enzian, *Gentiana asclepiadea* L., reichbeblätterte Pflanze, 20–60 cm; B. 3–8 cm, lanzettlich, meist 4zeilig, an schattigen Stellen 2zeilig; Bl. glockig, trichterförmig, dunkelblau, einzeln in den oberen B.achseln sitzend. Wälder, Schluchten. △ August–September. Gebirge Europas.

MENYANTHACEAE | Fieberkleegewächse

544. Dreiblättriger Fieberklee, *Menyanthes trifoliata* L., Wasser- oder Sumpfpflanze mit dicken, kriechenden, wurzelnden Stengeln und großen, 3zähligen B. mit verkehrt-eiförmigen, ganzrandigen Fiedern; Bl. weiß oder rosarot, am Rand auffällig gewimpert, in pyramidenförmigen Trauben; Bl.stengel 12–30 cm. Teiche, Gräben, Sümpfe. △ April–Juni. Europa.

545. Rundblättrige Seekanne, *Nymphoides peltata* (Gmel.) Kuntze, untergetauchte Wasserpflanze mit dünnen, kriechenden, wurzelnden Stengeln; B. 3–10 cm, rund, kahl; lederig, oben glänzend, dunkelgrün, unten rötlichviolett, flutend; Bl. goldgelb, 3 cm, langgestielt, in 2–5blütigen Doldenrispen; Kronzipfel am Rand lang gewimpert. Ruhige Gewässer. △ Juni–September. Nord- und Mitteleuropa.

APOCYNACEAE | Hundsgiftgewächse

546. Kleines Immergrün, *Vinca minor* L., niederliegender, weit kriechender Halbstrauch, mit immergrünen, elliptischen B. und blauvioletten, einzelnen Bl. Wälder, Hecken, Felsen. △ Februar–Mai. Mittel- und Südeuropa.

547. Krautiges Immergrün, *Vinca herbacea* Walst. & Kit., ähnlich 546, aber Stengel krautig, an den Knoten nicht wurzelnd, im Winter absterbend; B. sommergrün, Rand fein behaart; Bl. violettblau. Gebüsche. △ Februar–Mai. Südosteuropa.

548. Oleander, *Nereum oleander* L., Strauch 2–5 m, mit großen, roten, duftenden Bl. in Trugdolden; Krone 3–5 cm; B. 10–20 cm, lanzettlich, gegenständig oder in 3er Quirlen; Frucht 10–17 cm. Ausgetrocknete Wasserläufe, kiesige Böden; oft als Zierpflanze. △ Juni–September. Südeuropa.

ASCLEPIADACEAE | Schwalbenwurzgewächse

549. Periploca graeca L., Kletterpflanze, bis 10 m, mit ovalen bis lanzettlichen, dunkelgrünen, glänzenden B. und langgestielten, armblütigen Rispen mit bräunlichen, außen grünlichen Bl.; Krone $2^1/_2$ cm, Zipfeln ausgebreitet, stumpf, behaart. Gebüsche. △ Juli. Südosteuropa.

550. Echte Seidenpflanze, *Asclepias syriaca* L., kräftige Pflanze, 1–2 m; B. 10–20 cm, unterseits graufilzig, mit kräftiger Nervatur, gestielt; Bl. rot, stark riechend, in großen Dolden; Kronzipfel zurückgeschlagen; Zipfel der Nebenkrone kappenförmig vorspringend, mit hornförmigen Anhängseln. Herkunft Nordamerika; Zierpflanze. △ Juni–August. In Mittel- und Südeuropa eingebürgert.

551. Weiße Schwalbenwurz, *Vincetoxicum hirundinaria* Med., Pflanze bis 1 m; B. oval, bis lanzettlich, kurzgestielt, gegenständig; Bl. weiß oder gelblichgrün, in achsel- und endständigen, doldig-rispigen Bl.ständen; Krone $^1/_2$ cm. Wälder, Gebüsche, Felsen. △ Juni–September. Europa. Giftig.

RUBIACEAE | Rötegewächse

552. Putoria calabrica (L. fil.) DC., stark riechender, niederliegender oder aufsteigender Halbstrauch mit lederigen, glänzenden, elliptischen oder lanzettlichen B. mit eingerolltem Rand; Bl. rosarot, 4–5zipfelig, in endständigen Büscheln; Zipfeln lineal-lanzettlich; Staubb. hervorragend; Frucht schwarz. Felsige und steinige Plätze. △ Mai–Juli. Südeuropa.

553. Valantia hispida L., steifhaarige Pflanze, 4–10 cm, B. länglich, $^1/_2$ cm, stumpf, etwas fleischig, in 4er Quirlen; Bl. gelblich. quirlständig; Gesamtbl.stand ährenförmig; Krone 3–4lappig; Frucht rauhhaarig, mit 3 weißstacheligen Hörnern. Trockene Hänge, Felsen. △ April–Juni. Südeuropa.

554. Färberröte, *Rubia peregrina* L., Kletternde, windende Pflanze, 30–120 cm; Stengel am Grund verholzt, rauh; B. 2–6 cm, oval bis elliptisch, wie der 4kantige Stengel von rückwärts gerichteten Stacheln rauh, quirlständig; Bl. 5 mm, grünlichgelb, 5zipfelig, in end- oder achselständigen Bl.ständen; Frucht 4–6 mm, kugelig, schwarz. Gehölze, Hecken, Felsen. △ Mai–Juli. Südeuropa.

555. Gemeine Ackerröte. *Sherardia arvensis* L., Pflanze 5–30 cm; Bl. hellviolett, zu 4–8; Kronröhre 4–5 mm, etwa 2mal so lang wie der Kelch; Kronzipfel 4; Hochb. 8–10, lanzettlich; B. elliptisch, spitz, in 5–6er Wirteln, unterseits rauh. Äcker, Gärten. △ März–September. Europa.

556. Waldmeister, *Galium odoratum* (L.) Scop., Pflanze 10–30 cm; Bl. weiß, in rispigen Bl.ständen; Krone 6–7 mm, mit 4 ausgebreiteten Zipfeln; B. 1–4 cm, elliptisch bis lanzettlich, am Rand mit vorwärts gerichteten Stacheln, zu 6–9 im Quirl stehend; Stengel 4kantig. Frucht 2–3 mm, hakig-borstig. Lichte Wälder. △ Mai–Juni. Europa.

557. Sumpf-Labkraut, *Galium palustre* L., Pflanze 30–50 cm; Bl. weiß, in lockeren Rispen, 4zählig; Staubbeutel rot; B. linealisch, 1–2 cm, stumpf, 1nervig, zu 4–6quirlig; Stengel fast glatt, nicht kantig. Sümpfe, nasse Wiesen. △ Mai–September. Europa.

558. Kreuz-Labkraut, *Cruciata laevipes* Opiz, Pflanze 15–50 cm; B. gelbgrün, zu 4 quirlständig, oval-elliptisch, schwach 3nervig; Bl. gelb, 2–3 mm, zu mehrern in den B.achseln sitzend; Gesamtbl.stand ährenförmig; Bl.stiele und Stengel abstehend behaart. Lichte Wälder, Hecken, Wiesen. △ April–Juni. Mittel- und Südeuropa.

POLEMONIACEAE | Himmelsleitergewächse

559. Blaue Himmelsleiter, *Polemonium caeruleum* L., Pflanze 30–90 cm; B. unpaarig gefiedert, 10–40 cm, mit 7–15 ei-lanzettlichen Fiedern; Bl. blau, in dichten, endständigen Rispen; Krone 2–3 cm, Röhre sehr kurz, Zipfel radförmig ausgebreitet; Kelch drüsenhaarig; Staubb. hervorragend. Waldränder, Wiesen, Flachmoore. △ Mai–August. Nord- und Mitteleuropa.

CONVOLVULACEAE | Windengewächse

560. Convolvulus althaeoides L., Kletterpflanze, bis 1 m; Bl. zu 1–2, rosarot, 3–4 cm; Kronschlund dunkler, Krone außen behaart; Bl.stiele länger als die Tragb.; untere B. 3eckig-herzförmig, mit rundlichen Lappen, obere B. in 5–9 ungleiche, fingerförmige Zipfel zerteilt. Wegränder, steinige Plätze in Küstennähe. △ April–August. Südeuropa.

561. Convolvulus elegantissimus Miller, ähnlich 560, aber B. und Stengel silbrig behaart; Stengelb. tiefer in 5–9 ungleiche, linealische Abschnitte zerteilt; Krone im Schlund heller. Steinige Plätze. △ April–Juni. Südosteuropa.

562. Convolvulus tricolor L., Pflanze bis 80 cm; Bl. 2–5 cm, 3farbig, mit gelbem Schlund, weißem Mittelteil und breitem, blauem Rand, einzeln; Kelchb. dicht behaart, oval; B. oval-lanzettlich, die unteren gestielt, die oberen sitzend. Hecken, Weingärten. △ April–Juni. Südeuropa.

563. Strand-Zaunwinde, *Calystegia soldanella* (L.) R. Br., Pflanze bis 60 cm; Bl. einzeln, rosarot, 3–5 cm; B. schwach fleischig, nierenförmig. Sanddünen. △ Mai–Oktober. West- und Südeuropa.

564. Ipomoea hederacea (L.) Jacq., windende Pflanze, bis 3 m; Bl. 4–5 cm; blau oder hellviolett, zu 1–3, kurzgestielt; B. 3lappig. Herkunft tropisches Amerika, in Südosteuropa Zierpflanze oder verwildert. △ Juli–September.

565. Kleeseide, *Cuscuta epithymum* L., windende Schmarotzerpflanze, 10–30 cm, mit kugeligen, dichtblütigen Bl.ständen; Bl. rosarot, duftend; Stengel rötlich, sehr dünn. Parasit auf Heidekraut, Ginster, Klee und anderen Arten. △ Juni–Oktober. Europa.

BORAGINACEAE | Borretschgewächse

566. Skorpionskraut, *Heliotropium europaeum* L., weichhaarige, gabelig verzweigte Pflanze, bis 50 cm; Bl. weiß oder hellila, in b.losen, zunächst eingerollten, dann verlängerten Bl.ständen; Krone 3–4 mm, Kelch kurzhaarig, fast bis zum Grund in lanzettliche Zipfeln zerteilt; B. eiförmig, kurzgestielt. Kulturland, Schutt. △ Juni–Oktober. Südeuropa.

567. Frühlings-Gedenkemein, *Omphalodes verna* Moench, Pflanze 10–30 cm; Bl. himmelblau, in armblütigen Bl.ständen; Krone 1 cm, ausgebreitet, Kelch grauhaarig; B. langgestielt, oval, mit rundlichem oder herzförmigem Grund und scharfer Spitze, glänzend grün. Wälder; Zierpflanze und manchmal verwildert. △ März–Mai. Süd- und Mitteleuropa.

568. Symphytum orientale L., Pflanze 20–50 cm; Bl. weiß, Krone $1^1/_2$–2 cm, Kelch röhrig, Kelchzipfel 3eckig, kaum $^1/_2$ mal so lang wie die Kelchröhre; B. weichhaarig, plötzlich in den Stiel verschmälert. Gebüsche, Dickichte. △ Juni–Oktober. Herkunft Türkei, in Mitteleuropa eingebürgert.

569. Symphytum uplandicum Nyman, Pflanze 50–120 cm; Bl. $1^1/_2$–2 cm, blau oder violett; Stengelb. eiförmig, spitz, kurz herablaufend; Bastard aus Gemeinem und Rauhem Beinwell. Hecken, Gebüsche, manchmal als Futterpflanze angebaut. △ Mai–Juli. Nord- und Mitteleuropa.

570. Knotiger Beinwell, *Symphytum tuberosum* L., rauhe, borstliche Pflanze mit dicken, knolligen Wurzeln, 20–50 cm; Bl. hellgelb, Krone 1–$1^1/_2$ cm; Kelchzipfel 3mal so lang wie die Kelchröhre; B. oval, spitz, die unteren gestielt, die oberen sitzend. Feuchte Wiesen, Auwälder, Ufer. △ März–Juni. Mittel- und Südeuropa.

571. Cynoglossum creticum Miller, weichhaarige Pflanze, 30–60 cm; Bl. blaßblau, mit dunkleren Adern; B. schmal-lanzettlich bis spatelig; Teilfrüchte dicht stachelig. Wegränder, steinige Plätze. △ April–Juli. Mittelmeergebiet und Südosteuropa.

572. Echte Hundszunge, *Cynoglossum officinale* L., grauhaarige Pflanze, 30–80 cm; Bl. braunrot, 7–10 mm, Kronzipfel ausgebreitet; untere B. elliptisch, gestielt, obere B. lanzettlich, sitzend, alle B. graufilzig; Teilfrüchte stachelig, mit wulstigem Rand. Wegränder, steinige Plätze, Küstensand. △ Mai–Juli. Europa.

573. Pentaglottis sempervirens (L.) Tausch, rauhhaarige, borstliche Pflanze, 50–100 cm; Bl. leuchtend blau, mit weißer Mitte, 1 cm, in dichten beblätterten, verzweigten Bl.ständen; Kronröhre kürzer als die Zipfeln, Kelchzähne linealisch; B. oval, spitz; Teilfrüchte gerunzelt. Feuchte, schattige Plätze, Wälder. △ April–Juli. Westeuropa.

574. Italienische Ochsenzunge, *Anchusa azurea* Miller, Pflanze 60–120 cm, dickstengelig, mit abstehenden Borsthaaren; Bl. himmelblau, $1^1/_2$–2 cm, Kronröhre so lang wie die Kronzipfel, Kelch bis zum Grund in lineal-lanzettliche Zipfeln zerteilt; B. dick, rauh, lanzettlich, untere gestielt, obere sitzend. Äcker, Wegränder. △ Mai–August. Süd- und Südosteuropa.

575. Gewöhnliche Ochsenzunge, *Anchusa officinalis* L., Pflanze 30–60 cm, mit weichen, abstehenden Haaren; Bl. dunkelviolett, 1 cm; Bl.stand reichblütig; Bl.stiele kürzer als die lanzettlichen Tragb.; B. länglich-lanzettlich, die unteren in den Stiel verschmälert, die oberen mit gerundetem Grund sitzend. Äcker, Wegränder. △ Juni–August. Europa.

576. Garten-Borretsch, Gurkenkraut, *Borago officinalis* L., borstlich behaarte Pflanze, 20–60 cm; Bl. blau, mit weit vorragenden, schwarzpurpurnen Staubbeuteln; Krone 2–$2^1/_2$ cm, Zipfeln weit ausgebreitet; B. 10–20 cm, oval, Rand oft wellig, untere B. gestielt, obere B. stengelumfassend. Schutt, Wegränder, häufig angebaut und verwildert. △ April–September. Südeuropa, sonst eingebürgert.

577. Trachystemon orientale (L.) G.Don., ähnlich 576, aber Bl. bläulich violett, in verzweigten, fast tragb.losen Bl.ständen; Krone $1^1/_2$ cm, Zipfeln linealisch, zurückgerollt; B. groß, 30 cm, ei-herzförmig, gestielt. Wälder. △ April–Mai. Südosteuropa, sonst eingebürgert.

578. Färber-Alkanna, *Alkanna tinctoria* (L.) Tausch, rauhhaarige, am Grund verholzte Pflanze, 6–30 cm; Bl. leuchtend blau, $^1/_2$ cm, in gabeligen Bl.ständen; Krone etwa so lang wie der Kelch; B. lanzettlich, sitzend, grauhaarig, rauh; Wurzel mit roter Rinde. Ödland, Küstensand. △ April–Juni. Süd- und Südosteuropa.

579. Alpen-Vergißmeinnicht, *Myosotis alpestris* Schmidt, Pflanze 10–25 cm; Bl. blau, 4–10 mm; Kronzipfel rundlich, Kelch dicht abstehend behaart; B. länglich-lanzettlich, wollhaarig, die unteren gestielt, die oberen sitzend. Gebirgswiesen. △ April–September. Gebirge Europas.

580. Sumpf-Vergißmeinnicht, *Myosotis scorpioides* L., Pflanze 20–40 cm; Bl. blau, kurzgestielt; Kronzipfel ausgerandet, Kelch glockenförmig, mit 3eckigen Kelchzipfeln; B. länglich, sitzend, fast kahl oder angedrückt behaart. Sümpfe, feuchte Wiesen, Ufer. △ Mai–September. Europa.

581. Pferdezunge, *Mertensia maritima* (L.) S. F. Gray, niederliegende, fleischige, blaugrüne Pflanze, bis 60 cm, mit beblätterten Bl.ständen mit roten, dann blauen Bl.; Kronröhre walzlich, Zipfeln stumpf, nicht ausgebreitet; B. oval, 2–6 cm, 2zeilig, obere sitzend. Meeresstrand. △ Juni–August. Nordeuropa.

582. Pulmonaria longifolia (Bast.) Boreau, Pflanze 20–30 cm; Bl. blau, 5–6 mm, Staubb. vorragend; Grundb. lanzettlich, allmählich in den geflügelten B.stiel verschmälert, B.spreite rauh; Stengel mit abstehenden Haaren und Drüsenhaaren. Wälder. △ April–Mai. Mittel- und Südeuropa. (Ähnlich ist das **Echte Lungenkraut,** *P. officinalis* L., aber Bl. 10 mm, rosarot, dann blau; B. oval, mit herzförmigem Grund, plötzlich in den Stiel verschmälert).

583. Himmelsherold, *Eritrichum nanum* (Vill.) Schrad., Polsterpflanze, 2–10 cm, mit weicher, seidig behaarter B.rosette und leuchtend himmelblauen Bl., 6–8 mm; Kelch dicht behaart; B. länglich-lanzettlich. Felsen, Ruhschutt im Hochgebirge. △ Juli–August. Alpen, Pyrenäen.

584. Blauer Natternkopf, *Echium vulgare* L., steif borstlich behaarte Pflanze, 50–90 cm; Bl. blau, in schmalen, pyramidenförmigen Bl.ständen; Bl.knospen rot; Staubb. hervorragend; Rosettenb. lanzettlich, bis 15 cm, gestielt, Stengelb. sitzend, sehr rauh. Wegränder, Schuttplätze. △ Mai–August. Europa.

585. Echium italicum L., graue, stechend behaarte Pflanze, 50–80 cm; Bl. fleischfarben oder bläulich, manchmal gelb und rot gestreift; Krone 1–1 $^1/_2$ cm, außen behaart; Staubb. violett, viel länger als die Krone; Grundb. bis 20 cm, schmal-lanzettlich, in dichter Rosette, obere B. linealisch, dicht borstlich, weiß behaart. Trockne, steinige Plätze, Sand. △ April–August. Süd- und Südosteuropa.

586. Violetter Natternkopf, *Echium lycopsis* L., Pflanze 30–60 cm; ähnlich 584, aber B. weich behaart, Rosettenb. eiförmig, gestielt, obere B. mit herzförmigem Grund halbstengelumfassend; Bl. 2 $^1/_2$–3 cm, anfangs rötlichpurpurn. Trockne, sandige Plätze. △ April–Juli. Südeuropa.

587. Lithospermum diffusum Lag., niederliegender Zwergstrauch, bis 50 cm; Bl. leuchtend blau, 1 cm; Kronröhre dicht seidenhaarig, 3mal so lang wie der Kelch; B. schmal-elliptisch, stumpf, angedrückt behaart, mit eingerolltem Rand, 1 cm. Heiden. △ Mai–Juli. Südwesteuropa.

588. Blauer Steinsame, *Lithospermum purpureo-caeruleum* L., Pflanze 30–60 cm, mit dickem, kriechendem Wurzelstock; Bl. anfangs purpurn, dann leuchtend blau; Krone 1 $^1/_2$–2 cm, trichterförmig, außen behaart; B. rauhhaarig, schmal-lanzettlich, dunkelgrün, unten heller. Wälder, Hecken. △ April–Juni. Mittel- und Südeuropa.

589. Echter Steinsame, *Lithospermum officinale* L., Pflanze reich verzweigt, 30–100 cm; Bl. cremfarben, 3–4 mm; B. weichhaarig, lanzettlich, sitzend, mit deutlichen Seitennerven, bis 7 cm. Waldränder, Gebüsche. △ Mai–Juli. Europa.

590. Natternkopfartige Lotwurz, *Onosma echioides* L., steife, stark borstlich behaarte Pflanze, 20–40 cm; Bl. hellgelb, hängend; Krone röhrenförmig, 2 cm lang, mit kurzen spreizenden Zipfeln; B. linealisch, dicht mit gelben Borsthaaren besetzt. Sandige Trockenhänge, Felsen. △ Mai–Juni. Mittel- und Südeuropa.

591. Große Wachsblume, *Cerinthe major* L., kahle, blaugrüne Pflanze, 20–50 cm; Bl. nickend, gelb, oft am Grund bräunlich gefärbt, zylindrisch, 2–3 cm; Kronzipfel häufig rot, sehr kurz, zurückgekrümmt; B. verkehrt-herzförmig, stengelumfassend, oft weiß gefleckt, am Rand mit feinen Borsthaaren. Wegränder, Kulturland, steinige Plätze. △ Februar–Juni. Hauptsächlich Südeuropa.

592. Kleine Wachsblume, *Cerinthe minor* L., blaugrüne, breifte Pflanze 20–50 cm; Bl. hängend, gelblich; Krone 1–1 $^1/_2$ cm, oft purpurn gefleckt, fast bis zur Mitte in 5 schmale, spitze, zusammenneigende Zipfeln zerteilt; B. länglich-oval, stengelumfassend, oft weiß gefleckt, die untersten gestielt. Kulturland, Weiden, Wegränder. △ Mai–August. Mittel- und Südosteuropa.

CALLITRICHACEAE | Wassersterngewächse

593. Teich-Wasserstern, *Callitriche stagnalis* Scop., Pflanze 5–25 cm; Bl. unscheinbar, sehr klein, ohne Bl.hülle; untere B. elliptisch oder spatelig, Schwimmb. rosettig, mit breit-elliptischer oder fast kreisrunder Spreite, plötzlich in den Stiel verschmälert; Stengel fadenförmig. Stehende oder fließende Gewässer. △ April–Oktober. Europa.

VERBENACEAE | Eisenkrautgewächse

594. Mönchspfeffer, *Vitex agnus-castus* L., aromatisch riechender Strauch, 1–3 m, mit weißfilzigen Zweigen; B. handförmig geteilt, langgestielt, mit 5–7 lanzettlichen, oben grünen, unten weißfilzigen Abschnitten; Bl. meist hellila, in langen, ährenartigen Bl.ständen; Krone 6–9 mm, meist 2lippig, außen behaart. Feuchte Stellen in Küstennähe und an Ufern. △ Juni–September. Südeuropa.

LABIATAE (LAMIACEAE) | Lippenblütler

595. Heide-Günsel, *Ajuga genevensis* L., Pflanze 10–40 cm; ähnlich 598, aber Ausläufer fehlend und Stengel ringsum zottig behaart; Bl. blau, in verlängerter Scheinähre, obere Deckb. bläulich, kürzer als die Bl.; Grundb. 5–12 cm, gestielt, vor der Bl.zeit absterbend; Stengelb. kurzgestielt. Trockne Wiesen, Wälder, Geröll. △ Mai–August. Mittel- und Südeuropa.

596. Pyramiden-Günsel, *Ajuga pyramidalis* L., Pflanze 5–20 cm; leicht kenntlich an dicht kreuzweis gegenständig beblätterten, pyramidenförmigen Stengeln mit breit-eiförmigen, dachigen, blauen oder violetten Deckb., diese 2mal so lang wie die kleinen, blauvioletten Bl.; B. nach unten an Größe zunehmend. Bergwiesen. △ April–August. Gebirge Europas.

597. Acker-Günsel, *Ajuga chamaepitys* (L.) Schreb., Pflanze 5–20 cm, beim Zerreiben nach Kiefernharz riechend; Bl. leuchtend gelb, 5–12 mm; Kelch behaart, B. 2–4 cm, gestielt, meist bis zum Grund in 3 linealische, drüsig-klebrige Lappen geteilt. Wegränder, Äcker. △ Mai–August. Mittel- und Südeuropa.

598. Kriechender Günsel, *Ajuga reptans* L., Pflanze 10–30 cm, mit oberirdischen Ausläufern; Bl. $1^1/_2$–2 cm, blau; Bl.stand dicht, zylindrisch; obere Deckb. eiförmig, häufig bläulich überlaufen, kürzer als die Bl.; B. ei-länglich, ganzrandig oder gezähnt, Grundb. rosettig; Stengel 2zeilig behaart. Feuchte Plätze, Wiesen, Wälder. △ April–Juli. Europa.

599. Edel-Gamander, *Teucrium chamaedrys* L., niederliegende, am Grund verholzte Pflanze, 10–30 cm; Bl. rotviolett, 1seitswendig in den Achseln der oberen B.; Krone $1^1/_2$ cm, 2mal so lang wie der abstehend behaarte Kelch; B. breit-eiförmig, mit großen, gerundeten Zähnen. Trockne Plätze, lichte Wälder. △ Mai–September. Mittel- und Südeuropa.

600. Berg-Gamander, *Teucrium montanum* L., Spalierstrauch 5–25 cm, mit stark verzweigten Ästen; Bl. hellgelb, 12–15 mm, in halbkugeligen Köpfen; Kelch kahl; B. 1–2 cm, lineal-lanzettlich, oben grünlich, unten weißfilzig, Rand umgerollt. Felsen, Gerölle, Trockenhänge. △ Mai–August. Gebirge Mittel- und Südosteuropas.

601. Teucrium fruticans L., immergrüner Strauch, 1–$1^1/_2$ m, mit weißfilzigen Stengeln; Bl. hellblau oder lila, langgestielt, zu 1–2 in den oberen B.achseln; Kelch weißfilzig, glockenförmig; B. 2–4 cm, lanzettlich, Rand umgerollt, oben glänzend dunkelgrün, unten weißfilzig. Felsen, bewaldete Hänge, Küstennähe. △ Februar–Juni. Südwesteuropa.

602. Teucrium pseudochamaepitys L., strauchige Pflanze, 20–50 cm; Bl. weiß oder rosarot, zu 2 im Quirl, einen lockeren, 1seitswendigen Bl.stand bildend; Staubb. lang hervorragend, Kelch drüsenhaarig; Tragb. 3lappig; B. in 3–5 linealische Abschnitte zerteilt. Trockenhänge. △ April–September. Südwesteuropa.

603. Rosmarin, *Rosmarinus officinalis* L., reich verzweigter, immergrüner Strauch, 1–3 m; Bl. an den Zweigenden hellila; Krone 2lippig, Oberlippe 2lappig, Unterlippe 3lappig; B. 1–3 cm, linealisch, Rand umgerollt, unterseits weiß behaart. Trockne, buschige Hänge, Felsen; oft angebaut und verwildert. △ Ganzjährig. Südeuropa.

604. Prasium majus L., zierlicher Halbstrauch, $^1/_2$–1 m; Bl. weiß oder rot; Krone 2lippig, mit gekrümmter Oberlippe; Kelch glockenförmig, 10nervig, mit dornigen Zähnen; B. $1^1/_2$–3 cm, oval-herzförmig, stark gezähnt, gestielt, glänzend; Frucht etwas fleischig, schwarz. Felsen, buschige Plätze. △ April–Juni. Südeuropa.

605. Alpen-Helmkraut, *Scutellaria alpina* L., Pflanze 10–30 cm, mit vielen, beblätterten Stengeln und großen, 4seitigen Scheinähren mit blauvioletten oder purpurnen Bl.; Krone 2–$2^1/_2$ cm, Unterlippe weiß; Tragb. viel länger als der drüsenhaarige Kelch; B. 2 cm, sitzend, grob gezähnt. Felsen und Gerölle im Gebirge. △ Juni–August. Alpen, Südeuropa.

606. Scutellaria orientalis L., ähnlich 605, aber B. gestielt, unterseits angedrückt silbrig behaart; Bl. gelb, Unterlippe der Krone rötlich werdend. Felsen, Geröll. △ Juni–August. Südosteuropa und Spanien.

607. Kappen-Helmkraut, *Scutellaria galericulata* L., Pflanze 20–100 cm; Bl. blauviolett, paarweise in den Achseln der oberen B.; Tragb. länger als die Bl.; B. kurzgestielt, 3–4cm, länglich-lanzettlich, jederseits mit 4–8 rundlichen Zähnen. Sümpfe, Ufer. △ Juni–September. Europa.

608. Schopf-Lavendel, *Lavandula stoechas* L., strauchige Pflanze 30–80 cm, mit dichten 4seitigen Scheinähren, an deren Spitzen ein Schopf aus hellpurpurnen Hochb.; Krone dunkelviolett, wenig länger als der stark behaarte Kelch; B. linealisch, Rand umgerollt, beiderseits weißfilzig. Trockne, steinige Plätze. △ April–Juni. Südeuropa.

609. Echte Katzenminze, *Nepeta cataria* L., herb-aromatisch riechende Pflanze, 40–100 cm, mit kurzen, rundlichen Scheinähren und weißen, purpurn gefleckten Bl.; Kelch und Krone behaart, Kelchzähne lanzettlich, spitz; B. 3–7 cm, ei-herzförmig, stark gesägt, unten graufilzig, gestielt. Schutt, Felsen, Wegränder; oft als Zierpflanze gebaut und verwildert. △ Juni–September. Europa.

610. Efeu-Gundermann, *Glechoma hederacea* L., Pflanze 5–30 cm, mit kriechenden, an den Knoten wurzelnden Stengeln; Bl. violett, an der Unterlippe purpurn gefleckt, zu 2–10 im Quirl in den obersten B.paaren. Wiesen, Hecken, Mauern, Wälder. △ März–Mai. Europa.

611. Felsen-Gliedkraut, *Sideritis hyssopifolia* L., reich verzweigter Halbstrauch, 10–40 cm; Bl. hellgelb, etwa 2 cm, in kurzen, dichten Scheinähren; Tragb. dornig gezähnt; Kelchzähne dornig; B. elliptisch bis linealisch, 3nervig, gezähnt oder ganzrandig. Felsen. △ Juli–August. Alpen, Pyrenäen, Gebirge Spaniens.

612. Melissen-Immenblatt, *Melittis melissophyllum* L., weichhaarige Pflanze, 20–50 cm, mit 2–6blütigen Quirlen aus großen roten oder weißen und rot gefleckten Bl.; Krone 3–4 cm, Kelch glockenförmig, 10nervig; B. 5–8 cm, oval spitz, grob rundlich gezähnt, gestielt. Wälder, Hecken. △ Mai–Juli. Mittel- und Südeuropa.

613. Gemeiner Andorn, *Marrubium vulgare* L., eigentümlich riechende Pflanze, 30–80 cm, mit weißwolligen Stengeln und vielen kugeligen, dichten Quirlen mit unscheinbaren, weißen Bl., insgesamt eine lange, unterbrochene, beblätterte Scheinähre bildend; B. 2–5 cm, fast kreisrund oder breit-herzförmig, stark gesägt, gestielt, oben runzelig, unten weißwollig. Schutt, Trockenhänge. △ Mai–September. Europa.

614. Phlomis lychnitis L., kleiner Strauch, 20–50 cm, mit weißfilzigen Stengeln und B.; Bl. gelb, zu 6–10 im Scheinquirl, einen langen, unterbrochenen Bl.stand bildend; Tragb. breit-eiförmig, mit stechender Spitze; B. lineal-lanzettlich. Trockne Plätze. △ Mai–Juli. Südwesteuropa.

615. Phlomis tuberosa L., Pflanze 30–60 cm; Bl. rot, in zahlreichen, oben gedrängten unten entfernt gestellten Scheinquirlen; Kelchzähne rauh bewimpert; B. 3eckig-herzförmig, stark gezähnt, fast kahl. Buschige Hänge, Heiden. △ Juni–Juli. Südosteuropa.

616. Phlomis fruticosa L., strauchige, weißfilzige Pflanze, bis $1^1/_2$ m; Bl. orangegelb, zu 20–30 in Scheinquirlen; Kelch dicht sternhaarig, Kelchzähne gekrümmt; B. ei-länglich, fein grauwollig. Felsen. △ Mai–Juni. Südeuropa.

617. Weiße Braunelle, *Prunella laciniata* L., Pflanze 5–30 cm; Bl. gelblichweiß, selten violett überlaufen; obere B. tief fiederspaltig mit linealischen Zipfeln, untere B. ungeteilt; Stengel an den Kanten dicht behaart. Trockne Wiesen, lichte Wälder, Felsen. △ Juni–Oktober. Mittel- und Südeuropa.

618. Große Braunelle, *Prunella grandiflora* (L.) Jacq., Pflanze 10–30 cm; Bl. $2–2^1/_2$ cm, violettblau, in gestielten, kopfigen Scheinähren; Tragb. oft purpurn überlaufen; B. 3–5 cm oval bis länglich. Steinige Böden, Waldränder. △ Juni–Oktober. Mittel- und Südeuropa.

619. Bunter Hohlzahn, *Galeopsis speciosa* Miller, Pflanze 10–100 cm, von 620 durch die größeren, $2–4^1/_2$ cm, hellschwefelgelben Bl. mit violettem Mittelzipfel der Unterlippe unterschieden; Äcker, Schutt. △ Juli–Oktober. Europa.

620. Stechender Hohlzahn, *Galeopsis tetrahit* L., Pflanze 10–100 cm; Bl. rot oder weiß, in armblütigen Scheinquirlen; Krone 1–2 cm, Unterlippe purpurn gefleckt; B. gestielt, 3–10 cm, ei-lanzettlich, gezähnt; Stengel mit abstehenden Drüsen- und Borsthaaren. Kulturland, Heiden. △ Juli–Oktober. Europa.

621. Lamium orvala L., Pflanze 30–60 cm; Bl. $2^1/_2$–3 cm, rot; Oberlippe der Krone am Rand dicht gewimpert, Kelchzähne gekrümmt, länger als die Kelchröhre; B. groß, grob und unregelmäßig gezähnt. Gebüsche, Waldränder. △ Mai–Juni. Südeuropa.

622. Gefleckte Taubnessel, *Lamium maculatum* L., Pflanze 30–80 cm; Bl. 2–3 cm, purpurn, selten weiß; Kronröhre aufwärtsgebogen, Oberlippe am Rand kurz behaart; B. 3eckig-herzförmig, grob gezähnt, oft weiß gefleckt. Hecken, Wälder, Schutt. △ April–Oktober. Mittel- und Südeuropa.

623. Stengelumfassende Taubnessel, *Lamium amplexicaule* L., Pflanze 5–25 cm; kenntlich an den nierenförmigen, stark gesägten, stengelumfassenden Tragb. mit purpurnen Bl.quirlen, diese entfernt gestellt; B. 1–3 cm, rundlich oder herzförmig, langgestielt, mit rundlichen Zähnen. Kultur- und Ödland, Wegränder. △ März–Oktober. Europa.

624. Goldnessel, *Galeobdolon luteum* Pflanze 20–60 cm, mit langen, oberirdischen Ausläufern; Bl. leuchtend gelb; Krone 2 cm, Unterlippe mit bräunlichen Zeichnungen; B. 4–7 cm, eiförmig, spitz, unregelmäßig gezähnt, gestielt. Wälder, Gebüsche. △ April–Juni. Europa.

625. Echtes Herzgespann, *Leonurus cardiaca* L., Pflanze 60–120 cm; Bl. rot oder weiß, in kleinen, kugeligen, reichblütigen Scheinquirlen, einen ährenartigen, beblätterten, unterbrochenen Bl.stand bildend; Krone 12 mm, außen behaart, Kelchzähne dornig; B. gestielt, die oberen lanzettlich, 3lappig, die unteren handförmig 3–7teilig, oben grün, unten weißhaarig. Hecken, Schuttplätze. △ Juni–September. Europa.

626. Sumpf-Ziest, *Stachys palustris* L., Pflanze 50–100 cm; Bl. trüb rotviolett, in fast b.losen, ährenförmigen Bl.ständen; Scheinquirle 4–8blütig; Krone 1–$1^1/_2$ cm, außen behaart, doppelt so lang wie der Kelch, Kelchzähne lanzettlich; B. 5–12 cm, lanzettlich, die unteren kurzgestielt, die oberen sitzend. Ufer, Sümpfe. △ Juni–September. Europa.

627. Woll-Ziest, *Stachys germanica* L., weißwollig-filzige Pflanze 30–40 cm, mit zahlreichen Scheinquirlen aus hellvioletten Bl., eine lange, wollige Scheinähre bildend; Krone außen dicht behaart, 2mal so lang wie der seidenhaarige Kelch; B. 5–12 cm, länglich-elliptisch, gezähnt, weißwollig. Wegränder, Ödland. △ Juni–September. Mittel- und Südeuropa.

628. Berg-Ziest, *Stachys recta* L., Pflanze am Grund verholzt, 20–60 cm; Bl. gelblichweiß, in langen, dünnen Scheinähren; Krone $1^1/_2$ cm, Kelchzähne 3eckig, mit Stachelspitze; untere B. elliptisch, gestielt, obere B. lanzettlich, sitzend, alle B. gezähnt, grün. Felsen, Trockenhänge. △ Juni–September. Mittel- und Südeuropa.

629. Schwarznessel, Gottvergess, *Ballota nigra* L., stinkende Pflanze, 40–100 cm, mit zahlreichen Scheinquirlen aus rötlichpurpurnen Bl.; Krone 1–2 cm, außen behaart; Kelchzähne spitz, zur Reife zurückgekrümmt; B. 2–5 cm, oval, gestielt, grob kerbig gesägt. Hecken, Wegränder. △ Mai–September. Europa.

630. Klebrige Salbei, *Salvia glutinosa* L., Pflanze drüsig-klebrig, 30–80 cm; Bl. hellgelb, in 2–6blütigen Scheinquirlen; Krone 3–4 cm, Oberlippe helmartig; B. groß, oval, lang zugespitzt, am Grund mit breiten, abstehenden Lappen, grob gesägt, gestielt. Wälder, Waldränder. △ Juni–September. Europa.

631. Salvia argentea L., ähnlich 633, aber Bl.stand oben drüsenhaarig; Tragb. nur halb so lang wie der Kelch; Krone $1^1/_2$ cm, rosarot oder weiß; B. zottig, spinnwebig behaart. Hecken, buschige Hänge. △ April–Juni. Südeuropa.

632. Salvia triloba L. fil., aromatisch riechende Pflanze, 20–70 cm; Bl. hellviolett, in 3–6blütigen Scheinquirlen; B. ei-länglich, bis lanzettlich, am Grund mit 2 kleinen, seitlichen Lappen; Stengel und Kelch drüsenhaarig. Steinige Trockenhänge. △ Februar–September. Italien und Griechenland.

633. Muskateller-Salbei, *Salvia scalarea* L., klebrige Pflanze, 30–120 cm; Bl.stand lang, verzweigt, aus zahlreichen Scheinquirlen mit weißlichen, violett überlaufenen Bl. und violetten oder roten, häutigen Tragb.; Kelch drüsenhaarig, Kelchzähne mit langen, stechenden Grannen; B. grauhaarig, runzelig, 7–18 cm, ei-herzförmig, unregelmäßig gelappt oder gezähnt. Trockenhänge, Felsen. △ Mai–September. Südeuropa.

634. Wiesen-Salbei, *Salvia pratensis* L., Pflanze 30–80 cm; Bl. blauviolett, in langen, oft verzweigten, klebrigen Scheinähren; Krone $1^1/_2$–$2^1/_2$ cm, 3mal so lang wie der Kelch; B. runzelig, ei-herzförmig, doppelt gesägt oder gelappt. Wegränder, Wiesen. △ Mai–Juli. Europa.

635. Scharlach-Salbei, *Salvia horminium* L., Pflanze 10–40 cm; Bl. rosarot, in langer Scheinähre, an deren Spitze auffällige, violett oder rosa gefärbte Hochb.; Kelch drüsenhaarig, sich zur Reife vergrößernd; Tragb. breit-herzförmig, oft gefärbt; B. 1–3 cm, ei-länglich, fein gesägt, runzelig. Steinige, trockne Plätze. △ April–Juni. Südeuropa.

636. Drachenmaul, *Horminum pyrenaicum* L., kräftige Rosettenpflanze, 10–30 cm, mit vielen Scheinquirlen aus blauvioletten Bl. in langen, 1seitswendigen Scheinähren; Grundb. 3–5 cm, oval, rundlich gezähnt, langgestielt, runzelig. Trockne Alpenmatten, lichte Wälder. △ Juni–August. Alpen, Pyrenäen.

637. Echte Kölme, *Calamintha nepeta* (L.) Savi, Pflanze 40–80 cm; Bl. hellviolett oder weiß, in 3–15blütigen Scheinquirlen; Gesamtbl.stand ährenartig; Krone 1 cm; B. 1–2 cm, oval, grob gezähnt, grauhaarig. Steinige Hänge, Gebüsche. △ Juli–Oktober. Mittel- und Südeuropa.

638. Großblütige Kölme, *Calamintha grandiflora* (L.) Moench, Pflanze 20–50 cm; Bl. rötlichpurpurn, $2^1/_2$–4 cm, in armblütigen Scheinquirlen; Gesamtbl.stand locker; Kelchzähne pfriemlich, gewimpert; B. 4–7 cm, oval, grob gezähnt, gestielt, unten spärlich behaart. Gebirgswälder. △ Juni–September. Südeuropa, Alpen.

639. Alpenquendel, *Acinos alpinus* (L.) Moench, niederliegende bis aufsteigende Pflanze, 10–30 cm; Bl. violett, zu 3–6 in Scheinquirlen; B. eiförmig, kurzgestielt, gegen die Spitze gesägt. Steinige Magerrasen und Gerölle im Hochgebirge. △ Juli–September. Gebirge von Mittel- und Südeuropa.

640. Wirbeldost, *Clinopodium vulgare* L., weichhaarige Pflanze, 30–80 cm; Bl. rotviolett, in dichten, reichblütigen Scheinquirlen; Krone $1^1/_2$–2 cm, Kronröhre länger als der Kelch; B. 2–5 cm, länglich oval, schwach gesägt, weichhaarig, gestielt. Gebüsche, Wegränder, Waldränder. △ Juli–September. Europa.

641. Echter Ysop, *Hyssopus officinalis* L., aromatisch riechender Halbstrauch, 20–60 cm; Bl. blau oder violett, in dichter, unten unterbrochener Ähre; Krone 10–12 mm, Staubb. lang herausragend; B. $1^1/_2$–$2^1/_2$ cm, länglich-lanzettlich, kahl, drüsig, an den Knoten gehäuft. Trockenhänge, Felsen. △ Juni–September. Südeuropa, sonst eingebürgert und kultiviert.

642. Wilder Dost, *Origanum vulgare* L., herb aromatisch riechende Pflanze, 30–80 cm; Bl. rosapurpurn oder weißlich, in dichten, end- und achselständigen Bl.ständen, Gesamtbl.stand trugdoldig; Krone 6–8 mm; B. 2–4 cm, oval, oft schwach gezähnt, gestielt. Trockne Wiesen, Waldränder. △ Juli–September. Europa.

643. Echter Thymian, *Thymus vulgaris* L., stark aromatischer, Zwergstrauch, 10–30 cm; Bl. lila oder weißlich, Krone 4–6 mm, außen behaart, Kelch 3–5 mm, steifhaarig; B. 5–9 mm, lineal-lanzettlich, stumpf, unten weißfilzig, Rand umgerollt. Trockenhänge, Felsen; im Süden häufig kultiviert. △ April–Juli. Südeuropa.

644. Sand-Thymian, *Thymus serpyllum* L., schwach aromatische, rasenbildende Pflanze mit kriechenden, wurzelnden Ästen und aufsteigenden Stengeln mit rundlichen Bl.ständen aus rotvioletten Bl., 3–6 mm; Kelchzähne gewimpert; B. 4–6 mm, verkehrt-eiförmig, drüsig gewimpert, sonst kahl; Bl.stengel undeutlich 4kantig, ringsum behaart. Sehr variable Art mit vielen Kleinarten. Trockne, steinige Grashänge. △ April–September. Europa.

645. Roß-Minze, *Mentha longifolia* (L.) Hudson, kräftig riechende Pflanze, 30–100 cm; Bl. rosarot oder lila, in 3–10 cm langer, zylindrischer, spitzer Scheinähre; Krone 5 mm, außen behaart; Kelch und Bl.stiele dicht behaart; B. gestielt, lanzettlich oder elliptisch, gezähnt, silbrig behaart, 3–8 cm. Feuchte Äcker, Ufer. △ Juli–September. Europa.

646. Wasser-Minze, *Mentha aquatica* L., stark nach Pfefferminz riechende Pflanze, 30–80 cm; Bl. lila, in dichten, kugeligen Bl.ständen; Staubb. lang herausragend; B. 2–6 cm, oval, gezähnt, gestielt, meist beiderseits behaart. Ufer, Sümpfe, nasse Stellen. △ Juli–September. Europa.

647. Polei-Minze, *Mentha pulegium* L., kräftig riechende Pflanze, 10–50 cm, mit vielen entfernt gestellten Scheinquirlen aus lilafarbenen Bl; Krone außen behaart; B. grauhaarig, oval oder länglich, 1–2 cm, kurzgestielt, obere B. kürzer als die Scheinquirle. Feuchte Wiesen. △ Juli–Oktober. Mittel- und Südeuropa.

648. Ufer-Wolfstrapp, *Lycopus europaeus* L., Pflanze unverzweigt, 30–100 cm, mit kleinen, dichten Scheinquirlen aus weißlichen Bl. in den Achseln der oberen B.; Krone 3 mm weiß, Kelch behaart, Zähne länger als die Kelchröhre; B. bis 10 cm, elliptisch bis lanzettlich, buchtig gezähnt oder fiederteilig, mit schmalen, 3eckigen Lappen. Ufer, schlammige, vernäßte Stellen, Überschwemmungszonen. △ Juli–September. Europa.

SOLANACEAE | Nachtschattengewächse

649. Krainer Tollkraut, *Scopolia carniolica* Jacq., Pflanze 30–60 cm; Bl. einzeln, bräunlichpurpurn oder gelblich, innen olivgrün, nickend, achselständig, kurzgestielt; Krone 2 cm, Kelch kurz 5zipfelig; B. 8–10 cm, elliptisch oder verkehrt-eiförmig, langspitzig, ganzrandig; Stengel am Grund mit schuppenartigen Niederb. Wälder. △ April–Juni. Mitteleuropa.

650. Schwarzes Bilsenkraut, *Hyoscyamus niger* L., stinkende, klebrige Pflanze, 20–80 cm; Bl. schmutziggelb, mit violetten Netzadern, in 1seitswendigen, beblätterten Bl.ständen; Krone 2–3 cm; Kelch mit 3eckigen, stechend zugespitzten Zähnen; B. 15–20 cm, länglich, ganzrandig oder mit wenigen, groben Zähnen. Schutt, Wegränder, Sandstrand. △ Mai–September. Europa. Sehr giftig.

651. Weißes Bilsenkraut, *Hyoscyamus albus* L., ähnlich 650, aber Krone hellgelb, ohne dunkle Netzadern, Kronschlund grünlich oder violett; B. oval, grob gelappt. Schuttplätze, Mauern. △ April–September. Südeuropa. Giftig.

652. Hyoscyamus aureus L., ähnlich 650, aber Krone leuchtend goldgelb, Schlund violett; B. gestielt, oval oder rundlich, mit herzförmigem Grund und spitzen Lappen. Schuttplätze, Mauern. △ März–Juli. Griechenland.

653. Schwarze Tollkirsche, *Atropa bella-donna* L., Pflanze 100–150 cm; Bl. braunpurpurn oder grünlich, nickend, kurzgestielt; Krone 2–3 cm, glockenförmig; B. eiförmig spitz, in den B.stiel verschmälert, bis 20 cm; Frucht kugelig, 1–2 cm, schwarz, äußerst giftig. Waldränder, Kahlschläge. △ Juni–September. Mittel- und Südeuropa.

654. Datura metel L., ähnlich 655, aber Bl. viel größer, 15–20 cm, weiß, oft rötlich überlaufen; Frucht hängend, stachelig; B. ganzrandig oder seicht gelappt; Pflanze dicht grauhaarig, bis $1^1/_2$ m. Schutt, Kulturland. △ Juli–Oktober. Herkunft Indien, im Mittelmeergebiet eingebürgert. Sehr giftig.

655. Gemeiner Stechapfel, *Datura stramonium* L., Pflanze 40–100 cm; Bl. weiß, aufrecht, einzeln, achselständig, kurzgestielt; Krone 6–8 cm, Kelch hellgrün, 5kantig; B. eiförmig, spitz, gelappt oder scharf gesägt, bis 20 cm; Frucht grün, stachelig, 4–5 cm. Schutt, Flußsand, Kulturland. △ Juli–Oktober. Europa. Stark giftig.

656. Alraune, *Mandragora officinarum* L., Pflanze mit dicker, verzweigter Pfahlwurzel und großer B.rosette; Bl. violett, glockenförmig, kurzgestielt; Krone 3–4 cm, tief 5teilig; Herbstb. bis 40 cm, breitlanzettlich, gestielt, dunkelgrün, runzelig, Frühjahrsb. kleiner, stumpf; Frucht eine gelbe oder orangerote Beere. Steinige Plätze, Ödland. △ Frühjahr und Herbst. Südeuropa.

657. Solanum sodomeum L., reich verzweigter Strauch, $^1/_2$–1 m, mit steifen, gelben Stacheln; Bl. violett, 2–3 cm, gestielt, Kelch und Bl.stiele mit langen Stacheln; B. tief gelappt. Frucht kugelig, gelb, glänzend, 2–3 cm. Schutt, Wegränder. △ Mai–August. Südeuropa.

658. Bittersüßer Nachtschatten, *Solanum dulcamara* L., rankende, strauchige Pflanze, 30–200 cm; Bl. violett, 1–2 cm, Kronlappen ausgebreitet, Staubbeutel leuchtend gelb; B. oval, gestielt, bis 8 cm, die oberen ganzrandig, die unteren oft tief gelappt; Frucht rot, 1 cm. Wälder, Hecken, Dünen. △ Juni–September. Europa. Beeren giftig.

659. Wilde Blasenkirsche, *Physalis alkekengi* L., Pflanze 20–60 cm; Bl. einzeln achselständig, schmutzigweiß, nickend, kurzgestielt; Krone breit-trichterförmig, 1–2 cm, Kronzipfeln 3eckig, spreizend; Kelch glockig, zur Reife blasig aufgetrieben, eine rote Beere umhüllend; B. eiförmig, spitz, paarweise, 8–10 cm, gestielt. Felder, Weingärten. △ Mai–Oktober. Mittel- und Südeuropa.

660. Nicotiana glauca Graham, kahler Strauch, 2–3 m; Bl. gelb, schmal-trichterig; Krone 3–4 cm, mit 5kurzen, stumpfen Zipfeln; B. blaugrün, ganzrandig, oval-elliptisch, spitz. Schutt, Felsen, Mauern. △ April–Oktober. Herkunft Südamerika; im Mittelmeergebiet eingebürgert.

661. Bauern-Tabak, *Nicotiana rustica* L., Pflanze 30–100 cm; Bl. grünlichgelb, in traubenähnlichen Rispen; Kronröhre 2 cm, 2–3mal so lang wie der Kelch; B. gestielt, ei-herzförmig, drüsenhaarig, glänzend. △ Juni–August. Herkunft Südamerika; manchmal in Südeuropa kultiviert.

662. Virginischer Tabak, *Nicotiana tabacum* L., ähnlich 661, aber Bl. rot oder purpurn; Krone 3–5 cm, 4–5mal so lang wie der Kelch; B. sitzend, B.spreite am Stengel herablaufend. △ Juli–August. Herkunft Südamerika; häufig in Südeuropa angebaut.

663. Blasen-Giftbeere, *Nicandra physalodes* (L.) Gaertner, stinkende Pflanze, 30–130 cm; Bl. blau oder violett, glockenförmig, einzeln, achselständig, nickend; Krone 3–4 cm, in der Mitte weiß, Kelch zur Reife stark aufgeblasen, die Frucht einhüllend; B. gestielt, eiförmig, spitz, unregelmäßig gezähnt oder buchtig gelappt. Schuttplätze, Wegränder, Äcker. △ Juni–Oktober. Herkunft Peru; in Mittel- und Südeuropa eingebürgert. Sehr giftig.

BUDDLEJACEAE

664. Spitzähriger Schmetterlingsstrauch, *Buddleja davidii* Franchet, Strauch bis 5 m; Bl. violett, in 10–50 cm langen, spitzen Rispen; Kronröhre zylindrisch, 1 cm, Schlund oft orange; B. 10–25 cm, langspitzig, gezähnt, unten weißhaarig; Zweige weißhaarig. Herkunft China; Zierstrauch. △ Juli – August.

SCROPHULARIACEAE | Braunwurzgewächse

665. Motten-Königskerze, *Verbascum blattaria* L., Pflanze bis 1 m; Bl. langgestielt, in drüsig behaarten, verlängerten Trauben; Krone 2–3 cm, gelb; Staubb. violettwollig; B. unregelmäßig grob gezähnt, glänzend, kahl. Wegränder, Ufer, Gebüsche. △ Juni – August. Mittel- und Südeuropa.

666. Verbascum creticum L., grauhaarige Pflanze, 50–100 cm; Bl. gelb, 4–5 cm; Bl.stand ährenförmig; obere 2 Kronb. dunkel gefleckt, Kelchb. oval, gezähnt, drüsenhaarig, Staubb. 4, violett, behaart; Stengel reich beblättert, obere B. oval, stengelumfassend, stark gezähnt, untere B. gestielt, tief gelappt. Sand, Trockenhänge. △ April – Juni. Südeuropa.

667. Schwarze Königskerze, *Verbascum nigrum* L., Pflanze 50–120 cm; Bl.stand verlängert; Bl. gelb am Grund purpurn gefleckt, zu 5–10 im Knäuel; Staubb. 5, nierenförmig, violettwollig; untere B. langgestielt, obere fast sitzend, alle B. dunkelgrün, unten heller, sternhaarig; Stengel oben kantig. Wegränder, Böschungen. △ Juli – September. Europa.

668. Großblumige Königskerze, *Verbascum thapsiforme* Schrader, Pflanze 20–200 cm; Bl. 3–5 cm; Krone ganz flach, leuchtend gelb; Bl.stand unten kurz verzweigt; B. gelbgrau wollig behaart, eiförmig, untere allmählich in den kurzen B.stiel verschmälert, obere herablaufend, gekerbt. Sandplätze, Wegränder. △ Juli – September. Mitteleuropa.

669. Verbascum undulatum Lam., Pflanze weißwollig, 30–120 cm; Bl. gelb, sitzend, 2–4 cm; Bl.stand ährenförmig, unterbrochen; untere B. tief gelappt, mit welligem Rand, obere B. oval, fast ganzrandig, stengelumfassend. Steinige Plätze, Gebüsche. △ Juni – Juli. Balkan-Halbinsel.

670. Violette Königskerze, *Verbascum phoeniceum* L., Pflanze 30–80 cm; Bl. violettrot, 2–3 cm, langgestielt, in langen Trauben; B. unterseits kurzhaarig. Waldränder, Gebüsche. △ Mai – Juli. Mittel- und Südeuropa.

671. Asarina procumbens Miller, kriechende Pflanze, 40–60 cm; Bl. weißlichgelb, rot gestreift, 3–4 cm, einzeln, achselständig; Kelch drüsenhaarig, Kelchzähne lanzettlich; B. nierenförmig, gestielt, klebrig, gegenständig. Felsspalten. △ April – September. Pyrenäen.

672. Garten-Löwenmaul, *Anthirrhinum majus* L., Pflanze 20–60 cm, am Grund verholzt; Stengel drüsenhaarig; Bl. gelb, selten rot, Schlundhöcker heller, 3–4 cm; Kelchzähne oval, drüsenhaarig; B. oval, oft fein behaart. Felsspalten. △ April–November. Südalpen und Gebirge Südeuropas.

673. Feld-Löwenmaul, *Anthirrhinum orontium* L., zierliche Pflanze, 20–50 cm; Bl. rotviolett mit gelbem Schlundhöcker, fast sitzend, 1–2 cm; B. lineal-lanzettlich, 3–5 cm. Kulturland, Sand. △ Juni – September. Europa.

674. Linaria dalmatica (L.) Miller, Pflanze 30–70 cm; Bl. gelb, Schlundhöcker orange, 2–4 cm; Bl.stiele länger als die Tragb.; B. oval bis breit-lanzettlich, mit herzförmigem Grund stengelumfassend. Steinige Hänge, Felsen, Gebüsche. △ Juni – Juli. Balkanhalbinsel.

675. Kriechendes Leinkraut, *Linaria repens* (L.) Miller, häufig blaugrüne Pflanze, 30–80 cm; Bl. blaßlila oder weißlich und violett gestreift; Krone 7–14 mm, Sporn kurz, gerade, stumpf, Schlundhökker hellgelb; B. linealisch, unten quirl-, oben wechselständig. Steinige Plätze. △ Juni – September. Mittel- und Südeuropa.

676. Alpen-Leinkraut, *Linaria alpina* (L.) Miller, niederliegende, weit ausgebreitete Pflanze, 10–30 cm; Bl. violett, meist mit roten Schlundhöckern, 2 cm; B. blaugrün, schwach fleischig, lineal-lanzettlich, in 3–5er Quirlen, obere B. wechselständig. Felsen, Gerölle, Flußschotter. △ Juni – September. Gebirge Mitteleuropas.

677. Linaria triornithophora (L.) Dilld., blaugrüne Pflanze, 30–100 cm; Bl. 2–4 cm, violettrot, Sporn länger als die Krone, spitz, gebogen, Schlundhöcker gelb; B. ei-lanzettlich, 3nervig, quirlständig. Felsen, Gerölle. △ Juni – Juli. Portugal und Spanien.

678. Linaria triphylla (L.) Miller, blaugrüne, dickstengelige Pflanze, 10–30 cm, mit kopfigen Bl.ständen; Krone 2 cm, gelblichweiß, Schlundhöcker orange, Sporn violett, gekrümmt, spitz; B. oval, in 3er Quirlen. Kulturland in Küstennähe. △ April – Juni. Südeuropa.

679. Gemeines Zymbelkraut, *Cymbalaria muralis* G., M. und Sch., zierliche Mauerpflanze, 10–80 cm weit kriechend; Bl. lila, achselständig, mit weißen und gelben Schlundhöckern; Krone 8–10 mm, Sporn gekrümmt; B. rundlich 2–3 cm, mit 5–7 seichten Lappen, langgestielt, unterseits oft rötlich. Feuchte Felsen, alte Mauern. △ Mai – Oktober. Mittel- und Südeuropa.

680. Scrophularia scorodonia L., wollig-grauhaarige Pflanze, bis 1 m; Bl. rötlichbraun, in armblütigen, langstengeligen, lockeren Bl.ständen; Krone 8–11 mm; B. ei-herzförmig, runzelig, scharf doppelt gesägt. Schattige Plätze in Küstennähe. △ Mai – September. Südwesteuropa.

681. Scrophularia hoppii Koch, Pflanze 30–80 cm; Bl. schwärzlichpurpurn, 6–8 mm, mit weißen, seitlichen Kronlappen; Kelchb. weißhäutig berandet; Bl.stiele mit langstieligen Drüsenhaaren; B. 1- oder 2fach fiederteilig, mit lanzettlichen Abschnitten. Felsen, steinige Hänge. △ Juni – August. Alpen, Pyrenäen, Apenninen.

682. Gänseblumen-Lochschlund, *Anarrhinum bellidifolium* (L.) Desf., kahle Pflanze, 20–80 cm; Bl. blau oder violett, in 1seitswendigen, dichten Trauben; Krone 3–5 mm, Sporn dünn, kurz; Rosettenb. verkehrt-eiförmig oder schmal elliptisch, unregelmäßig gezähnt, Stengelb. handförmig tief gelappt, mit schmalen Abschnitten. Trockne Plätze, Kiefernwälder, Mauern. △ März – August. Südwesteuropa.

683. Gelbe Gauklerblume, *Mimulus guttatus* DC., Pflanze 20–60 cm; Bl. gelb, innen rot gefleckt; Krone röhrenförmig, 3–5 cm, Unterlippe viel länger als Oberlippe; B. gegenständig, 2–7 cm, oval, unregelmäßig gezähnt. Flußufer. △ Juni – September. Herkunft Nordamerika; in Europa eingebürgert.

684. Moschus-Gauklerblume, *Mimulus moschatus* Lindley, ähnlich 683, aber mit kleineren, gelben, innen nicht rot gefleckten Bl., 1–2 cm; klebrig-drüsenhaarige, nach Moschus riechende Pflanze, 15–30 cm. Flußufer. △ Juni – August. Herkunft Nordamerika; in Mitteleuropa eingebürgert; Zierpflanze.

685. Gewöhnliches Gnadenkraut, *Gratiola officinalis* L., Pflanze 20–60 cm; Bl. einzeln, langgestielt, achselständig; Krone 2 cm, Kronröhre gelblich, Kronzipfel rot überlaufen, spreizend; B. lanzettlich, sitzend, gegenständig, gegen die Spitze gezähnt, 3- oder 5nervig. Nasse Wiesen, Sümpfe, Ufer. △ Mai – Oktober. Mittel- und Südeuropa.

686. Felsen-Ehrenpreis, *Veronica fruticans* Jacq., ausgebreitet, am Grund verholzte Pflanze, 5–10 cm; Bl. azurblau, mit purpurnem Schlundring, 1 cm; Bl.stiele mit gekräuselten Haaren; B. länglich, dick, glänzend. Felsen, Geröll. △ Juni – August. Gebirge Nord- und Mitteleuropas, Alpen.

687. Persischer Ehrenpreis, *Veronica persica* Poiret, niederliegend oder aufsteigende Pflanze, 10–40 cm; Bl. blau, untere Kronlappen heller, Krone 8–12 mm; Bl.stiele länger als die Tragb.; B. 3eckig-eiförmig, grob gekerbt, kurzgestielt; Frucht 6–7 mm, stumpf-winkelig ausgerandet, behaart. Äcker, Gärten, Schutt. △ Mai – Oktober. Herkunft Westasien; heute in ganz Europa.

688. Faden-Ehrenpreis, *Veronica filiformis* Sm., kriechende Pflanze, mit fadenförmigen, wurzelnden Stengeln, 5–20 cm; Bl. blau, achselständig, an dünnen Stielen, diese viel länger als die B.; B. kurzgestielt, nierenförmig, mit rundlichen Zähnen; Fruchtkapsel spitzwinkelig ausgerandet. Kulturland, Rasen. △ März – Mai. Herkunft Kleinasien; in Europa eingebürgert.

689. Bach-Ehrenpreis, *Veronica beccabunga* L., kahle, schwach fleischige Pflanze, 20–60 cm, mit hohlen, runden, Stengeln; Bl. himmelblau, in 10–30blütigen, lockeren Trauben; B. oval, glänzend, 3–6 cm, kurzgestielt, gekerbt-gesägt. Quellen, Ufer, Gräben. △ Mai – September. Europa.

690. Digitalis ferruginea L., Pflanze bis 1 m, mit langer, schlanker Traube aus fast kugeligen, bräunlichgelben, rostbraun geaderten Bl.; Krone $1^1/_2$ cm, der Mittellappen der Unterlippe fast so lang wie die Kronröhre; B. lanzettlich, kahl, unterseits auf den Nerven behaart, bis 18 cm. Wälder, Gebüsche. △ Juli – September. Südosteuropa.

691. Großblütiger Fingerhut, *Digitalis grandiflora* Miller, Pflanze 40–100 cm, mit drüsenhaarigen Stengeln; Bl. gelb, 3–5 cm, innen netzförmig braun geadert, außen behaart; B. lanzettlich, fein gesägt, oben glänzend, kahl, unten auf den Nerven behaart. Felsen, lichte Wälder, Kahlschläge. △ Juni – September. Gebirge Mittel- und Südeuropas.

692. Gelber Fingerhut, *Digitalis lutea* L., ähnlich 691. Aber Bl. kleiner, 2 cm, gelb, innen purpurn geadert, außen kahl; B. schmal-lanzettlich, glänzend, ganz kahl; Pflanze 50–100 cm. Wälder, buschige, steinige Hänge. △ Juni – August. Mittel- und Südeuropa.

693. Digitalis obscura L., strauchige Pflanze, 30–60 cm; Bl. dunkelrostbraun, innen gelb und dunkler gefleckt, in lockeren Trauben; B. lineal-lanzettlich, lederig. Buschige, steinige Hänge. △ Mai – Juli. Spanien.

694. Roter Fingerhut, *Digitalis purpurea* L., Pflanze 40–120 cm; Bl. 4–5 cm, purpurn, innen mit dunkleren, weißlich umrandeten Flecken, am Rand mit weißen Haaren; B. oval bis lanzettlich, 15–30 cm, in den B.stiel verschmälert, oben grün, unten grauhaarig, am Rand gezähnt. Bergwälder, Kahlschläge. △ Mai – September. West- und Mitteleuropa. Zierpflanze. Giftig.

695. Parentucellia viscosa (L.) Caruel, hellgrüne, drüsig-klebrige Pflanze, 10–50 cm; Bl. gelb; Krone $1\,^1/_2$–2 cm, Oberlippe kürzer als die breite, 3lappige Unterlippe; Kelchzipfel lanzettlich, drüsig-klebrig; B. 2–3 cm, länglich-lanzettlich, regelmäßig gezähnt, sitzend. Sandige Plätze, Äcker. △ Mai – September. West- und Südeuropa.

696. Parentucellia latifolia (L.) Caruel, drüsig-klebrige, oft rötliche Pflanze, 5–20 cm; Bl. 1 cm, rötlichpurpurn, mit weißer Röhre, in kurzen, dichten, später sich verlängernden Trauben; Kelchzipfel länglich-lanzettlich; Tragb. fiederteilig; B. 1 cm, oval, tief rundlich gezähnt. Trockne, sandige Plätze in Küstennähe. △ März – Juni. Südeuropa.

697. Bellardia trixago (L.) All., Pflanze 10–80 cm; Bl. weißlich, gelb oder rosa überlaufen, in kurzen, dichten, 4seitigen Bl.ständen; Oberlippe kurz, helmförmig, Unterlippe tief 3lappig, mit 2 Schlundhöckern; Kelch aufgeblasen, drüsenhaarig; B. lineal-lanzettlich, drüsenhaarig, entfernt stumpf gesägt. Sandige Plätze, Kiefernwälder. △ April – Juli. Südeuropa.

698. Frühlings-Zahntrost, *Odontites verna* (Bellardi) Dumort., rötlich überlaufene Pflanze, 10–50 cm; Bl. purpurrot, in langen, 1seitswendigen Trauben; Kröne 8 mm, Unterlippe kürzer gezähnt, sitzend. Äcker, Schuttplätze. △ Mai – Oktober. Europa.

699. Gemeiner Alpenhelm, *Bartsia alpina* L., Pflanze 5–30 cm; Bl. dunkelviolett, in dichten Trauben; Tragb. violett überlaufen, drüsenhaarig, oval gezähnt; Krone 18–22 mm; B. 1–2 cm, oval, gezähnt, runzelig, gegenständig, sitzend. Felsen, Matten. △ Juni – August. Gebirge Nord- und Mitteleuropas.

700. Leberbalsam, *Erinus alpinus* L., polsterige Pflanze, 5–15 cm; Bl. purpurrot, in endständigen Doldentrauben; Kronröhre dünn, außen behaart, Kronlappen ausgerandet, 5–10 mm; B. 1 $^1/_2$ cm, verkehrt-eiförmig, in lockeren Rosetten. Felsen, Gerölle. △ Mai – Oktober. Alpen, Pyrenäen.

701. Wiesen-Augentrost, *Euphrasia rostkoviana* Hayne, Pflanze 10–20 cm; Bl. 6–8 mm, weiß, Oberlippe oft violett und Unterlippe gelb gefleckt und violett geadert; B. 6–10 mm, oval, spitz, die unteren mit rundlichen Zähnen, die oberen jederseits mit 3–6 scharfen Zähnen. Wiesen, Weiden. △ Juli – Oktober. Mittel- und Südeuropa.

702. Kleiner Augentrost, *Euphrasia minima* Jacq. Pflanze 5–12 cm; Bl. 5–6 mm, oft mit bläulicher Oberlippe und gelber Unterlippe; Stengel meist unverzweigt, behaart; B. oval, 5–10 mm, jederseits mit 2–4 Zähnen. Wiesen, Matten. △ Juli – September. Gebirge Mitteleuropas, Pyrenäen.

703. Kleiner Klappertopf, *Rhinanthus minor* L., Pflanze 15–50 cm; Bl. gelb, 12–15 mm, Oberlippe mit violetten, kurzen Zähnen, Kronröhre gerade, kürzer als der Kelch; B. länglich-lanzettlich, gezähnt. Wiesen, Felder. △ Mai – September. Europa.

704. Reichblättriges Läusekraut, *Pedicularis foliosa* L., Pflanze 20–60 cm; Bl. schwefelgelb, mit langen, großen, fiederschnittigen Tragb.; B. 2fach gefiedert, farnähnlich. Matten, Latschenregion. △ Juni – August. Alpen, Pyrenäen.

705. Knolliges Läusekraut, *Pedicularis tuberosa* L., Pflanze 10–25 cm; Bl. weißlichgelb, in kurzen, breiten Bl.ständen an fast b.losen Stengeln; Oberlippe mit langem, geradem Schnabel; Tragb. tief gelappt; B. fiederteilig, meist in grundständiger Rosette. Alpenmatten. △ Juni – August. Alpen, Pyrenäen.

706. Gestutztes Läusekraut, *Pedicularis recutita* L., Pflanze 20–40 cm; Bl. bräunlichpurpurn, in dichten, walzlichen Köpfen; Kelch kahl, mit ungleichen, spitzen Kelchzipfeln; B. lanzettlich, mit schmalen, spitzen, gezähnten Fiedern. Feuchte Gebirgswiesen. △ Juli – August. Alpen.

707. Kerners Läusekraut, *Pedicularis kerneri* Dalla Torre, Pflanze 5–15 cm; Bl. tiefrot, zu 2–6 in einem dichten, endständigen Bl.stand; Oberlippe stark gebogen, lang geschnäbelt; Kelch fein behaart, Kelchzähne b.artig, gekerbt; B. 3–4 cm, schmal-lanzettlich, gefiedert, mit ovalen, gezähnten Abschnitten. Feuchte Alpenmatten. △ Juni – August. Westalpen.

708. Wald-Läusekraut, *Pedicularis sylvatica* L., Pflanze 5–15 cm; Stengel mehrere, die äußeren niederliegend; Bl. in lockeren Trauben, Krone rosarot, mit 2 nach unten gerichteten, spitzen Zähnen; Kelch kahl, 5kantig; B. länglich, fiederteilig, Abschnitte gezähnt. Moorige Wiesen, Waldstellen. △ Mai – Juli. Europa (außer Südosteuropa).

709. Acker-Wachtelweizen, *Melampyrum arvense* L., Pflanze 20–60 cm; Bl. purpurn, in walzlichen, 2reihigen Ähren mit rötlichpurpurnen, aufrechten, borstlich gezähnten Tragb.; Krone 2–2$^1/_2$ cm, Schlund orange; lineal-lanzettlich, die unteren ganzrandig, die oberen am Grunde gezähnt. Äcker, Wegränder, Gebüsche. △ Mai – August. Europa.

710. Hain-Wachtelweizen, *Melampyrum nemorosum* L., Pflanze behaart, 20–60 cm; Bl. gelb, Unterlippe und Schlundhöcker orange; Tragb. violett, ei-lanzettlich, spießförmig, borstlich gezähnt; Kelch wollig-zottig; B. lanzettlich, gestielt, meist am Grund gezähnt. Gebüsche, Laubwälder, Wiesen. △ Juni – August. Mitteleuropa.

711. Gemeiner Alpenrachen, *Tozzia alpina* L., Pflanze 10–50 cm; Bl. goldgelb, im Schlund rot gefleckt, einzeln in den Achseln von krautigen Tragb.; Gesamtbl.stand locker; Krone 6–10 mm; B. oval, obere schwach gezähnt, untere ganzrandig; Stengel 4kantig, fleischig, mit 2 Haarleisten. Gebirgsbäche. feuchte, schattige Plätze. △ Juni – August. Alpen.

GLOBULARIACEAE | Kugelblumengewächse

712. Globularia alypum L., immergrüner Zwergstrauch, 30–60 cm; Bl. blau, schwach duftend, in 1 $^1/_2$–2 cm großen Köpfen; B. länglich, scharf zugespitzt, steif, lederig, in den kurzen B.stiel verschmälert. Trockne, buschige Hänge, Felsen. △ Oktober – März. Südeuropa.

713. Echte Kugelblume, *Globularia vulgaris* L., Pflanze 10–25 cm; Bl.köpfe rundlich, 1 cm; Krone violettblau, Oberlippe kurz, 2lappig; Rosettenb. 3–4 cm, oval, ganzrandig, ausgerandet, 3–5nervig, in den langen B.stiel verschmälert, Stengelb. 1–$1^1/_2$ cm, lanzettlich, sitzend. Steinige Hänge. △ April – Juni. Mittel- und Südeuropa.

714. Herzblättrige Kugelblume, *Globularia cordifolia* L., rasenbildende, halbstrauchige Pflanze, 2–10 cm, Äste ausgebreitet, mit B.rosetten; Bl.köpfe blau, kugelig; Grundb. fleischig, kahl, breit spatelförmig, vorn ausgerandet, Stengelb. 1–2 oder fehlend. Felsen, Geröll. △ Mai – Juli. Gebirge Mittel- und Südeuropas.

BIGNONIACEAE | Trompetenbaumgewächse

715. Trompetenbaum, *Catalpa bignonioides* Walter, laubabwerfender Baum, bis 12 m; Bl. weiß, groß, glockig, in pyramidenförmigen Rispen; Krone 3–4 cm breit, innen rot gefleckt; B. herzförmig, gestielt, B.spreite 25 cm; Frucht bis 40 cm, hängend. Herkunft Nordamerika; oft als Zierbaum gepflanzt. △ Juni – Juli.

ACANTHACEAE | Akanthusgewächse

716. Acanthus mollis L., Pflanze 50–120 cm; Bl. weiß, in langen Ähren; Krone 3–5 cm, Oberlippe fehlend, Unterlippe mit 3 rundlichen Lappen, oft rot überlaufen; Kelch 2lippig, Oberlippe violett oder grün, über die Krone gekrümmt; Tragb. oval, mit langen, dornigen Zähnen; B. 25–60 cm, tief fiederteilig, Abschnitte länglich, mit weichen Zähnen. Steinige, buschige Hänge. △ Mai – Juli. Südeuropa.

717. Acanthus spinosa L., Pflanze 20–60 cm, ähnlich 716, aber B. steif, tief geteilt, mit scharfen, weißen Dornen und dornigen Zähnen auf dem Mittelnerv und B.stiel; Bl. weißlich, in dichten Ähren, mit dornig gezähnten, gefärbten Tragb. Buschige, steinige Plätze. △ Juli– August. Südosteuropa.

GESNERIACEAE | Gloxiniengewächse

718. Ramonda myconi Schultz, Pflanze 5–15 cm, mit flacher B.rosette aus breiten, ovalen, grauhaarigen, runzeligen, grob gezähnten B.; Bl. blau oder violett, 3–4 cm, mit 5 ausgebreiteten, rundlichen Kronlappen; Staubb. gelb, kegelförmig zusammenschließend. Feuchte Felsspalten in schattigen Schluchten. △ Juni – August. Pyrenäen.

OROBANCHACEAE | Sommerwurzgewächse

719. Rötliche Schuppenwurz, *Lathraea squamaria* L., bleiche Schmarotzerpflanze ohne Blattgrün, 10–30 cm; Bl. rosarot, in 1seitswendigen, reichblütigen Trauben; Krone etwa 2 cm, wenig länger als der 5zipfelige, röhrenförmige Kelch; Stengel blaßrosa, unten mit weißlichen, ovalen Schuppen. Wurzelschmarotzer auf Laubbäumen. △ März – Mai. Europa.

720. Lathraea clandestina L., von 719 durch 4–6 cm große, leuchtend purpurne Bl. in dichten Trauben unterschieden; Krone viel länger als der Kelch. Schmarotzer auf Baumwurzeln. △ April – Mai. Südwesteuropa.

721. Orobanche crenata Forskal, Pflanze 20–70 cm; Bl. $1^1/_2$–3 cm, weiß, blauviolett geadert, in dichten, walzlichen Trauben; Krone weit-glockig, mit großen, rundlichen Lappen; Staubfäden unten dicht behaart, oben spärlich drüsenhaarig, Narbenlappen violett. Parasit auf Schmetterlingsblütlern. △ April – Juni. Mittelmeergebiet.

722. Gemeine Sommerwurz, *Orobanche caryophyllacea* Sm., Pflanze 15–40 cm, gelblich, rötlich überlaufen, mit vielen bräunlichroten Schuppen; Bl. gelblich oder bräunlichrot, 2–$3^1/_2$ cm; Krone regelmäßig gekrümmt, dicht drüsenhaarig, Unterlippe mit 3 etwa gleich langen, krausen oder gezähnten Lappen, Staubfäden unten behaart, Narbenlappen purpurn. Parasit auf Rubiaceen. △ Juni – Juli. Mittel- und Südeuropa.

723. Kleine Sommerwurz, *Orobanche minor* Sm., Pflanze 10–50 cm, gelblich, rötlich überlaufen, mit bräunlichen Schuppen; Bl. 10–18 mm, gelblich, violett geadert; Krone mit 2lappiger oder ausgerandeter Oberlippe, Staubfäden fast kahl, Narbenlappen purpurn, selten gelb. Parasit auf Leguminosen und Compositen. △ Juni – September. Mittel- und Südeuropa.

724. Ginster-Sommerwurz, *Orobanche rapum-genistae* Thuill., Pflanze 20–80 cm, parasitisch auf strauchigen Schmetterlingsblütlern; Bl. 2–$2^1/_2$ cm, gelblich oder rötlichbraun, dürsenhaarig; Röhre oben gleichmäßig gekrümmt; Unterlippe 3lappig, mit größerem Mittellappen; Staubfäden am Grund kahl, oben drüsenhaarig; Narbenlappen hellgelb. Felshänge, Heiden. △ Mai – Juli. West- und Mitteleuropa.

LENTIBULARIACEAE | Wasserschlauchgewächse

725. Alpen-Fettkraut, *Pinguicula alpina* L., Pflanze 5–12 cm; Bl. weiß, mit 1–2 gelben Schlundflekken; Krone 8–10 mm, Sporn 2–4 mm, kurz kegelförmig, plötzlich nach unten gekrümmt; B. 2–3 cm, elliptisch, in grundständiger Rosette mit Fang- und Verdauungsdrüsen zum Fangen von Insekten. Quellen, Sumpfwiesen, überrieselte Felsen. △ Juni – August. Gebirge Europas.

726. Echtes Fettkraut, *Pinguicula vulgaris* L., ähnlich 725, aber Bl. violett, mit weißem Schlundfleck; Krone 1–1 $^1/_2$ cm, Sporn 4–7 mm, waagrecht, dünn, spitz, Lappen der Unterlippe spreizend, länger als breit; B. 2–8 cm, länglich-oval. Moore, überrieselte Felsen. △ Mai – Juli. Europa.

727. Großblütiges Fettkraut, *Pinguicula grandiflora* Lam., ähnlich 726, aber Bl. größer $1^1/_2$–2 cm, violettpurpurn; Lappen der Unterlippe breiter als lang, sich überlappend oder berührend, Sporn über 1 cm, gerade. Moore, nasse Felsen. △ Mai – Juni. Westalpen, Pyrenäen, Irland.

728. Großer Wasserschlauch, *Utricularia vulgaris* L., untergetauchte Wasserpflanze 15–30 cm; Bl. dottergelb, in 3–12blütigen Trauben; Kelch und Bl.stiele rötlichbraun; B. grün, vielteilig, mit linealischen Zipfeln und kleinen, insektenfangenden, rundlichen Schläuchen. Teiche, Sümpfe, Gräben. △ Juni – August. Europa.

PLANTAGINACEAE | Wegerichgewächse

729. Strand-Wegerich, *Plantago maritima* L., blaugrüne, fleischige Pflanze, 15–30 cm; Bl. bräunlich, in schmaler, 2–12 cm langer Ähre; B. schmal-linealisch, flach oder gerieft, 2–6 mm breit, schwach 3–5nervig. Meeresstrand, Salzwiesen. △ Mai – September. Europa.

730. Weide-Wegerich, *Plantago media* L., Pflanze 20–50 cm; Bl. in zylindrischer, 2–8 cm langer Ähre; Krone silberweiß, Staubfäden purpurn, Staubbeutel lila oder weiß; Bl.schaft nicht gerieft, viel länger als die B., diese elliptisch bis oval, 5–9nervig, in flacher Rosette. Wiesen, Wegränder. △ Mai – August. Europa.

731. Krähenfuß-Wegerich, *Plantago coronopus* L., Pflanze 10–40 cm; Bl. gelblich, in 1–4 cm langer, 3–5 mm breiter Ähre; B. fiederspaltig oder grob gezähnt. Trockene, sandige Plätze, Wegränder, Salzwiesen, Meeresstrand. △ April – Oktober. Europa.

732. Sand-Wegerich, *Plantago indica* L., reich verzweigte Pflanze, 10–30 cm; Stengel beblättert, drüsenhaarig, verzweigt, mit vielen eiförmigen Bl.köpfen; Bl. bläunlichweiß; B. schmal-linealisch, ganzrandig oder schwach gezähnt, bis 10 cm, gegenständig. Wegränder, sandige Felder. △ Mai – September. Mittel- und Südeuropa.

CAPRIFOLIACEAE | Geißblattgewächse

733. Zwerg-Holunder, *Sambucus ebulus* L., stinkender Strauch $^1/_2$–2 m; Bl. klein, weiß, in 7–10 cm großen Trugdolden; B. 1- oder 2fach gefiedert, mit 7–13 länglich-lanzettlichen, langspitzigen, scharf gesägten Fiederb., jedes 5–15 cm; Frucht 4 mm, kugelig, schwarz. Gebüsche, Waldränder, Kahlschläge. △ Juni – August. Europa.

734. Trauben-Hollunder, *Sambucus racemosa* L., reich verzweigter Strauch, 1–4 m; Bl. grünlichweiß, in dichten, eiförmigen, Bl.ständen; B. gefiedert, Fiederb. 5–7, ei-lanzettlich, gezähnt, 3–8 cm; Frucht rot. Schattige Gebirgswälder. △ April – Mai. Mittel- und Südeuropa.

735. Gemeiner Schneeball, *Viburnum opulus* L., Strauch 2–4 m; Bl. weiß, in reichblütigen Trugdolden; Randbl. unfruchtbar, deren Kronb. 2mal so groß wie die der inneren, fruchtbaren Bl.; B. oval, 5–8 cm, mit 3–5 unregelmäßig gezähnten, spitzen Lappen; Zweige grau, kahl; Frucht rot, kugelig, 8 mm. Feuchte Wälder, Ufer. △ Mai – Juni. Europa.

736. Wolliger Schneeball, *Viburnum lantana* L., von 735 durch dichte, leicht gewölbte Trugdolden mit gleich großen, weißen Bl. und ungeteilten, runzeligen, eiförmigen, unterseits weißwolligen B. unterschieden; Zweige graufilzig; Frucht 8 mm, flach, anfangs rot, dann schwarz. Lichte Wälder, Hecken. △ Mai – Juni. Mittel- und Südeuropa.

737. Stein-Lorbeer, *Viburnum tinus* L., Strauch 1–3 m; Bl. weiß, 6 mm, in dichten Trugdolden; B. dunkelgrün, lederig, oval, spitz, ganzrandig, 4–10 cm, oben glänzend; Zweige oft rötlich; Frucht metallisch blauschwarz. Wälder, Dickichte, steinige Plätze. △ Februar – Mai. Südeuropa.

738. Lonicera etrusca Santi, ähnlich 741; Kletterpflanze, bis 3 m; Bl. weißlichgelb, außen rot überlaufen, in 8–12blütigen, langgestielten Bl.ständen; B. verkehrt-eiförmig, dunkelgrün, die untersten gestielt, oberste B. der blühenden Zweige paarweise verwachsen; Frucht rot. Hecken, Wälder. △ Mai – Juni. Südeuropa.

739. Blaue Heckenkirsche, *Lonicera caerulea* L., Strauch, 1–2 m; ähnlich 740, aber gemeinsamer Bl.stiel viel kürzer als die Bl., diese gelb, glockenförmig; B. länglich-oval, stumpf, unten schwach behaart; Frucht 1 cm, blauschwarz, vollkommen zu einer kugeligen Beere verwachsen. Lichte Bergwälder, Latschengebüsch. △ Mai – Juni. Gebirge von Mittel- und Nordeuropa.

740. Rote Heckenkirsche, *Lonicera xylosteum* L., Strauch, 1–2 m; Bl. gelb, Fruchtknoten 2er Bl. verwachsen; gemeinsamer Bl.stiel 3–4mal so lang wie die Bl.; B. 3–6 cm, elliptisch bis breit-eiförmig, spitz, kurzgestielt, weichhaarig; Frucht rot, paarweise, nicht verwachsen. Wälder, Hecken. △ Mai – Juni. Europa.

741. Deutsches Geißblatt, *Lonicera periclymenum* L., windender Strauch, bis 6 m; Bl. duftend, gelblichweiß, oft rötlich überlaufen, in quirlig-kopfigen Bl.ständen; B. 3–7 cm, oval, oben dunkelgrün, unten blaugrün; Frucht rot, in gestielten, kugeligen Köpfen. Hecken, Wälder. △ Juni – September. Mittel- und Südeuropa.

742. Nordisches Moosglöckchen, *Linnea borealis* L., zierliche, kriechende Pflanze, 10–30 cm, mit paarweisen kleinen, rundlichen B. und langen, dünnen Bl.stielen mit weißen, innen rot gestreiften, nickenden, glockenförmigen Bl.; Krone 8 mm; Bl.stiele 8–15 cm. Nadelwälder, schattige, bemooste Felsen. △ Juli – August. Nordeuropa und Gebirge Mitteleuropas.

743. Traubige Schneebeere, *Symphoricarpus rivularis* Suksdorf, kahler Strauch, 1–3 m; Bl. rosa, glockenförmig, 5–6 mm, zu 3–7 in 2 cm langen Scheinähren; B. oval, 2–4 cm, blaugrün, meist ungeteilt; Frucht kugelig, 1–1 $^1/_2$ cm, schneeweiß. Gebüsche, felsige Hänge. △ Juli – September. Herkunft Nordamerika; in Mitteleuropa eingebürgert; Zierpflanze.

VALERIANACEAE | Baldriangewächse

744. Feldsalat, *Valerianella locusta* (L.) Betcke, Pflanze 7–30 cm; Bl. bläulichweiß, 2 mm, in engständigen, rundlichen, 2 cm breiten Bl.ständen; Kelch sehr kurz; B. länglich oder spatelförmig, 2–7 cm. Kultur- und Ödland. △ April – Juni. Europa.

745. Berg-Baldrian, *Valeriana montana* L., Pflanze 30–60 cm; Bl. rosa, in lockerem Bl.stand; B. oval-lanzettlich, ganzrandig oder spärlich gezähnt, Hochb. lanzettlich. Schluchtwälder, Geröll. △ Juni – August. Gebirge Mitteleuropas und Südosteuropas.

746. Stein-Baldrian, *Valeriana tripteris* L., Pflanze 30–60 cm, ähnlich 745; Bl. rosarot; Hochb. linealisch, grob gezähnt, langgestielt; B. tief 3teilig, Fiedern gezähnt, Mittelfieder größer. Wälder, schattige Felsen. △ Juni – August. Gebirge Mitteleuropas, Alpen, Pyrenäen.

747. Echter Baldrian, *Valeriana officinalis* L., Pflanze 1–2 m; Bl. rosarot, zahlreich; Bl.stand doldig, endständig; B. sehr variabel, etwa 20 cm, lang, gefiedert, Fiederb. oval oder lanzettlich, ganzrandig oder ungleich stark gesägt. Feuchte Wiesen, Wälder, Ufer. △ Mai – Juli. Europa.

748. Spornblume, *Kentranthus ruber* (L.) DC., Pflanze 30–100 cm, etwas blaugrün, kahl; Bl. rot, in dichten Bl.ständen; Kronröhre schlank, Sporn 2mal so lang wie der Fruchtknoten; B. oval bis lanzettlich, ganzrandig oder seicht gelappt, die oberen sitzend, bis 10 cm. Felsen, Mauern. △ Mai – September. Südeuropa; oft als Zierpflanze und verwildert.

749. Kentranthus angustifolius (Miller) DC., ähnlich 748, aber B. blaugrün, alle linealisch oder lineal-lanzettlich; Bl. tiefrot; Sporn etwa so lang wie der Fruchtknoten. Grasige Stellen. △ Mai – Juli. Südwesteuropa.

750. Fedia cornucopiae (L.) Gaertner, Pflanze 10–30 cm, mit gabeligen, sich bald verdickenden Bl.stengeln; Bl. rosarot, sitzend; Kronröhre lang, 2lippig; Staubb. 2, vorragend; B. oval, schwach gezähnt. Kulturland, Äcker. △ März – Juni. Südeuropa.

ADOXACEAE | Moschuskrautgewächse

751. Gemeines Moschuskraut, *Adoxa moschatellina* L., Pflanze 5–10 cm, mit kriechenden Ausläufern mit weißen, fleischigen Schuppen; Bl. grünlich, 2 mm, zu 4–6 in einem fast würfelförmigen Bl.kopf; Grundb. doppelt 3zählig, Stengelb. 1fach 3zählig, hellgrün. Feuchte Gebüsche, Laubwälder. △ März – Mai. Europa.

DIPSACACEAE | Kardengewächse

752. Schlitzblättrige Karde, *Dipsacus laciniatus* L., Pflanze 50–120 cm, mit Stacheln am Stengel und Mittelnerv der B.; Bl. weiß oder blaßlila, in kegelförmigen, dornigen Köpfen; Stengelb. tief fiederspaltig, Lappen gesägt oder nochmals eingeschnitten, am Rand borstig gewimpert. Wegränder, Schutt. △ Juni – August. Mittel und Südeuropa.

753. Gelbe Skabiose, *Scabiosa ochroleuca* L., Pflanze 20–60 cm; Bl.köpfe gelb, 2 cm, Randbl. 2mal so groß wie die inneren; Kelchborsten anfangs rot, 2–3mal länger als der Außenkelch; B. tief fiederteilig, mit lineal-lanzettlichen Abschnitten. Grasplätze, Wegränder. △ Juli – August. Mittel- und Südeuropa.

754. Samt-Skabiose, *Scabiosa atropurpurea* L., Pflanze 30–120 cm; Bl. meist schwarzpurpurn, in flachen, später eiförmigen Köpfen; Randbl. größer; Kelchborsten schwärzlich oder rostfarben; obere B. fiederteilig, mit linealischen Fiedern, untere B. elliptisch, gezähnt oder gelappt. Sandige Plätze, Olivenhaine, sonnige Küstenhänge. △ Juli – Oktober. Südosteuropa.

755. Glanz-Skabiose, *Scabiosa lucida* Vill., Pflanze 10–40 cm; Bl. rotviolett; Bl.köpfe 2–3 cm, flach; Kelchborsten schwärzlich, gekielt; B. fiederspaltig, schwach glänzend. Steinige Rasen. △ Juli – August. Alpen, Pyrenäen, Karpaten.

756. Acker-Witwenblume, *Knautia arvensis* (L.) Coulter, Pflanze 30–80 cm; Bl.köpfe violett, halbkugelig, 3–4 cm, langgestielt; Randbl. der Köpfe größer, Einzelbl. 4spaltig; Stengelb. fiederteilig, mit linealischen Abschnitten und elliptischer Endfieder. Äcker, Wiesen. △ Mai – Oktober. Europa.

757. Wald-Witwenblume, *Knautia sylvatica* (L.) Duby, Pflanze 30–100 cm, ähnlich 756; Randbl. wenig größer; Stengelb. ungeteilt, ganzrandig oder gekerbt; Stengel borstig behaart. Wälder, Gebüsche. △ Juni – September. Mittel- und Südeuropa.

CAMPANULACEAE | Glockenblumengewächse

758. Büschel-Glockenblume, *Campanula glomerata* L., Pflanze 20–50 cm; Bl. blau, sitzend, in kugeligen Knäueln, am Grund von einer Hochb.hülle umgeben; Krone trichterförmig, 2–3 cm, aufrecht; Grundb. oval, stumpf, Stengelb. schmäler, spitz, halbstengelumfassend, weichhaarig. Gebüsche, Wiesen, Waldränder. △ Juni – September. Europa.

759. Ähren-Glockenblume, *Campanula spicata* L., Rosettenpflanze, 20–50 cm; Bl. blau oder lila, in langer, schlanker Ähre; Krone 2 cm, trichterförmig; B. meist grundständig, riemenförmig, spitz, rauhhaarig, am Rand gewellt. Steinige Wiesen. △ Juli – August. Alpen, Apenninnen.

760. Bärtige Glockenblume, *Campanula barbata* L., Pflanze 10–40 cm, stark behaart; Bl. hellblau oder weißlich, nickend, in 1seitswendigen, langen Trauben; Krone 2–3 cm, innen bärtig; Rosettenb. länglich, oft am Rand wellig gezähnt, Stengelb. 2–3, klein. Matten, Heiden. △ Juni – August. Gebirge Mitteleuropas.

761. Strauß-Glockenblume, *Campanula thyrsoidea* L., Pflanze 10–40 cm; Bl. hellgelb, in kolbenförmigen Ähren; Stengel dick, reichbeblättert; B. länglich, behaart. Steinige Wiesen. △ Juli – September. Alpen.

762. Nesselblättrige Glockenblume, *Campanula trachelium* L., Pflanze 50–100 cm; Bl. blau, 3–4 cm, in langen beblätterten, Bl.ständen; Stengel steifhaarig, scharfkantig; B. langgestielt, oval-3eckig, grob gesägt, B.spreite 10 cm. Wälder, Hecken. △ Juni – September. Europa.

763. Pfirsichblättrige Glockenblume, *Campanula persicifolia* L., Pflanze 40–100 cm; Bl. blauviolett, weitglockig, 3 cm, in armblütigen Trauben; B. glänzend, die unteren länglich, verkehrt-eiförmig, in B.stiel verschmälert, die oberen sitzend, fein gezähnt. Gebüsche, Waldränder. △ Mai – August. Europa.

764. Scheuchzers Glockenblume, *Campanula scheuchzeri* Vill., Pflanze 10–25 cm; Bl. dunkelviolett, breit-eiförmig, 2–3 cm, meist einzeln, seltener zu 2–5; Stengelb. lineal-lanzettlich, Grundb. nierenförmig, zur Bl.zeit vertrocknet. Steinige Wiesen, Matten. △ Juni – August. Gebirge von Mittel- und Südeuropa.

765. Kleine Glockenblume, *Campanula cochleariifolia* Lam., dichtrasige Pflanze, 5–15 cm; Bl. blau oder violett, glockenförmig oder fast halbkugelig, 1–2 cm, zu 2–6 an dünnen Stengeln; Grundb. rundlich oder rautenförmig, in lockeren Rosetten, Stengelb. linealisch, sitzend. Felsen, Gerölle. △ Juni – August. Gebirge Mitteleuropas.

766. Acker-Glockenblume, *Campanula rapunculoides* L., Pflanze 30–100 cm; Bl. blau, nickend, kurzgestielt, in 1seitswendiger, verlängerter Traube; Krone trichterförmig, 2–3 cm; untere B. gestielt, oval-herzförmig, gezähnt, 5–8 cm, obere B. lanzettlich, spitz, sitzend. Äcker, Gebüsche, Weingärten. △ Juli – August. Europa.

767. Bologneser Glockenblume, *Campanula bononiensis* L., Pflanze 30–100 cm, ähnlich 766; Bl. kleiner, lilablau, in meist allseitswendigen Trauben oder Rispen; B. oberseits kraushaarig, unterseits graufilzig. Felsen, Gebüsche, Wälder. △ Juni – August. Gebirge von Mittel- und Südeuropa.

768. Rautenblättrige Glockenblume, *Campanula rhomboidalis* L., Pflanze 30–70 cm, mit kantigem, beblättertem Stengel; Bl. blau, 1–2 cm, in schmaler, 1seitswendiger, 2–10blütiger Traube; Kelchzipfel linealisch; Stengelb. ei-lanzettlich, mit breitem Grund sitzend. Wiesen, lichte Wälder. △ Juni – August. Alpen.

769. Schopfige Teufelskralle, *Phyteuma comosum* L., Pflanze 5–15 cm; Bl. blaßlila, am Grund bauchig, zu 8–20 in kopfförmigen Dolden; grundständige B. gestielt, nierenförmig, ungleich tief gesägt, Stengelb. verkehrt-eiförmig bis lanzettlich, gesägt. Felsspalten. △ Juni – August. Alpen.

770. Batungen-Teufelskralle, *Phyteuma betonicifolium* Vill., Pflanze 30–60 cm; Bl. blau oder violett, in eiförmigen oder walzigen, 4 cm langen Köpfen; Grundb. länglich, Stengelb. linealisch. Wiesen, Gebüsche. △ Juni – August. Alpen, Pyrenäen, Apenninen.

771. Ährige Teufelskralle, *Phyteuma spicatum* L., Pflanze 30–60 cm; Bl. gelblich, in 3–10 cm langer, walziger Ähre; Grundb. langgestielt, ei-herzförmig, doppelt gesägt, Stengelb. länglich bis lanzettlich. Wälder, Gebirgswiesen. △ Mai – Juli. Europa.

772. Kopfige Teufelskralle, *Phyteuma orbiculare* L., Pflanze 20–60 cm; Bl. blau, in kugeligen Köpfen; Grundb. rosettenständig, herzförmig bis 3eckig, langgestielt, Stengelb. schmal-lanzettlich, kurzgestielt oder sitzend, mit rundlichen Zähnen. Gebüsche, Wiesen, Felsen. △ Mai – Oktober. Gebirge Mitteleuropas.

773. Echter Frauenspiegel, *Legousia speculum-veneris* (L.) Druce, Pflanze 10–30 cm; Bl. dunkelviolett, in lockeren, beblätterten Bl.ständen; Krone radförmig, 2 cm; B. länglich oder verkehrt-eiförmig, rauh, mit schwach welligem Rand. Getreidefelder, Wegränder. △ Mai – Juli. Mittel- und Südeuropa.

774. Berg-Sandglöckchen, *Jasione montana* L., Pflanze 10–50 cm; Bl. blau, selten weiß, 5 mm, in rundlichen Köpfen mit langem Schaft; B. lineal-lanzettlich, rauhhaarig, mit wellig geschweiftem Rand. Dünen, Felsen, Trockenhänge. △ Juni – September. Europa.

COMPOSITAE | Korbblütler

775. Gemeiner Wasserdost, Kunigundenkraut, *Eupatorium cannabinum* L., Pflanze 40–120 cm, mit wolligen, oft rötlichen, reich beblätterten Stengeln und rötlichpurpurnen oder weißen, länglichen Bl.köpfen in dichten Schirmrispen; Köpfe 1 cm lang, 5–6blütig; B. tief 3teilig, mit gezähnten, elliptischen Lappen, 5–10 cm. Pappus weißlich. Gräben, Ufer, feuchte Wälder. △ Juli – August. Europa.

776. Riesen-Goldrute, *Solidago gigantea* Aiton, Pflanze 1–2 m, mit vielen goldgelben Bl.köpfen in aufrechter Rispe; Köpfe 5–6, zylindrisch; B. lanzettlich, spitz, 10–15 cm; Stengel kahl. Herkunft Nordamerika; manchmal aus Gärten verwildert, in fast ganz Europa. △ August – September.

777. Echte Goldrute, *Solidago virgaurea* L., Pflanze 20–70 cm, mit kleinen gelben Bl.köpfen in aufrechter, allseitswendiger Traube oder Rispe; Köpfe 7–10 mm; Zungenbl. 6–12, ausgebreitet; untere B. oval-elliptisch, meist gezähnt, in den Stiel verschmälert, obere B. lanzettlich, ganzrandig, sitzend, Pappus weiß. Wälder, Gebüsche, Felsen. △ Juli – September. Europa.

778. Alpen-Aster, *Aster alpinus* L., Pflanze 5–20 cm mit großen, einzelnen Köpfen, 3–5 cm; Zungenbl. blauviolett; Röhrenbl. gelb; Grundb. ei-spatelförmig, gestielt, 3nervig, Stengelb. lanzettlich. Matten, steinige Wiesen. △ Juli – September. Gebirge von Mittel- und Südosteuropa.

779. Strand-Aster, *Aster tripolium* L., Pflanze 20–100 cm; Bl.köpfe 1–3 cm; Zungenbl. blauviolett, Röhrenbl. orangegelb; B. 7–12 cm, länglich-lanzettlich, fleischig; Pappus bräunlich. Salzsümpfe, Felsen im Küstenbereich. △ Juli – Oktober. Europa.

780. Berg-Aster, *Aster amellus* L., Pflanze 15–60 cm; Bl.köpfe 3–5 cm, mit blauvioletten Zungenbl. und gelben Röhrenbl.; B. rauhhaarig, die unteren oval-elliptisch, gestielt, die oberen lanzettlich, spitz, sitzend, Heiden, Felshänge, Gebüsche. △ August – September. Mittel- und Südosteuropa.

781. Alpenmaßliebchen, *Bellidiastrum michelii* Cass. Pflanze 10–30 cm; Bl.kopf 2–4 cm; Zungenbl. schmal, weiß oder rosa; Röhrenbl. gelb; B. oval oder spatelförmig, in den langen Stiel verschmälert, oft grob gesägt. Felsen, Matten, Schluchten. △ April – September. Mitteleuropa, Südeuropa.

782. Evax pygmaea (L.) Brot., wollig-filzige Pflanze, 1–5 cm; Bl.köpfe dicht von großen rosettigen, länglichen Hochb. umgeben; einzelne Bl.köpfe winzig, in dichten Knäueln sitzend. Sandige und steinige Plätze in Küstennähe. △ April – Mai. Südeuropa.

783. Scharfes Berufkraut, *Erigeron acer* L., Pflanze 10–40 cm; Bl.köpfe langgestielt, in Trauben oder Rispen; Zungenbl. hellpurpurn, schmal, wenig länger als die gelben Röhrenbl.; Hüllb. linealisch, spitz, behaart; B. weichhaarig, ei-lanzettlich bis linealisch. Kulturland, Wegränder. △ Juni – September. Europa.

784. Zweihäusiges Katzenpfötchen, *Antennaria dioica* (L.) Gaertner, Pflanze 5–20 cm; Bl.köpfe weiß oder rosa, zu 2–8 in dichten Knäueln; Rosettenb. spatelförmig, 1–4 cm, Stengelb. lanzettlich, dem Stengel angedrückt. Waldränder, Heiden, Böschungen. △ Mai – Juni. Europa.

785. Deutsches Filzkraut, *Filago vulgaris* Lam, graufilzige Pflanze, 5–30 cm, mit kugeligen, gelblichen Knäueln aus 20–40 Bl.köpfen am Ende des Stengels; Knäuel 12 mm, von den obersten B. überragt; äußere Hüllb. wollhaarig; B. linea-lanzettlich, dachziegelig, filzig. Felder, Sandplätze, Heiden. △ Juni – September. Europa.

786. Edelweiß, *Leontopodium alpinum* Cass., wollig-filzige Pflanze, 5–20 cm; Bl.stand aus 5–8 halbkugeligen, gelblichen Bl.köpfen, sternförmig umgeben von 5–15 weißfilzigen Hochb.; B. lanzettlich, dicht weißfilzig, später grünlich. Steinige Wiesen, Matten. △ Juli – September. Alpen, Pyrenäen, Karpaten.

787. Sonnengold, Immortelle, *Helichrysum stoechas* (L.) DC. Pflanze 10–40 cm; mit vielen kugeligen, 4–6 mm, gelben Bl.köpfen in endständiger Schirmtraube; Hüllb. papierartig, dachziegelig anliegend, die äußeren oval, die inneren spatelförmig, etwa 2 mal so lang; B. linealisch, beim Zerreiben curry-artig riechend. Trockenhänge, Felsen, Küstensand. △ April – Juli. Südeuropa.

788. Sumpf-Ruhrkraut, *Gnaphalium uliginosum* L., Pflanze 5–20 cm, mit kleinen, eiförmigen Knäueln aus 3–10 gelblichen Bl.köpfen; Hüllb. trockenhäutig, hellbraun; B. 1–5 cm, länglich oder spatelförmig, weißlich oder grünlich, wollhaarig. Feuchte Wiesen, Äcker, Wegränder. △ Juni – Oktober. Europa.

789. Echter Alant, *Inula helenium* L., Pflanze 80–150 cm; Bl.köpfe 6–8 cm; Strahlenbl. schmal, lang, zungenförmig, leuchtend gelb, Scheibenbl. gelb; B. fein gesägt, oberseits rauh, unterseits weichhaarig, untere B. gestielt, die oberen stengelumfassend, ei-herzförmig. Feuchte Wiesen, Waldränder, Ufer. △ Mai – September. Europa; gebietsweise aus Gärten verwildert.

790. Dürrwurz-Alant, *Inula conyza* Dc., Pflanze 20–100 cm, mit vielen, 1 cm großen Bl.köpfen in endständiger Schirmtraube; Strahlenbl. fehlend oder sehr klein; Hüllb. abstehend oder zurückgekrümmt; B. eiförmig-elliptisch bis lanzettlich, fein gesägt, wollig behaart; Pappus rötlichweiß. Lichte Wälder, trockne Plätze. △ Juli – September. Mittel- und Südeuropa.

791. Inula crithmoides L., Pflanze 10–90 cm; Bl.köpfe goldgelb, $2^1/_2$ cm; Strahlenbl. gelb, 2mal so lang wie die kahlen Hüllb.; Scheibenbl. orangegelb; B. fleischig, linealisch, 3–6 cm. Salzsümpfe, Küstenfelsen. △ August – Oktober. Südwest- und Südeuropa.

792. Wiesen-Alant, *Inula britannica* L., Pflanze 20–60 cm; Bl.köpfe 2–4 cm breit, zu 1–4; Strahlenbl. drüsig, 2mal so lang wie die lineal-lanzettlichen, abstehenden Hüllb.; Stengelb. lanzettlich, halbstengelumfassend, unterseits wollig-zottig. Ufer, Gräben, Wegränder. △ Juli – September. Mittel- und Südosteuropa.

793. Phagnalon rupestre (L.) DC., Zwergstrauch, bis 30 cm; Bl.köpfe langgestielt, einzeln, bräunlichgelb, kugelig, 1 cm; Hüllb. glänzend braun, angedrückt; B. länglich-lanzettlich, oberseits spinnwebig behaart, unterseits wollig, B.rand eingerollt. Felsen, steinige Hänge. △ April – Juni. Südeuropa.

794. Großes Flohkraut, *Pulicaria dysenterica* (L.) Bernh. Pflanze 20–60 cm, mit kriechenden Ausläufern; Bl.köpfe goldgelb, 2–3 cm; Strahlenbl. 2mal so lang wie die drüsenhaarigen Hüllb.; B. dicht grauhaarig, die oberen lanzettlich, 3–8 cm, geöhrt, am Rand gewellt. Gräben, Sümpfe, Salzböden. △ Juli – September. Mittel- und Südeuropa.

795. Pallenis spinosa (L.) Cass., Pflanze 20–50 cm; Bl.köpfe gelb, 2–3 cm; Hüllb. sternförmig ausgebreitet, dornig, 2mal so groß wie der Bl.kopf; B. lanzettlich, die unteren gestielt, die oberen mit herzförmigem Grund stengelumfassend, B.spitze dornig. Trockne, steinige Plätze, Wegränder. △ Juni – August. Südeuropa.

796. Große Telekie, *Telekia speciosa* (Schreb.) Baumg., Pflanze bis 2 m; Bl.köpfe 5–6 cm breit; Strahlenbl. gelb, Scheibenbl. bräunlichgelb; untere B. breit 3eckig-herzförmig, gestielt, obere B. rautenförmig, sitzend, alle B. stark gezähnt. Waldränder, Ufergebüsche. △ Juni – August. Mitteleuropa.

797. Asteriscus maritimus (L.) Less., rauhhaariger Zwergstrauch, 5–25 cm; Bl.köpfe tiefgelb, bis 4 cm, mit je 1–2 Hochb.; Strahlenbl. etwa 30, fein gezähnt; Hüllb. mit lederigem Grund und krautiger Spitze; B. länglich oder spatelförmig. Felsen, steinige Hänge in Küstennähe. △ Mai – Juli. Südeuropa.

798. Asteriscus aquaticus (L.) Less., Pflanze 10–40 cm, mit kleinen, hellgelben, fast sitzenden Bl.köpfen, sternförmig von den Hochb. umgeben; obere B. länglich, halbstengelumfassend, untere B. gestielt. Feuchte Stellen, Küstenfelsen. △ Juni – August. Südeuropa.

799. Dornige Spitzklette, *Xanthium spinosum* L., Pflanze 15–80 cm; männliche Bl.köpfe kugelig, 4–5 mm, weibliche 8–12 mm, in den Achseln der oberen B. sitzend; B. dunkelgrün, oben mit weißem Mittelnerv, unten weißfilzig, länglich, am Grund mit langen, gelben, 3teiligen Stacheln. Herkunft Amerika; jetzt weltweit verbreitet. Kulturland, Schutt, Wege. △ Juli – September.

800. Gemeine Spitzklette, *Xanthium strumarium* L., Pflanze bis 80 cm; Bl. grünlich; männliche Bl.köpfe kugelig, weibliche eiförmig; B. 3eckig-herzförmig, oft 3–5lappig, grob und unregelmäßig gezähnt, graugrün; Frucht 12–15 mm, von hakigen Stacheln dicht bedeckt. Schuttplätze, Wegränder. △ Juli – Oktober. Mittel- und Südosteuropa.

801. Schlitzblättriger Sonnenhut, *Rudbeckia laciniata* L., Pflanze 50–200 cm; Bl.köpfe 7–12 cm, gelb, langgestielt, Strahlenbl. goldgelb, bald zurückgeschlagen; B. 1fach oder 3lappig. Herkunft Nordamerika; Zierpflanze; manchmal in Wäldern, Weingärten verwildert. △ Juni – Oktober. Mitteleuropa.

802. Nickender Zweizahn, *Bidens cernua* L., Pflanze 20–90 cm, mit einzelnen, kugeligen, nickenden Bl.köpfen, 1–3 cm, meist ohne Strahlenbl. (var. *radiata* DC. hat goldgelbe, $1–1^1/_2$ cm lange Strahlenbl.); äußere Hüllb. 5–8, länglich; B. lanzettlich, 5–15 cm, grob gezähnt, sitzend; Frucht mit 4 hakigen Grannen. Teichränder, Gräben. △ Juli – Oktober. Europa.

803. Zwerg-Schafgarbe, *Achillea nana* L., aromatisch riechende Rosettenpflanze, 6–15 cm; Bl.köpfe 1 cm, weiß, in dichten Doldentrauben; Strahlenbl. schmutzigweiß, 5–8; Hüllb. wollig, mit dunkelbraunem Rand; B. schmal-elliptisch, in ganzrandige oder gezähnte Zipfel eingeschnitten, wie die Stengel wollig-zottig. Felsschutt. △ Juli – August. Alpen.

804. Filzige Schafgarbe, *Achillea tomentosa* L., Pflanze 8–30 cm; Bl.köpfe gelb, 3 mm, zahlreich, in dichten Doldenrispen; Strahlenbl. rundlich; Hüllb. braunberandet, weißwollig; B. lineal-lanzettlich, 2fach fiederteilig, mit linealischen, spitzen Zipfeln; B. Stengel zottig weißwollig. Trockenhänge, Mauern. △ Mai – Juli. Südeuropa.

805. Römische Hundskamille, *Chamaemelium nobile* All., aromatische Pflanze 10–30 cm, mit einzelnen, langgestielten Bl.köpfen, $2–2^1/_2$ cm; Strahlenbl. weiß, Scheibenbl. orange; Korbboden kegelförmig, mit Spreub.; B. 2–5 cm, 2–3fach gefiedert, mit linealischen, spitzen Zipfeln. Getreidefelder, Schutt, Küstenbereich; oft kultiviert und verwildert. △ Juni – September. Mittel- und Südeuropa.

806. Kleinblütiges Knopfkraut, *Galinsoga parviflora* Cav., Pflanze 10–50 cm, mit gegenständigen, gestielten, ovalen, gezähnten B. und winzigen Bl.köpfen, 3–5 mm, in lockeren Rispen; Strahlenbl. weiß, meist 5, wenig länger als die gelben Scheibenbl.; Spreub. 3lappig. Herkunft Südamerika; auf Kulturland, Schuttplätzen weltweit verbreitet. △ Mai – Oktober. Europa.

807. Färber-Hundskamille, *Anthemis tinctoria* L., Pflanze 30–60 cm, mit einzelnen, langgestielten Bl.köpfen, 2–4 cm; Scheibenbl. und Strahlenbl. goldgelb; Korbboden mit Spreub.; B. gefiedert, Fiedern kammförmig fiederspaltig, unten weißwollig. Sonnige Hänge, Felsen, Mauern. △ Juni – August. Europa.

808. Rainfarn, *Chrysanthemum vulgare* (L.) Bernh., aromatische Pflanze, bis 1 m; Bl.köpfe goldgelb, 7–12 mm, in dichten Schirmripsen; Strahlenbl. fehlend; B. 15–25 cm, gefiedert, jederseits mit 12 lanzettlichen, gesägten oder fiederspaltigen Fiedern. Wegränder, Hecken. △ Juni – Oktober. Europa.

809. Kronen-Wucherblume, *Chrysanthemum coronarium* L., Pflanze 30–80 cm; Bl.köpfe hellgelb, 3–6 cm; Korbboden halbkugelig; B. 2fach fiederteilig, Abschnitte lanzettlich, spitz, ganzrandig oder gezähnt; randliche Früchte im Querschnitt 3eckig, geflügelt, innere 4eckig. Kultur- und Ödland; Zierpflanze. △ April – September. Südeuropa.

810. Chrysanthemum myconis L., Pflanze 20–70 cm; Bl.köpfe gelb, 2–4 cm; Korbboden gewölbt, in der Mitte mit einem Höcker; B. länglich, fein gesägt; äußere Früchte mit einem Krönchen, innere mit einer gezähnten Zunge. Steinige Hänge, Kulturland. △ April – Juni. Mittelmeergebiet und Portugal.

811. Gemeine Wucherblume, Margerite, *Chrysanthemum leucanthemum* L., Pflanze 20–70 cm, mit einzelnen, langgestielten Bl.köpfen, 3–5 cm, mit weißen, zungenförmigen Strahlenbl. und gelben Scheibenbl.; Grundb. spatelig, gezähnt, gestielt, obere B. länglich, halbstengelumfassend, gesägt oder gekerbt. Wiesen, Wegränder. △ Juni – September. Europa.

812. Mutterkraut-Wucherblume, *Chrysanthemum parthenium* (L.) Bernh., Pflanze 25–60 cm, mit vielen weißen Bl.köpfen, $1–2^1/_2$ cm; Strahlenbl. kurz, verkehrt-eiförmig; Hüllb. wollig, trockenhäutig berandet; B. stark aromatisch, 3–8 cm, mit 3–7 eiförmigen, fiederspaltigen oder gesägten Fiedern. Wegränder, Gärten, Schutt. △ Juni – August. Herkunft Südosteuropa, in Europa eingebürgert.

813. Strahlenlose Kamille, *Matricaria matricarioides* (Less.) Porter, stark aromatische, ästige Pflanze, 10–40 cm; Bl.köpfe kegelförmig, grünlichgelb, 5–8 mm, ohne Strahlenbl.; B. 2–3fach gefiedert, mit linealischen Fiedern. Herkunft wahrscheinlich Nordostasien, in Europa weit verbreitet. △ Mai – November.

814. Krähenfuß-Laugenblume, *Cotula coronopifolia* L., Pflanze 10–25 cm, mit einzelnen, kugeligen, gelben, Bl.köpfen, 6–10 mm; Strahlenbl. sehr kurz; B. stark aromatisch, 2–5 cm, länglich-lanzettlich, unregelmäßig fiederschnittig. Herkunft vermutlich Südafrika, in Europa vielerorts eingebürgert. Wegränder, Sandböden, Dünen. △ Juli – August.

815. Gemeiner Huflattich, *Tussilago farfara* L., Pflanze 10–20 cm (zur Reife größer); Bl.köpfe hellgelb, 2–3 cm; Stengel mit dicken Schuppenb.; alle Laubb. grundständig, rundlich-herzförmig, 10–30 cm, 1fach bis doppelt gezähnt, unten weißfilzig. Wegränder, Schutt, Ufer. △ Februar – März. Europa.

816. Wermut, *Artemisia absinthium* L., Pflanze stark aromatisch, 30–100 cm; Bl.köpfe kugelig, gelb, nickend, 3–4 mm, in reichästiger, pyramidenförmiger Rispe; B. 2fach fiederschnittig, mit stumpfen Abschnitten. Steinige Plätze, Ödland. △ Juli – September. Europa.

817. Rote Pestwurz, *Petasites hybridus* (L.) Gaertn., Pflanze 15–100 cm; Bl.stengel vor den B. erscheinend, mit rötlichen Schuppen; Bl.stand groß, dicht, eiförmig, aus rötlichvioletten Bl.köpfen; B. grundständig, langgestielt, B.spreite rundlich-herzförmig, 20–90 cm, gebuchtet und ungleich gezähnt, unten grauwollig. Ufer, Gräben. △ März – Mai. Europa.

818. Weiße Pestwurz, *Petasites albus* (L.) Gaertn., ähnlich 817, Bl.köpfe gelblichweiß, Stengelschuppen grünlich; B. kleiner, 15–30 cm, ungleich stachelspitzig gezähnt, unten weißwollig. Feuchte Wälder, Ufer, Waldbäche. △ März – Mai. Hauptsächlich Gebirge Europas.

819. Grauer Alpendost, *Adenostyles alliariae* Kerner, Pflanze 60–100 cm; Bl.köpfe 1 cm lang, rotviolett, 2–3blütig, in großen Schirmrispen; Grundb. langgestielt, breit, herz-nierenförmig, Rand ungleich doppelt gezähnt, bis 50 cm im Durchmesser, unten weichhaarig. Waldschluchten, Gebirgswälder. △ Juli – August. Alpen, Pyrenäen, Gebirge Mitteleuropas.

820. Roter Alpenlattich, *Homogyne alpina* (L.) Cass., Stengel 1köpfig, wollig behaart, 10–40 cm, nur mit Schuppenb.; Bl.kopf 1–2 cm, rotviolett; B. grundständig, herz-nierenförmig, 2–4 cm, gezähnt, oben glänzend dunkelgrün, unten oft rot überlaufen. Gebirgswälder, feuchte Matten. △ Juni – September. Gebirge Mittel- und Südosteuropas.

821. Hain-Greiskraut, *Senecio nemorensis* L., Pflanze 50–120 cm; Bl.köpfe gelb, 2 cm, in Schirmrispen; Strahlenbl. 4–8, Hülle glockenförmig; B. länglich-eiförmig, B.stiele breit geflügelt, am Grund ohrförmig verbreitert, B.rand bewimpert. Berg- und Schluchtwälder. △ Juli – August. Mittel- und Südeuropa.

822. Weißgraues Greiskraut, *Senecio incanus* L., Pflanze 5–15 cm, grau- oder weißfilzig; Bl.köpfe $1–1^1/_2$ cm, gelb, zu 3–10; Strahlenbl. 3–5, 5–6 mm lang; B. ei-länglich, tief fiederspaltig, mit schmalen, stumpfen Zipfeln. Steinige Matten, Geröll. △ Juli – September. Alpen, Apenninen, Karpaten.

823. Frühlings-Greiskraut, *Senecio vernalis* Waldst. & Kit., Pflanze 15–30 cm, mit spinnwebig-wolligem Stengel; Bl.köpfe 2–3 cm, hellgelb; Strahlenbl. 13; B. länglich, fiederteilig, die oberen am Grund breit geöhrt. Böschungen, Äcker, Schutt. △ April. Südosteuropa, sonst eingebürgert.

824. Gemswurz-Greiskraut, *Senecio doronicum* L., Pflanze 30–60 cm, mit langgestielten, meist einzelnen, orangegelben Bl.köpfen, 3–5 cm; B. lederig, derb, untere länglich-einförmig, gestielt, grob gezähnt, obere B. lineal-lanzettlich, sitzend. Steinige Matten, Geröll. △ Juni – August. Alpen, Pyrenäen.

825. Großblütige Gemswurz, *Doronicum grandiflorum* Lam., Pflanze 10–50 cm; Bl.köpfe gelb, meist einzeln, 5–8 cm; B. oval, mit herzförmigem Grund, gezähnt, untere B. gestielt, obere B. ei-lanzettlich, stengelumfassend. Felsschutt, Matten. △ Juni – September. Alpen, Pyrenäen.

826. Kriechende Gemswurz, *Doronicum pardalianches* L., Pflanze 30–90 cm; Bl.köpfe zu mehreren, gelb, 4–6 cm; Rosettenb. breit ei-herzförmig, fast ganzrandig, langgestielt, Stengelb. oval-elliptisch, am Grund mit breiten Ohren, sitzend. Bergwälder, Gebüsche. △ Mai – Juli. Mittel- und Südeuropa.

827. Acker-Ringelblume, *Calendula arvensis* L., Pflanze 10–30 cm, mit einzelnen, orangegelben Bl.köpfen, 3–5 cm; B. länglich-lanzettlich, schwach gesägt oder ganzrandig, sitzend. Weingärten, Äcker. △ April – Oktober. Südeuropa oder eingebürgert.

828. Einjährige Spreublume, *Xeranthemum annuum* L., Pflanze weißwollig, 15–50 cm; Bl.köpfe langgestielt, rötlich oder lila, einzeln, 3–5 cm; Strahlenbl. fehlend; Hüllb. trockenhäutig, die inneren rosa oder lila, länger als die Bl., äußere Hüllb. oval, weißlich; B. linealisch, ganzrandig. Steinige Plätze. △ Juni – Juli. Süd- und Südosteuropa.

829. Berg-Wohlverleih, Arnika, *Arnica montana* L., Pflanze 20–60 cm; Bl.köpfe orangegelb, 4–8 cm; Grundb. eiförmig, rosettenständig, viel größer als die gegenständigen, sitzenden Stengelb. Gebirgswiesen. Moore. △ Mai – Juli. Nord- und Mitteleuropa. Alpen. Pyrenäen, Karpaten.

830. Silberdistel, *Carlina acaulis* L., Pflanze 10–30 cm; Bl.köpfe 5–12 cm, einzeln, sitzend, mit silberweißen, ausgebreiteten, inneren Hüllb.; Scheibenbl. weißlich oder rötlich; B. rosettenständig, groß stachelig, fiederteilig. Matten, steinige Hänge. △ Mai – September. Gebirge Mittel- und Südeuropas.

831. Carlina corymbosa L., stachelige, steife Pflanze, 10–50 cm, mit weißfilzigem, mehrköpfigem Stengel; Bl.köpfe gelb, 2–4 cm, kurzgestielt; innere Hüllb. goldgelb, auswärts gekrümmt; B. ei-lanzettlich, fiederteilig, stachelig, unten spinnwebig. Steinige Plätze. △ Juni – August. Südeuropa.

832. Alpenscharte, *Saussurea alpina* (L.) DC., Pflanze 10–40 cm; Bl.köpfe lilablau, kurzgestielt, zu mehreren; B. schmal-eiförmig oder lanzettlich, unterseits graufilzig, spinnwebig, die unteren mit geflügeltem Stiel. Matten. △ Juli – August. Nordeuropa, Gebirge Mitteleuropas, Alpen, Karpaten.

833. Kugeldistel, *Echinops ritro* L., Pflanze 10–40 cm; Bl.köpfe kugelig, 3–4 cm, blau; Hüllb. blau, die äußeren 3eckig-spatelig, die inneren lanzettlich, spitz, lang gewimpert; B. tief unregelmäßig gelappt, dornig, oben glänzend grün, unten weißwollig. Trockne, steinige Plätze, Ödland. △ Juli – September. Mittel- und Südeuropa.

834. Filzige Klette, *Arctium tomentosum* Miller, Pflanze 80–150 cm; Bl.köpfe, 2–3 cm, kugelig, purpurn, mit spinnwebig-wolliger Hülle, in dichten Schirmrispen; B. breit, herz-eiförmig, unten weißwollig. Wegränder, Schutt. △ Juni – September. Europa.

835. Nickende Distel, *Carduus nutans* L., Pflanze 30–100 cm; Bl.köpfe purpurrot, einzeln, nickend, 3–5 cm; Hüllb. lanzettlich, spitz, über dem Grund eingeschnürt; B. im Umriß lanzettlich, kraus, tief fiederteilig, mit 2–5spaltigen, dornigen Abschnitten, am Stengel als breiter Flügel herablaufend. Wegränder, Schutt, steinige Hänge. △ Juni – September. Europa.

836. Kletten-Distel, *Carduus personata* (L.) Jacq., Pflanze bis 2 m; Bl.köpfe oval, purpurn, $1^1/_2$–2 cm, zu mehreren an den Enden der Äste; B. weich, die oberen oval, borstlich gezähnt, unterseits spinnwebig, die unteren B. tief gelappt; Stengel geflügelt. Gebirgswälder, Bachufer, feuchte Wiesen. Mittel- und Südeuropa.

837. Notobasis syriaca (L.) Cass., spinnwebige Pflanze, 30–60 cm; Bl.köpfe purpurn, 2 cm, zu mehreren, von einer Hülle aus stacheligen, purpurn überlaufenen Hochb. überragt; B. breit gelappt, stachelig gezähnt, oberseits weiß geadert. Schutt, Wegränder, Ödland. △ April – Juli. Südeuropa.

838. Knollen-Kratzdistel, *Cirsium tuberosum* (L.) All., Pflanze 40–100 cm, mit rübenförmiger Wurzel; Bl.köpfe einzeln, rotviolett, 2–3 cm; Stengel gefurcht, über der Mitte b.los; B. tief zerteilt, beiderseits grün. Moorwiesen, Gebüsche. △ Juli – August. Mitteleuropa.

839. Cirsium candelabrum Griseb., Pflanze bis 2 m, mit vielen weit abstehenden Ästen und kleinen, gelben Bl.köpfen an den Enden der Äste gehäuft; B. stark stachelig. Dickichte, Gebüsche. △ Juli – August. Balkanhalbinsel.

840. Cirsium acarna (L.) Moench., stachelige Pflanze, bis 50 cm, mit weißwolligen Stengeln und linealischen B. mit stechender Spitze und entfernt gestellten, gelben Dornen am Rand; Bl.köpfe purpurn, dicht gehäuft, von einer stacheligen Hochb.hülle überragt. Steinige Plätze. △ Juni – August. Süd- und Südosteuropa.

841. Alpen-Kratzdistel, *Cirsium spinosissimum* (L.) Scop., reichbeblätterte stachelige Pflanze, 30–60 cm; Bl.köpfe weißlich, 2–3 cm, dicht gehäuft; Hochb. abstehend, deren Spitzen länger als die übrige Spreite; B. tief fiederspaltig, weißlichgrün, hartstachelig. Steinige Matten, feuchte Stellen. △ Juli – September. Alpen.

842. Kohl-Kratzdistel, *Cirsium oleraceum* (L.) Scop., Pflanze 50–120 cm; Bl.köpfe gelblichweiß, 3–5 cm, gehäuft, von eiförmigen, weichstacheligen Hochb. umgeben; B. gelbgrün, weich, mit borstlichem Rand, ei-lanzettlich, die unteren fiederspaltig, die oberen gesägt. Sümpfe, feuchte Wiesen, Auwälder. △ Juli – August. Europa.

843. Woll-Kratzdistel, *Cirsium eriophorum* (L.) Scop., Pflanze 60–150 cm, mit gefurchtem, wolligem Stengel; Bl.köpfe purpurn, 4–7 cm, mit spinnwebig-wolliger Hülle; B. oberseits stachelig, unterseits weißfilzig, im Umriß länglich-lanzettlich, regelmäßig tief in schmal-lanzettliche, stehende Lappen zerteilt. Steinige Hänge, Wegränder. △ Juli – August. Mittel- und Südeuropa.

844. Stengellose Kratzdistel, *Cirsium acaulon* (L.) Scop., Rosettenpflanze, etwa 5 cm, selten bis 30 cm, mit sehr kurzgestielten, rötlichpurpurnen Bl.köpfen, 2–5 cm; B. im Umriß lanzettlich, tief in sehr stachelige, krause Lappen zerteilt. Trockne Wiesen, Böschungen. △ Juli – September. Europa.

845. Artischocke, *Cynara scolymus* L., Pflanze 40–100 cm; Bl.köpfe violett, 8–15 cm, mit lederigen, eiförmigen fleischigen, eßbaren Hüllb.; B. bis 70 cm, tief fiederteilig, silbergrau. In Südeuropa häufig kultiviert. △ Juli – August.

846. Galactites tomentosa (L.) Moench., distelartige Pflanze, 20–60 cm, mit weißwolligem Stengel; Bl.köpfe lila; äußere Bl. größer, ausgebreitet; Hülle spinnwebig behaart; B. im Umriß lanzettlich, fiederteilig, stachelig, oben grün und oft weiß gefleckt, unten weißfilzig, sitzend und herablaufend. Trockne Plätze, Wegränder. △ April – Juli. Südeuropa.

847. Gemeine Eselsdistel, *Onopordon acanthium* L., Pflanze 1–2 m; Bl.köpfe hellpurpurn, einzeln, 3–5 cm; Hüllb. schmal-lanzettlich, mit starrer Spitze; B. im Umriß elliptisch, mit stark dornigen Lappen; weißfilzig am Stengel herablaufend, dieser geflügelt. Wegränder, Schuttplätze. △ Juni – September. Europa.

848. Onopordon illyricum L., Pflanze 30–100 cm, ähnlich 847, aber Bl.krone drüsig, Hüllb. purpurn, in einem kurzen, zurückgekrümmten Dorn endend; Stengel weißfilzig, schmal geflügelt; B. grau- oder weißfilzig, im Umriß länglich-lanzettlich, in lanzettliche, dornige Lappen zerteilt. Ödland, Schutt, steinige Hänge. △ Juli – August. Südeuropa.

849. Mariendistel, *Silybum marianum* (L.) Gaertner, Pflanze 1–2 m, mit einzelnen, purpurnen Bl.köpfen, 4–8 cm; Hüllb. zurückgekrümmt, in einen langen, dornig gewimperten, grünen Dorn auslaufend; B. tief zerteilt, oberseits grün, glänzend, weißgefleckt und geadert. Ödland, Schutt, Wegränder. △ Juni – August. Südeuropa, in Mitteleuropa eingebürgert.

850. Färber-Scharte, *Serratula tinctoria* L., Pflanze 20–90 cm; Bl.köpfe schmal-eiförmig, $1^1/_2$–2 cm, rotviolett; Hüllb. dachziegelig angedrückt, an der Spitze purpurrot; B. im Umriß lanzettlich, 1fach oder unregelmäßig fiederteilig, am Rand mit feinborstlichen Zähnen. Sümpfe, feuchte Wiesen, Wälder. △ Juli – Oktober. Europa.

851. Sommer-Flockenblume, *Centaurea solstitialis* L., Pflanze 20–80 cm; Bl.köpfe hellgelb; Hüllb. grün in einem gelben, stechenden Dorn endend; B. wollhaarig, die unteren gefiedert, die oberen 1fach, linealisch, mit herablaufender Spreite. Kultur- und Ödland. △ Juli – September. Südeuropa, in Mitteleuropa eingebürgert.

852. Korn-Flockenblume, *Centaurea cyanus* L., Pflanze zierlich, 30–60 cm; Bl.köpfe einzeln, langgestielt, 2–3 cm; Randbl. röhrig himmelblau, ausgebreitet, viel länger als die purpurnen Scheibenbl.; Grundb. mit entfernt gestellten schmalen Lappen, obere B. 1fach, lineal-lanzettlich, grauwollig. Äcker. △ Mai – August. Europa.

853. Stern-Flockenblume, *Centaurea calcitrapa* L., Pflanze 15–60 cm; Bl.köpfe hellpurpurn, ovalzylindrisch, 1–2 cm; Hüllb. grün, in einem langen, stechenden, abstehenden Dorn endend; B. grün, rauh, tief zerteilt, mit borstlichen Zähnen. Äcker, Wegränder, Schutt. △ August – September. Mittel- und Südeuropa.

854. Centaurea salonitana Vis., Pflanze bis 50 cm; Bl.köpfe eiförmig, 2–4 cm, hellgelb; Hüllb. oval, mit hellbraunen, gefransten Anhängseln, oft in einem Dorn endend; B. rauh, mit lanzettlichen, ganzrandigen oder gezähnten Lappen. Grasplätze, steinige Hänge. △ Juli – August. Südosteuropa.

855. Alpenscharte, *Centaurea rhapontica* L., Pflanze 50–120 cm; Bl.köpfe 5–11 cm, purpurn; Stengel wollig, fast b.los; Hüllb. breit-eiförmig, mit zerschlitzten, rostbraunen Anhängseln; B. sehr groß, länglich-eiförmig, gezähnt, unten wollig. Steinige Matten. △ Juli – August. Alpen.

856. Österreichische Flockenblume, *Centaurea phrygia* L., Pflanze 20–50 cm, ähnlich 857, aber Stengel oben verzweigt, mit mehreren rotvioletten Bl.köpfen; Anhängsel der Hüllb. schwarz, fiederig gefranst, bogig zurückgekrümmt; B. eiförmig, kurzgestielt oder sitzend, fein gesägt. Wiesen, Waldränder. △ Juni – August. Europa.

857. Federige Flockenblume, *Centaurea nervosa* Willd., Pflanze 15–40 cm; Bl.köpfe einzeln, purpurn, 4–6 cm, mit ausgebreiteten Randbl.; Hüllb. rostfarben, mit langen, gebogenen, federig gefransten Anhängseln; untere B. eilanzettlich, in den Stiel verschmälert, obere B. sitzend, stark gesägt. Gebirgswiesen. △ Juli – August. Gebirge Mittel- und Südeuropas.

858. Centaurea conifera L., wollhaarige Pflanze 20–70 cm; Bl.köpfe purpurn, 3 cm, mit glänzend braunen, dachzieligen Hüllb., deren Anhängsel breit-eiförmig, unregelmäßig zerschlitzt; B. oberseits grün, unterseits weißfilzig, tief in schmale, entfernt gestellte Lappen zerteilt. Steinige Plätze. △ Mai – August. Südeuropa.

859. Urospermum dalechampii (L.) Desf., Pflanze weichhaarig, 30–60 cm; Bl.köpfe hellgelb, einzeln; die randlichen Bl. außen meist rot gestreift; Hüllb. 2–$2^{1}/_{2}$ cm, zu 7–8, 1reihig, unten verwachsen; untere B. tief fiederteilig, mit großer Endfieder. Steinige Hänge, Gebüsche. △ Mai – Juni. Südeuropa.

860. Wolliger Saflor, *Carthamus lanatus* L., eigentümlich riechende Pflanze, 30–60 cm, mit rötlichem Saft und wolligem, verzweigtem Stengel; Bl.köpfe distelartig, 2–3 cm, goldgelb; B. distelartig, tief gelappt, dornig gezähnt, lederig, drüsig-klebrig. Steinige, sonnige Hänge, Wege, Ödland. △ Mai – August. Südeuropa.

861. Scolymus maculatus L., Pflanze 20–80 cm; Bl.köpfe goldgelb, 3 cm, 1–4; Hüllb. b.artig, dornig, den distelartigen Hochb. ähnlich; B. lederig, derb, tief in spitze, stechende Lappen zerteilt, am Stengel herablaufend, dadurch Stengel breit geflügelt. Steinige Trockenhänge. △ Juni – August. Südeuropa.

862. Catananche coerulea L., Pflanze 50–80 cm; Bl.köpfe blau, einzeln, 3 cm, mit vielen langen, ausgebreiteten Strahlenbl. und trockenhäutigen, silbrig glänzenden, dachziegeligen Hüllb.; Stengel fast b.los; B. linealisch, 3nervig, am Grund oft mit schmalen Seitenlappen. Trockne Wiesen. △ Juni – August. Südwesteuropa.

863. Tolpis barbata (L.) Gaertner, Pflanze 10–40 cm; Bl.köpfe gelb, in der Mitte oft dunkelbraun, 2–3 cm; Hüllb. fädlich, weit abstehend; Stiele unter den Köpfen verdickt; B. meist in grundständiger Rosette, länglich-lanzettlich, gezähnt, Stengelb. schmäler. Trockne, sandige Plätze, Ödland. △ Mai – Juli. Südeuropa.

864. Gemeine Wegwarte, *Cichorium intybus* L., Pflanze 30–120 cm; Bl.köpfe blau, 3–4 cm, meist sitzend, an einem steifen, gerieften, spärlich beblätterten Stengel aufgereiht; Strahlenbl. weit ausgebreitet, manchmal rosa oder weiß; Grundb. tief fiederteilig, obere B. lanzettlich, pfeilförmig stengelumfassend. Äcker, Wegränder, Schutt. △ Juni – September. Europa.

865. Hedypnois rhagadioloides (L.) Willd., Rosettenpflanze mit niederliegendem oder aufsteigendem Stengel, 10–40 cm; Bl.köpfe gelb, 2 cm; Stengel unter den Köpfen verdickt; Hülle 1reihig; B. mit borstlichen Haaren, länglich-oval, 1fach oder tief gelappt. Trockne, steinige Hänge. △ Mai – Juni. Südeuropa.

866. Alpen-Ferkelkraut, *Hypochoeris uniflora* Vill., Pflanze 20–40 cm; Bl.köpfe einzeln, gelb, 4–7 cm; Stengel unter dem Kopf verdickt, hohl graufilzig; Hüllb. oval, dachziegelig; B. rosettenständig, lanzettlich, gezähnt, Stengelb. 1–3. Matten, Zwergstrauchheiden. △ Juli – September. Alpen.

867. Tragopogon porrifolius L., Pflanze 30–60 cm; Bl.köpfe rotviolett; Stengel unter dem Kopf stark verdickt; Hülle der Bl. knospe kegelförmig, B. lineal-lanzettlich, ganzrandig, parallelnervig; Frucht mit 3–4 cm langem Schnabel und großem Pappus. Kultiviert und verwildert. △ April – Juni. Südeuropa, in Mitteleuropa eingebürgert.

868. Rauher Löwenzahn, *Leontodon hispidus* L., Pflanze 10–50 cm; Bl.köpfe einzeln, goldgelb, 3–4 cm; Hüllb. dunkelgrün oder schwärzlich; Stengel oben nicht verdickt, meist nur mit 1–2 Schuppenb.; B. lanzettlich, gezähnt oder seicht gelappt, in lockerer Rosette. Wiesen, Wegränder, Felsen. △ Mai – September. Europa.

869. Acker-Gänsedistel, *Sonchus arvensis* L., Pflanze 60–150 cm; Bl.köpfe goldgelb, 4–5 cm; Hülle und Kopfstiele mit gelben Drüsenhaaren dicht besetzt; B. kahl, schwach blaugrün, länglich, tief in 3eckige Lappen geteilt, sitzend; Frucht flach, 3–4 mm, jederseits mit 5 Längsrippen. Äcker, Schutt. △ Juni – September. Europa.

870. Rauhe Gänsedistel, *Sonchus asper* (L.) Hill., kahle Pflanze, 30–100 cm, mit goldgelben Bl.köpfen in Schirmtrauben; B. länglich, 1fach oder gelappt, die oberen mit herzförmigem Grund stengelumfassend, oft dornig gezähnt, die unteren gestielt; Frucht jederseits mit 3 Längsrippen. Kulturland, Wegränder, Schutt. △ Mai – September. Europa.

871. Andryala integrifolia L., Pflanze 30–60 cm; Bl.köpfe zitronengelb, $1^{1}/_{2}$ cm; Hülle und Stengel mit langen, gelben Drüsenhaaren; B. weich, lanzettlich, sternhaarig, Rand wellig gezähnt, die unteren gestielt, die oberen halbstengelumfassend sitzend. Sandige, steinige Böden, Wegränder. △ April – Juli. Südeuropa.

872. Löwenzahn, *Taraxacum officinale* Weber, Rosettenpflanze, bis 50 cm; Bl.köpfe gelb, 3–6 cm; Stengel glatt, hohl; B. kahl, gezähnt oder tief fiederteilig, mit 3eckigen Lappen, in grundständiger

Rosette; variable Pflanze mit vielen Kleinarten. Wiesen, Wegränder, Schutt. △ März – November. Europa.

873. Alpen-Milchlattich, *Cicerbita alpina* (L.) Wallr., Pflanze 50–200 cm; Stengel gefurcht, oben mit rötlichen Drüsenhaaren; Bl.köpfe blauviolett, 2 cm, in einem rispenartigen Kopfstand; B. groß, fiederteilig, mit 3eckigen Lappen und viel größerem Endlappen, blaugrün. Feuchte Bergwälder, Bachufer. △ Juli – September. Gebirge Europas.

874. Blauer Lattich, *Lactuca perennis* L., Pflanze 20–70 cm, mit blauen oder violetten, langgestielten, 3–4 cm breiten Bl.köpfen in lockeren, ausgebreiteten Kopfständen; B. kahl, blaugrün, mit schmalen, fast ganzrandigen Lappen; Frucht schwarz, fein querrunzelig, mit weißem Schnabel. Felder, Weingärten, steinige Hänge. △ Mai – August. Mittel- und Südeuropa.

875. Roter Hasenlattich, *Prenanthes purpurea* L., kahle, blaugrüne Pflanze, 30–150 cm, mit vielen kleinen, nickenden, purpurnen, langgestielten Bl.köpfen in lockerer Rispe; Köpfe 1–2 cm, mit 2–5 Bl.; B. länglich-lanzettlich, oft in der Mitte geigenförmig verschmälert. Feuchte Wälder, schattige Plätze. △ Juli – September. Mittel- und Südeuropa.

876. Echtes Benediktenkraut, *Cnicus benedictus* L., Pflanze 10–40 cm; Bl.köpfe gelb, einzeln, von großen, eiförmigen, stacheligen Hochb. umgeben; Hüllb. oval, mit gefiederten Stacheln; B. hellgrün, spinnwebig behaart, tief fiederteilig, mit schwach dornigem Rand. Sandige Äcker, trockne Böden. △ April – Juli. Südeuropa, in Mitteleuropa eingebürgert.

877. Gold-Pippau, *Crepis aurea* (L.) Cass., Alpenpflanze mit grundständiger B.rosette und einzelnen, orangegelben, 2–3 cm breiten Bl.köpfen an einem b.losen Stengel, 5–25 cm; B. lanzettlich, gelappt, glänzend, kahl. Gebirgswiesen. △ Juni – September. Alpen.

878. Löwenzahn-Pippau, *Crepis vesicaria* L., Pflanze 20–80 cm, oben reich verzweigt, mit vielen gelben Bl.köpfen, 2 cm; Hülle wollhaarig und oft drüsig, äußere Hüllb. abstehend, breit-hautrandig; B. meist grundständig, länglich-lanzettlich, tief in breite, gezähnte Lappen geteilt, obere B. meist 1fach und stengelumfassend; Frucht geschnäbelt. Wiesen, Wegränder. △ Mai – August. Mittel- und Südeuropa.

879. Kleines Habichtskraut, *Hieracium pilosella* L., Pflanze 5–30 cm; Bl.köpfe einzeln, hellgelb, randliche Bl. rötlich; Stengel b.los, wollig; B. in grundständiger Rosette, ei-länglich, ganzrandig, oben mit steifen, weißen Haaren, unten weißwollig; Pflanze mit Ausläufer. Trockne Grasplätze, Böschungen. △ Mai – September. Europa.

HYDROCHARITACEAE | Froschbißgewächse

880. Aloeblättrige Krebsschere, *Stratiotes aloides* L., untergetauchte Wasserpflanze mit dichten, 10–30 cm großen Rosetten aus derben, stachelig gezähnten B.; Bl. weiß 3–4 cm, männliche zu mehreren, weibliche einzeln; Bl. vor dem Aufblühen von einer 2lappigen Hochb.scheide umhüllt. Ruhige Gewässer. △ Juni – August. Europa.

881. Gemeiner Froschbiß, *Hydrocharis morsus-ranae* L., untergetauchte Wasserpflanze mit rundlich-nierenförmigen, dicken, langgestielten, flutenden B. und weißen Bl., 2 cm, mit gelber Mitte, die 3 äußeren Bl.hüllb. grün, die 3 inneren weiß. Stehende Gewässer. △ Juni – August. Europa.

BUTOMACEAE | Wasserlieschgewächse

882. Doldige Schwanenblume, *Butomus umbellatus* L., Wasserpflanze, 50–100 cm, mit b.losem Bl.schaft und rosaroten Bl. in einer Scheindolde; Bl.hüllb. 6, außen mit dunklerem Mittelnerv; B. aus dem Wasser ragend, linealisch, 3kantig, am Grund scheidig. Langsam fließende Gewässer. △ Juni – August. Europa.

POTAMOGETONACEAE | Laichkrautgewächse

883. Posidonia oceanica (L.) Delile, weitkriechende Meerespflanze mit kräftigem Wurzelstock, dicht von braunen Fasern aus den Resten der abgestorbenen B. bedeckt; B. riemenförmig, bis 50 cm lang, 6–10 mm breit, dunkelgrün; Bl. grünlich, sehr selten. In seichtem Salzwasser bis 30 cm Tiefe. △ Oktober – Januar. Südeuropa.

884. Schwimmendes Laichkraut, *Potamogeton natans* L., Wasserpflanze mit untergetauchten, 1–5 m langen Stengeln; Schwimmb. glänzend, lederig, oval, 5–12 cm, mit herzförmigem Grund, untergetauchte B. linealisch; Bl.ähre zylindrisch, 3–6 cm, mit vielen, kleinen, grünen Bl. Stehende oder langsam fließende Gewässer. △ Juni – August. Europa.

LILIACEAE | Liliengewächse

885. Kelch-Simsenlilie, *Tofieldia calyculata* (L.) Wahlenb., Pflanze 15–30 cm, mit gelblichen oder grünlichen Bl. in 2–8 cm langen Trauben; Bl. mit 3lappigem Außenkelch und lanzettlichen Tragb.; B. linealisch, 5–10nervig. Moorige Wiesen. △ Juni – Juli. Gebirge Mitteleuropas, Alpen, Pyrenäen, Karpaten.

886. Weißer Germer, *Veratrum album* L., Pflanze 50–150 cm; Bl. weißlich oder grünlichgelb, 1 $^1/_2$ cm, in großen verzweigten Rispen; B. wechselständig, breit-elliptisch, tief längsgefaltet, oberseits kahl, unterseits flaumig. Feuchte Wiesen, Matten. △ Juli – August. Gebirge Europas.

887. Schwarzer Germer, *Veratrum nigrum* L., ähnlich 886, aber Bl. schwärzlichpurpurn, 1 cm, in langer, schmaler Rispe; Tragb. gefärbt. Wälder. △ Juni – August. Mittel- und Südosteuropa.

888. Aphylanthes monspeliensis L., binsenartige, blaugrüne Pflanze, 10–25 cm, mit vielen steifen, gerippten Stengeln mit am Ende gehäuften rostfarbenen Hochb. und blauen Bl.; B. zu Scheiden zurückgebildet. Trockne, felsige Stellen. △ April – Juli. Südwesteuropa.

889. Asphodeline lutea (L.) Reichenb., Pflanze 60–100 cm, mit dichter, langer Bl.traube; Bl. 2 $^1/_2$ cm, Bl.hüllb. gelb, mit grünem Mittelnerv; B. dicht gestellt, linealisch, stachelspitz, im Querschnitt 3eckig; Schaft bis zum Bl.stand beblättert. Steinige Plätze. △ April – Mai. Südeuropa.

890. Herbst-Zeitlose, *Colchicum autumnale* L., Bl. einzeln, blaßviolett oder weiß, 10–20 cm, im Herbst blühend, dann ohne B., diese im Frühjahr erscheinend, glänzend grün, länglich-lanzettlich 12–20 cm lang, 2–5 cm breit, die Frucht teilweise umhüllend. Feuchte Wiesen. △ August – September. Mittel- und Südeuropa. Sehr giftig.

891. Merendera montana (L.) Lange, Bl. zu 1 oder 2, rosa-violett, 5–10 cm; Bl.hüllb. riemenförmig, zuletzt sternförmig ausgebreitet, unten nicht verwachsen, aber dicht zusammengepreßt; Narben 3; B. linealisch, stumpf, 4–6 mm breit, gerieft, im folgendem Frühjahr erscheinend. Gebirgswiesen. △ August – September. Südwesteuropa.

892. Trichterlilie, Paradieslilie, *Paradisea liliastrum* (L.) Bertol., zierliche Pflanze 20–50 cm, mit b.losem Bl.schaft und weißen, duftenden, 4–5 cm langen Bl. in lockerem, 1seitswendigem Bl.stand; B. grundständig, grasartig, 20–50 cm lang, 2–5 mm breit. Gebirgswiesen, Felsen. △ Juni – August. Südalpen, Pyrenäen.

893. Weißer Affodil, *Asphodelus aestivus* Brot., Pflanze 50–150 cm; Bl.stand kräftig, reich verzweigt, aus weißl. oder hellrosafarbenen Bl., 3–4 cm; Tragb. hellbraun, lanzettl. B. linealisch, spitz, 2–4 cm breit, im Querschnitt V-förmig. Grasplätze, Gebüsche. △ April – August. Südeuropa.

894. Röhriger Affodil, *Asphodelus fistulosus* L., Pflanze 20–60 cm; Bl. hellrosa, in 1facher oder verzweigter, lockerer Traube; Bl.hüllb. ausgebreitet, mit dunklem Mittelnerv; Tragb. weißlich; B. linealisch, spitz, 1–3 mm breit, halbstielrund; Stengel hohl. Trockne, sonnige Plätze. △ April – Mai. Südeuropa.

895. Lichtblume, *Bulbocodium vernum* L., krokusähnliche Pflanze mit 1–3 rosavioletten Bl., gleichzeitig mit den lanzettlichen, stumpfen B. erscheinend; Staubb. 6 (Krokus hat 3); Knolle schwärzlich. Gebirgswiesen. △ Februar – Mai. Alpen, Pyrenäen, Karpaten.

896. Astlose Graslilie, *Anthericum liliago* L., zierliche Pflanze, 30–60 cm; Bl. weiß, 3–5 cm, an einem traubigen, unverzweigten Bl.stand; Bl.hüllb. 6, schmal-elliptisch, weit-glockig; B. linealisch, spitz, 4–5 mm breit, in grundständiger Rosette, etwa so lang wie der Bl.schaft. Trockne Hänge, lichte Wälder. △ Mai – Juni. Mittel- und Südeuropa.

897. Gagea graeca (L.) Dandy, zierliche Pflanze 10–20 cm; Bl. weiß, anfangs nickend, dann aufrecht, zu 2–6; Bl.hülle trichterförmig, 1–1$^1/_2$ cm, außen purpurn geadert; B. grasartig, kürzer als der Bl.schaft. Steinige, trockne Hänge. △ März – Juni. Griechenland.

898. Röhriger Goldstern, *Gagea fistulosa* (Ramond) Ker-Gawler, Pflanze 5–15 cm, ausgezeichnet durch paarige, 2 mm breite, stielrunde, etwas fleischige, hohle Grundb.; Bl. zu 1–5, gelb, Bl.stiele behaart. Bergwiesen, Matten. △ Mai – Juli. Gebirge Mitteleuropas.

899. Gelbe Taglilie, *Hemerocallis lilioasphodelus* L., Pflanze 50–100 cm; Bl. zitronengelb, 8–10 cm, zu 3–9 an einem b.losen Schaft, duftend; B. linealisch, 1 cm breit, etwa so lang wie der Bl.schaft. Wiesen, steinige Hänge; Zierpflanze. △ Juni – August. Mittel- und Südosteuropa.

900. Späte Faltenlilie, *Lloydia serotina* (L.) Reichenb., zierliche Pflanze, 5–15 cm; Bl. aufrecht, trichterförmig, weiß, mit rötlichen Streifen, 1 cm; Stengelb. 2–4, lineal-lanzettlich, kurz, Grundb. grasartig, 15–25 cm. Felsen, Matten. △ Juni – August. Gebirge Mitteleuropas.

901. Schnitt-Lauch, *Allium schoenaprasum* L., Bl. rosa oder hellviolett, in dichten, kugeligen Scheindolden, an einem hohlen, 20–50 cm langen Stengel; Bl.hüllb. 7–14 mm, ausgebreitet; B.

linealisch, spitz, hohl, 2–5 mm breit; Zwiebel länglich. Feuchte Bergwiesen, Felshänge. △ Juni – Juli. Europa.

902. Rundköpfiger Lauch, *Allium sphaerocephalum* L., Pflanze 30–60 cm; Bl. rötlichpurpurn, in kugeliger, dichter Scheindolde; Stiele der inneren Bl. länger; Bl.scheide 2blättrig, kürzer als der Bl.stand; B. halbstielrund. Äcker, trockne Hänge. △ Juni – Juli. Mittel- und Südeuropa.

903. Gelber Lauch, *Allium flavum* L., Pflanze 20–50 cm; Bl. goldgelb, in reichblütiger, ausgebreiteter Scheindolde; Bl.scheide 2blättrig, langspitzig; Bl.stiele ungleich, sehr lang; B. dick, linealisch, 1–2 mm breit. nicht hohl. Trockne, felsige Hänge. △ Juni – August. Südosteuropa.

904. Gekielter Lauch, *Allium carinatum* L., Pflanze 30–60 cm, ähnlich 903, aber Bl. rotviolett und Scheindolde mit Brutzwiebeln; B. nicht dick, ziemlich breit, am Rand rauh. Lichte Wälder, Gebüsche. △ Juni – August. Mittel- und Südeuropa.

905. Allium neapolitanum Cyr., Bl. reinweiß, becherförmig, 1–2 cm; Bl.scheide 1blättrig; Stengel 3kantig, 30–60 cm; Bl.stiele länger als die Bl.; B. 10–15 mm breit. Felder, Olivenhaine, Grasplätze. △ März – Mai. Südeuropa.

906. Allium triquetrum L., Stengel dick, scharf 3kantig, 10–40 cm; Bl. weiß in hängenden, armblütigen, 1seitswendigen Scheindolden; Bl.hüllb. 1–2 cm, außen mit grünem Mittelstreifen; Bl.stiele länger als die Bl.; B. zu 2–5, 5–10 mm breit, unten stark gekielt. Feuchte Plätze, Ufer. △ März – Mai. Südeuropa.

907. Bären-Lauch, *Allium ursinum* L., Pflanze oft herdenweise wachsend, 10–40 cm; Bl. weiß, in flacher Scheindolde; Bl.hüllb. 8–10 mm, ausgebreitet, lanzettlich, spitz; Bl.scheide 2–3blättrig, grün, oval; Stengel 2- oder 3kantig. Feuchte Wälder, Gebüsche. △ April – Juni. Europa.

908. Sommer-Lauch, *Allium ampeloprasum* L., Scheindolde dicht, kugelig, 7–10 cm breit, mit purpurnen oder weißen Bl.; Stengel kräftig, bis 2 m, bis zur Mitte beblättert; B. linealisch, spitz, 5–7 mm breit, Rand und Kiel rauh. Trockene Hänge, Hecken. △ Juni – Juli. Süd- und Südosteuropa.

909. Allium roseum L., Stengel stielrund, 15–40 cm; Bl. rosa oder lila, in runden Scheindolden, mit oder ohne Brutzwiebeln; Bl.hüllb. 10–12 mm, stumpf, zuletzt häutig, die Frucht einhüllend; Bl.scheide 2–4blättrig; B. 2–4, linealisch, spitz, 4–8 mm breit, gekielt. Felder, Weingärten. △ April – Juni. Südeuropa.

910. Lilium pomponium L., Pflanze 40–80 cm, ähnlich 912, aber Bl. leuchtend rot oder orangerot; B. linealisch, die oberen nur 1–2 mm breit; Stengel unter dem Bl.stand fast b.los. Trockne Felshänge. △ Mai – Juni. Französische und italienische Küsten.

911. Feuer-Lilie, *Lilium bulbiferum* L., Pflanze 40–60 cm; Bl. aufrecht, orange, mit schwarzen Flecken, einzeln oder zu 2–5, von einem Wirtel aus 3–5 B. umgeben; Staubbeutel rot; B. lineal-lanzettlich, zahlreich, oft mit Brutzwiebeln. Gebirgswiesen, Wälder, Felsen. △ Juni – Juli. Mittel- und Südeuropa.

912. Lilium pyrenaicum Gouan., unangenehm riechende Pflanze, 40–80 cm; Bl. leuchtend gelb, nickend, zu 2–8; Bl.hüllb. stark zurückgekrümmt, innen schwärzlich gefleckt; B. zahlreich, dachziegelig, lineal-lanzettlich, 5–10 mm breit, Rand rauh. Wiesen, Waldränder. △ Juni – Juli. Pyrenäen.

913. Türkenbund-Lilie, *Lilium martagon* L., Pflanze 40–120 cm; Bl. rosa oder hellpurpurn, 4 cm breit, zu 3–8; Bl.hüllb. zurückgerollt, schwarz gefleckt, Staubb. und Griffel weit hervorragend; B. ei-lanzettlich, in 4–10er Quirlen. Wälder, Gebirgswiesen. △ Juni – Juli. Mittel- und Südeuropa.

914. Schachblume, *Fritillaria, meleagris* L., Pflanze 20–50 cm, mit einzelner, breitglockiger, purpurbrauner, schachbrettartig gemusteter Bl., 3–5 cm; B. 4–5, wechselständig. Feuchte Wiesen. △ April – Mai. Fast ganz Europa.

915. Strauchiger Spargel, *Asparagus acutifolius* L., Stengel kletternd, bis 1 m, mit verflochtenen, weißlichen Ästen und scharfspitzigen, blaugrünen Sprossen zu 4–12 in sternförmigen Büscheln; Schuppen der Hauptäste dornig, kräftig; Bl. gelblichgrün, kugelig, 3 mm, einzeln oder paarweise. Felsen, Hecken. △ April – Juni. Südeuropa.

916. Hunds-Zahnlilie, *Erythronium dens-canis* L., Pflanze 10–20 cm; Bl. einzeln, nickend, rot, 3 cm, mit lanzettlichen, zurückgeschlagenen Bl.hüllb. und weit vorragenden Staubb.; B. länglich-elliptisch, gestielt, purpurngefleckt. Bergwiesen. △ März – Mai. Alpen, Pyrenäen, Gebirge Süd- und Südosteuropas.

917. Tulipa oculus-solis St. Amans, Bl. 6–8 cm, außen scharlachrot, innen am Grund mit schwarzen, gelbumrandeten Flecken; Staubbeutel schwärzlich, Staubfäden kahl; B. 3–4, das untere breit ei-lanzettlich, das oberste lanzettlich. Herkunft Kleinasien; häufig kultiviert, in Südeuropa manchmal verwildert. △ April.

918. Südliche Tulpe, *Tulipa australis* Link, Pflanze 15–30 cm; Bl. 2–3 cm, gelb; Bl.hüllb. schmal-lanzettlich, zugespitzt, innen gelb, außen rötlich; B. linealisch, meist 2; Staubfäden am Grund behaart. Wiesen, Felsen. △ April – Juli. Südalpen, Gebirge Südeuropas.

919. Scilla peruviana L., Bl. blauviolett, sehr zahlreich, in halbkugeligen bis pyramidenförmigen Trauben; Tragb. lanzettlich, so lang wie die Bl.stiele; Staubbeutel gelblich; B. zahlreich, 4–6 cm breit, länger als der b.lose, 20–50 cm hohe Bl.schaft. Feuchte, tiefgründige Böden. △ März – Mai. Südeuropa.

920. Herbst-Blaustern, *Scilla autumnalis* L., Bl. lila, zu 4–20, in lockeren, sich später verlängernden Trauben; Bl.hüllb. 4–6 mm, ausgebreitet; Staubbeutel lila; Tragb. fehlend; B. 4–8, schmal-lineal, schwach rinnig; Bl.schaft 12–25 cm, Trockne, grasige, steinige Plätze. △ August – Oktober. Mittel- und Südeuropa.

921. Zweiblättriger Blaustern, *Scilla bifolia* L., Pflanze bis 20 cm; Bl. leuchtend blau, 1 cm, zu 2–8; Staubbeutel violett; B. meist 2, gegenständig, lanzettlich, mit scheidigem, den Stengel umschließenden Grund. Wälder, Gebüsche, Wiesen. △ März – August. Mittel- und Südeuropa.

922. Meerzwiebel, *Urginea maritima* (L.) Baker, Pflanze 100–150 cm, Bl. weiß, 1 cm, in reichblütiger, über 30 cm langer Traube; Bl.hüllb. mit grünem oder purpurnem Mittelstreifen; B. erst nach der Bl.zeit im Herbst erscheinend und bis zum folgenden Sommer ausdauernd, 15–30 cm, fleischig, glatt, glänzend, breit-lanzettlich. Trockne, steinige Hänge. △ August – Oktober. Südeuropa.

923. Pyrenäen-Milchstern, *Ornithogalum pyrenaicum* L., Pflanze 50–100 cm; Bl. grünlichweiß oder gelb, in langer, schmaler Traube; Tragb. dünn, weißlich, kürzer als die Bl.stiele; B. blaugrün, linealisch, 3–12 mm breit, ohne weißem Band. Wälder, Wiesen. △ Mai – Juli. Mittel- und Südeuropa.

924. Dolden-Milchstern, *Ornithogalum umbellatum* L., Pflanze 10–30 cm; Bl.hüllb. weiß, mit breitem, grünem Mittelstreifen; Trugdolde 5–30blütig; B. linealisch, 2–8 mm breit, mit weißem Band. Gebüsche, Waldränder, Wiesen. △ April – Juni. Europa.

925. Endymion hispanicus (Miller) Chouard, Pflanze 20–40 cm; Bl. blau, in kegelförmiger Traube; Bl.hüllb. am Grund röhrig verwachsen, ausgebreitet und nach außen gekrümmt; Staubbeutel blau; B. linealisch, $1^1/_2$–3 cm breit. Gebüsche, Hecken. △ März – Juni. Südwesteuropa.

926. Waldhyazinthe, *Endymion non-scriptus* (L.) Garcke, Bl. blau, duftend, zu 4–20 in 1seitswendiger, meist überhängender Traube, an einem b.losem, 20–50 cm hohem Stengel; Staubbeutel gelblich; B. linealisch, 7–15 mm breit. Wälder, Gebüsche. △ April – Mai. Westeuropa, sonst eingebürgert.

927. Muscari commutatum Guss., Pflanze bis 20 cm; Bl. dunkel, schwärzlichblau, krugförmig, 5–8 mm, in gedrungener, eiförmiger Traube; sterile Bl. kleiner, heller; B. linealisch, rinnig, schlaff. Grasplätze, Trockenhänge. △ März – April. Südosteuropa.

928. Schopf-Traubenhyazinthe, *Muscari comosum* (L.) Mill., Pflanze 30–60 cm; Bl.traube oben mit violetten, langgestielten, sterilen Bl., darunter mit dunkelblauen, kurzgestielten, häufig noch geschlossenen Bl., am Grund mit abstehenden, bräunlichgrünen, offenen Bl., 5–7 mm; B. breit-linealisch, 5–15 mm breit, rinnig, glänzend. Felsen, Äcker, Weingärten. △ April – Juli. Mittel- und Südeuropa.

929. Kleine Traubenhyazinthe, *Muscari botryoides* (L.) Mill., Pflanze 10–30 cm; Bl. blau, mit weißem, zurückgebogenem Saum, fast kugelig, 3–4 mm; Traube kegelförmig; B. linealisch, 2–4, vorne breiter. Wiesen, Felder, Wälder. △ März – Mai. Mittel- und Südeuropa.

930. Muscari neglectum Guss., Pflanze 10–30 cm; Bl. 6–8 mm, dunkelblau, mit nach außen gekrümmten, weißen Zähnen; B. linealisch, 3–5 mm breit. Weingärten, Olivenhaine. △ März–Mai. Südeuropa.

931. Vierblättrige Einbeere, *Paris quadrifolia* L., Pflanze 15–40 cm, leicht kenntlich an den 4 ungestielten, quirlständigen B., in deren Mitte eine einzelne, langgestielte, grünlichgelbe, 4zählige Bl.; Frucht eine kugelige, schwarze Beere. Feuchte Wälder. △ Mai–Juli. Europa. Giftig.

932. Hyazinthe, *Hyacinthus orientalis* L., Bl. blau, bei Kulturformen, rosa oder weiß, zu 2–15 in 1seitswendiger, lockerer Traube an einem kräftigen, bis 30 cm hohen Stengel; B. breit-linealisch, glänzend, 1–2 cm breit. Zierpflanze, manchmal verwildert. △ März–Mai. Südosteuropa.

933. Maiglöckchen, *Convalaria majalis* L., Pflanze 10–20 cm, mit aufrechtem, gebogenem Stengel mit 1seitswendiger, 5–10blütiger Traube aus duftenden, weißen, breitglockigen Bl., 6–8 mm; B. meist 2, glänzend; Stengel unten mit scheidigen, trockenhäutigen Niederb.; Frucht leuchtend rot. Wälder, Gebüsche. △ April–Juni. Europa. Giftig.

934. Gemeine Weißwurz, *Polygonatum odoratum* (Mill.) Druce, Pflanze 30–60 cm; Bl. weiß, mit grünen Spitzen, röhrenförmig, duftend, einzeln oder paarweise, an einem langen, dünnen Stiel, b.achselständig; B. oval, 5–10 cm, ungestielt; Stengel oben kantig; Beere 6 mm, bläulichschwarz. Wälder, Felsen. △ Mai–Juni. Europa.

935. Vielblütige Weißwurz, *Polygonatum multiflorum* (L.) All., ähnlich 934, aber Bl. geruchlos, zu 2–5 in den Achseln eines Tragb.; Gesamtbl.stand 1seitswendig, gebogen; B 5–12 cm; Stengel oben rund. Wälder, Gebüsche. △ April–Juni. Europa.

AGAVACEAE | Agavengewächse

936. Amerikanische Agave, *Agave americana* L., B.rosette 2–4 m im Durchmesser, mit 30–40 lanzettlichen, dickfleischigen, blaugrünen, entfernt stachelig gezähnten B.; Bl.stand baumartig, bis 8 m hoch, reichblütig nach 10–15 Jahren erscheinend; Bl. gelblich. Kulturland, Felsen, Küstenhänge. △ Juni–August. Herkunft Mexiko; in Südeuropa eingebürgert.

AMARYLLIDACEAE | Amaryllisgewächse

937. Frühlings-Knotenblume, Märzenbecher, *Leucojum vernum* L., Bl. weiß, glockenförmig, mit gelblichem Saum, zu 1 oder 2 an einem b.losen Schaft, 10–30 cm; Bl.scheide 1blättrig, häutig; B. hellgrün, breit-linealisch, 1 cm breit; Zwiebel groß. Feuchte Wälder, Wiesen. △ Februar–April. Mittel- und Südeuropa.

938. Sommer-Knotenblume, *Leucojum aestivaum* L., ähnlich 937, aber Bl. zu 2–8, Bl.schaft bis 60 cm, Bl.hüllb. mit grünlichen Spitzen. Feuchte Wiesen, Gräben. △ April–Juni. Mittel- und Südeuropa.

939. Leucojum trichophyllum Brot., Bl. weiß oder rötlich überlaufen, zu 1–5 an einem 10–25 cm hohen Schaft; Bl.scheide 2blättrig; B. grasartig. Gebüsche, steinige Hänge. △ Januar–April. Südwesteuropa.

940. Sternbergia lutea (L.) Sprengel, Bl. krokusähnlich, goldgelb, fast sitzend, im Herbst mit den jungen B. erscheinend, zu 1–2, aufrecht, trichterig, 2–5 cm; B. breit-linealisch, schwach rinnig, 5–10 mm breit; Bl.schaft sich auf 10–30 cm verlängernd. Gebüsche, Wiesen. △ September–Oktober. Südeuropa.

941. Sternbergia colchiciflora Waldst. & Kit., von 940 durch viel schlankere, hellere, weißlichgelbe Bl. mit langer, dünner Röhre unterschieden; Bl.röhre oft teilweise im Boden; B. gedreht, nach der Blüte im Herbst oder Frühjahr erscheinend. Gebüsche, steinige Böden. △ Herbst oder Frühjahr. Balkanländer.

942. Kleines Schneeglöckchen, *Galanthus nivalis* L., Bl. hängend, einzeln, 2 cm, mit 3 reinweißen, ovalen, äußeren Hüllb. und 3 inneren, halb so langen Hüllb. mit grünen Spitzen; B. linealisch, blaugrün, gekielt, 4 mm breit; Bl.schaft 15–25 cm. Feuchte Wälder, Wiesen. △ Februar–März. Mittel- und Südeuropa.

943. Narcissus requienii Roemer, Bl.schaft bis 30 cm; Bl. goldgelb, mit 2 cm langer schlanker Röhre; Nebenkrone mehr als halb so lang wie die Bl.hüllb.; Bl.stiele in die Bl.scheide eingehüllt; B. sehr dünn, 10–25 cm. Felsige Hänge. △ März–Mai. Gebirge Südwesteuropas.

944. Reifrock-Narzisse, *Narcissus bulbocodium* L., Bl. einzeln, gelb, mit auffälliger trompetenförmiger Nebenkrone, diese länger als die schmalen, ausgebreiteten Bl.hüllb.; B. 2–4, sehr schmal, halbstielrund, rinnig; Bl.schaft 15–30 cm. Felsen, Gebirgswiesen, Heiden. △ Februar–März. Südwesteuropa.

945. Narcissus cantabricus Dc., ähnlich 944, aber Bl. weiß. Felsen, Gebirgswiesen. △ Februar – April. Südwestspanien.

946. Weiße Narzisse, *Narcissus poeticus* L., Bl. einzeln, nickend, duftend, 4–6 cm; Bl.hüllb. reinweiß, Nebenkrone gelb, 2–3 mm, mit rotem, krausem oder gelapptem Rand; B. blaugrün, 3–8 mm breit; Bl.schaft zusammengedrückt, bis 60 cm. Feuchte Gebirgswiesen. △ April–Juni. Südeuropa, sonst eingebürgert.

947. Narcissus serotinus L., Bl. duftend, meist einzeln, im Herbst vor den B. erscheinend; Bl.hülle weiß, Nebenkrone goldgelb, ringförmig, 1–2 mm lang; B. 1–2, grasartig, 1 mm breit; Bl.schaft dünn, bis 20 cm. Felsige und steinige Plätze. △ September–Oktober. Südeuropa.

948. Meeres-Narzisse, *Pancratium maritimum* L., Bl.schaft bis 60 cm; Bl. weiß, duftend, sehr groß, zu 3–10, mit großer, 2blättriger Bl.scheide; Bl.hülle mit langer, trichterförmiger, am Schlund erweiteter Röhre und 6 ausgebreiteten Zipfeln; Nebenkrone becherförmig, mit regelmäßigen Zähnen; B.blaugrün, dick, 2 cm breit, länger als der Bl.schaft. Sandstrände. △ Juli–September. Südeuropa.

IRIDACEAE | Schwertliliengewächse

949. Crocus nudiflorus Sm., Bl. einzeln, purpurn 5–10 cm, im Herbst vor den B. erscheinend; Narbe stark zerteilt, orange; Schlund kahl; B. 3–5, sehr schmal, im folgenden Frühjahr erscheinend. Grasplätze, Heiden. △ September–November. Südwesteuropa.

950. Frühlings-Krokus, *Crocus albiflorus* Kit., Bl. einzeln, weiß, mit violetter Röhre; Bl.hüllb. lanzettlich, stumpf, Schlund behaart; B. 2–4, kahl, mit den Bl. erscheinend. Gebirgswiesen. △ Februar–Mai, Alpen, Pyrenäen, Karpaten.

951. Hermodactylus tuberosus (L.) Miller, Bl. 4–5 cm, grünlich-gelb, äußere Bl.hüllb. bräunlich oder schwärzlichpurpurn, zurückgebogen, innere Bl.hüllb. aufrecht, lanzettlich, tief 2lappig; B. binsenartig, 4rippig, länger als der Bl.schaft. Felsen, steinige Hänge. △ März–April. Südeuropa.

952. Wasser-Schwertlilie, *Iris pseudacorus* L., Bl. 8–10 cm, gelb, mit grünen, breit-hautrandigen Hochb.; äußere Bl.hüllb. breit-eiförmig, oft orange gezeichnet, innere Bl.hüllb. viel kleiner; B. schmal, schwertförmig; Bl.schaft 40–150 cm. Sümpfe, Ufer, Gräben. △ Juni–Juli. Europa.

953. Iris sisyrinchium L., Pflanze bis 25 cm, mit binsenartigen B. und leuchtend blauen Bl., 1–3 cm, mit weißlicher oder gelblicher Mitte, zu mehreren an einem dünnen Schaft; äußere Bl.hüllb. oval-spatelförmig, ausgebreitet, bartlos, innere Bl.hüllb. lanzettlich, aufrecht. Hügel, steinige Plätze im Küstenbereich. △ April–Mai. Südeuropa.

954. Iris xiphium L., Pflanze bis 60 cm; Bl. violett-purpurn, einzeln, bis 10 cm; äußere Bl.hüllb. zurückgeschlagen, mit orangegelbem Fleck oder ganz gelb, innere Bl.hüllb. lanzettlich, aufrecht; Narben kronb.artig, violettrot, 2lappig; B. schmal-linealisch, gerieft. Feuchte, sandige Plätze im Gebirge. △ Mai–August. Südwesteuropa.

955. Iris xiphioides Ehrh., ähnlich 954, aber Bl. zu 2, leuchtend blau, auf dem äußeren Bl.hüllb. mit orangerotem Fleck; B. breit-linealisch, meist so lang wie der Bl.schaft. Steinige Hänge. △ Mai–August. Pyrenäen.

956. Grasblättrige Schwertlilie, *Iris graminea* L., Pflanze 20–50 cm, mit 2 duftenden, blauvioletten Bl.; äußere Bl.hüllb. ausgebreitet, innere Bl.hüllb. lanzettlich, aufrecht, kürzer als die kronb.artigen Narben; Hochb. 2, grün; B. 5–10, grasartig, viel länger als der 2kantige, flachgedrückte Bl.schaft. △ Wälder, Gebüsche, Wiesen. △ Mai–Juni. Mittel- und Südeuropa.

957. Deutsche Schwertlilie, *Iris germanica* L., Pflanze bis 1 m, mit verzweigtem Bl.schaft und 2–3 duftenden, blauvioletten Bl., bis 10 cm; äußere Bl.hüllb. bis 4 cm breit, dunkelviolett, mit gelbem Bart, ausgebreitet, innere Bl.hüllb. nach innen gekrümmt; Hochb. oben trockenhäutig; B. blaugrün, kräftig, 2–5 cm breit. Felsige Plätze; Zierpflanze und oft verwildert. △ April–Juni. Südeuropa, sonst eingebürgert.

958. Iris chamaeiris Bertol, Bl. 1–2, in der Farbe stark variierend; äußere Bl.hüllb. blau, purpurn und gelb, weiß oder braun gefleckt oder geadert, länglich-spatelig, mit orangerotem Bart, innere Bl.hüllb. mit krausem Rand; B. hellgrün, 8–12 mm breit. Trockene, steinige Plätze. △ März–April. Südeuropa.

959. Zwerg-Schwertlilie, *Iris pumila* L., Bl. blauviolett, selten gelblichweiß; Bl.schaft kürzer als die grundständigen B.; äußere Bl.hüllb. breit-spatelförmig, mit zurückgekrümmter Spitze und dicht bebärteter Oberseite, innere Bl.hüllb. wenig länger als die äußeren; Hochb. 2, trockenhäutig; B. häufig gebogen, 7–17 mm breit, meist blaugrün. Trockne, felsige Plätze. △ März–Mai. Südosteuropa.

960. Saat-Siegwurz, *Gladiolus segetum* Ker-Gawler, Bl. rosarot, zu 3–13 in lockerer, 1seitswendiger Ähre; Stengel beblättert, 40–100 cm; Bl.hülle 4–5 cm; obere Bl.hüllb. länger und etwa 2mal so breit wie die seitlichen; Knolle mit groben, parallelen Fasern. Äcker, Kulturland △ April–Juni. Südeuropa.

961. Gladiolus byzantinus Miller, ähnlich 960, aber Bl. dunkler, violettrot, obere 3 Bl.hüllb. gleich groß, dicht gestellt. Äcker, Kulturland. △ April–Mai. Südosteuropa.

PALMAE | Palmengewächse

962. Dattelpalme, *Phoenix canariensis* Chaub., Baum mit 6–8 m hohem, kräftigem Stamm, bedeckt von faserigen B.scheiden, am Ende mit großer Rosette aus gefiederten B.; Fiederb. gekielt; Frucht glatt, braun, Fruchtfleisch geschmacklos. Herkunft Kanarische Inseln; häufig im Mittelmeergebiet gepflanzt.

963. Zwergpalme, *Chamaerops humilis* L., Stamm sehr kurz; B. fächerförmig geteilt, mit 12–15 steifen, lanzettlichen Abschnitten; Bl.stand sehr reichblütig. Die einzige Palme europäischer Herkunft. Trockne, sandige, felsige Plätze. △ März–Juni. Südeuropa.

JUNCACEAE | Binsengewächse

964. Glanzfrüchtige Binse, *Juncus articulatus* L., Pflanze 20–50 cm; Bl. unscheinbar, bräunlich, in knäueligen Büscheln; Gesamtbl.stand wenig verzweigt; äußere Bl.hüllb. spitz, innere stumpf, gleichlang, kürzer als die stark glänzende Kapsel; B schmal, röhrig. Wiesen, Moore, Gräben. △ Juli–September. Europa.

965. Jacquins Binse, *Juncus jacquinii* L., Pflanze 15–30 cm, mit einem fast stengelartigen, unten scheidigen B., etwas entfernt unter dem kopfigen Bl.stand stehend; Bl. glänzend, schwarzbraun, Bl.hüllb. lanzettlich, langspitzig. Feuchte Gebirgswiesen. △ Juli–September. Alpen, Karpaten.

966. Knäuel-Binse, *Juncus subuliflorus* Drejer, Pflanze bis 120 cm; Stengel mattgrün, erhaben gestreift; Bl.stand dicht, kopfig, dem Stengel angedrückt. Nasse Wiesen, Moore. △ Juni–September. Europa.

967. Flatter-Binse, *Juncus effusus* L., Pflanze 30–100 cm; Stengel glänzend grün, glatt, mit zusammenhängendem Mark; Bl.stand locker, mit vielen aufrechten oder gebogenen Ästen. Feuchte Wiesen und Wälder, Sümpfe. △ Juni–September. Europa.

968. Sparrige Binse, *Juncus squarrosus* L., Pflanze 15–30 cm; Stengel nur am Grund beblättert; B. starr, dick, borstlich, bogig abstehend; Bl.stand ziemlich dicht; Bl.hüllb. 4–7mm, oval-lanzettlich, breit-hautrandig. Moore, torfige Wiesen. △ Juni–September. Europa.

969. Stechende Binse, *Juncus acutus* L., dichtrasige Pflanze, 30–150 cm, mit zähen, derben, scharfspitzigen B. und rundlichem, dichtem Bl.stand, überragt vom untersten stengelartigen, stechenden Tragb.; Bl.hüllb. 3–4 mm, langspitzig, rötlichbraun, weißhäutig berandet. Küstensand, Salzsümpfe. △ März–Juli. Süd- und Südosteuropa.

970. Blaugrüne Binse, *Juncus inflexus* L., Pflanze bis 90 cm; Stengel b.los, blaugrün, stark gestreift, mit fächerig unterbrochenem Mark; Bl.stand vielblütig; Bl.hüllb. 3–4 mm, lanzettlich, pfriemlich. Feuchte Wiesen. △ Juni–August. Europa.

971. Schneeweiße Hainsimse, *Luzula nivea* (L.) DC., Pflanze 40–80 cm; Bl.stand mehrästig; Bl. weiß, trockenhäutig, in 8–20blütigen Büscheln; Bl.hüllb. 5–6 mm, spitz; B. 2–4 mm breit, mit langen Haaren. Wälder. △ Juni–August. Alpen, Pyrenäen, Apenninen.

972. Gemeine Hainsimse, *Luzula campestris* (L.) DC., lockerrasige Pflanze 10–30 cm; Bl. zu 3–10 in eiförmigen Ähren an ungleich langen Ästen; Bl. hüllb. 3–4 mm, kastanienbraun, mit durchsichtigem Rand; Tragb. häutig; B. grasartig, 2–5 mm breit, am Rand spärlich, lang weißbewimpert. Grasplätze, Magerwiesen. △ April – Juni. Europa.

GRAMINEAE (POACEAE) | Süßgräser

973. Wald-Trespe, *Bromus ramosus* Hudson, Pflanze behaart, 100–150 cm, mit 15–45 cm langer, lockerer, überhängender Rispe; Ährchen 2–4 cm, linealisch, begrannt; untere Hüllspelze 1nervig, obere größer, 3nervig; B. dunkelgrün, 6–15 mm breit, B.häutchen 2–3 mm lang. Wälder, Gebüsche. △ Juni – August. Europa.

974. Aufrechte Trespe, *Bromus erectus* Hudson, Pflanze 30–90 cm, mit aufrechter Rispe, 10–15 cm; Ährchen 2–4 cm, länglich, schmal; Hüllspelzen fast gleich, unbegrannt; Granne der Deckspelze 4–10 mm; untere B. eingerollt, obere flach, entfernt gewimpert; B.häutchen 1–2 mm. Trockne Wiesen, Wegränder. △ Mai – Juli. Europa.

975. Mäuse-Gerste, *Hordeum murinum* L., Pflanze bis 60 cm; Ähre abgeflacht, 4–12 cm, mit langen Grannen; mittleres Ährchen der 3er Gruppe fruchtbar, die seitlichen steril oder mit männlichen Bl.; Granne der Deckspelze 2–4 cm; B. flach, behaart. Schutt, Wegränder. Mai–August. Europa.

976. Meerstrand-Quecke, *Agropyron junceiforme* Löve, Pflanze bis 60 cm, mit kriechender Grundachse und langen Ausläufern, blaugrün; Ähre steif, 5–20 cm; Ährchen zerbrechlich, $1^1/_2$–3 cm; Hüllspelzen derb, 7–11nervig, Deckspelze dick, 5nervig, mit kurz vorspringender Mittelrippe; B. blaugrün, meist eingerollt. Dünensand der Küsten von ganz Europa. △ Juni – August.

977. Gemeine Quecke, *Agropyron repens* (L.) Beauv., Pflanze 30–100 cm, mit vielen Ausläufern, oft große Flächen bedeckend; Ähre 5–20 cm; Ährchen 1–2 cm, sich überlappend; Hüllspelzen

3–7nervig; Deckspelze derb, 8–13 mm, 5nervig; B. grün, flach. Wegränder, Schutt, Grasplätze, Äcker. △ Juni – September. Europa.

978. Aegilops ovata L., Pflanze bis 40 cm, mit kurzer, eiförmiger Ähre, 1–2 cm; Ährchen 2–5, die oberen schlank und steril, die unteren oval, mit 3–4 fruchtbaren Bl.; Hüllspelzen aufgeblasen, mit 4 steifen, 2–7 cm langen Grannen, Deckspelze mit 2–3 dünnen Grannen; B. flach, rauh. Ödland, Wegränder. △ Mai – Juli. Südeuropa.

979. Hart-Weizen, *Triticum durum* L., Pflanze mit einem einzigen Halm, bis 120 cm; Ähre dicht, kantig; Ährchen länglich; Hüllspelzen stark gekielt, mit langer, feiner Spitze, Deckspelze lang begrannt; Frucht hart, etwa 3mal so lang wie breit. Vor allem im Mittelmeergebiet kultiviert. △ Mai – Juli.

980. Gemeiner Strandroggen, *Elymus arenarius* L., blaugrüne Pflanze, bis 2 m, mit kriechenden, unterirdischen Ausläufern; Ähre 15–35 cm, dicht; Ährchen 2–3 cm, paarweise, wechselständig, mit der Breitseite zur Spindel sitzend; Hüllspelzen gekielt, behaart, Deckspelzen grannenlos, 7nervig, dicht behaart; B. steif, 8–20 mm breit, scharf zugespitzt, oben rauh. Dünensand im Küstenbereich. △ Juni – August. Küsten Europas.

981. Gemeines Blaugras, Halden-Blaugras, *Sesleria coerulea* (L.) Ard., polsterige Pflanze, 10–40 cm, mit dichter, glänzender, bläulicher, eiförmiger Rispe aus vielen, kurzgestielten Ährchen, diese 5–7 mm, 2–3blütig; B. kahl, meist grundständig, mit ausdauernden, gekielten Scheiden; B.spreite unten gekielt, 2–6 mm breit, plötzlich in eine feine Spitze zusammengezogen. Geröllhalden, Moorwiesen, Felsen. △ März – August. Europa.

982. Blaues Pfeifengras, *Molinia coerulea* (L.) Moench, dicht polsteriges Gras, mit dünnen, steifen aufrechten Stengeln, 30–100 cm; Rispe 5–40 cm, purpurn, bräunlich oder schieferblau, selten grün; Ährchen länglich, 4–9 mm; B. flach, rauh, 3–10 mm breit, am Grund wimperig. Moore, Sümpfe, feuchte Wiesen und Wälder. △ Juli – September. Europa.

983. Großes Zittergras, *Briza maxima* L., Pflanze bis 50 cm, mit großen, eiförmigen, an sehr dünnen Stielen hängenden Ährchen in lockerer, 1seitswendiger Rispe; Ährchen 1–2 cm, silbrigweiß; Hüllspelzen bootsförmig, dünn; B. flach, B. häutchen lanzettlich. Trockenhänge. △ April – Juni. Südeuropa.

984. Gemeines Schilf, *Phragmites communis* Trin., Pflanze mit steifen, glatten, Stengeln, 1–3 m, in dichten Beständen wachsend; Rispe bräunlich oder rötlich, weich, 15–40 cm; Ährchen 10–15 mm, am Grund der Bl. mit 1 cm langen Seidenhaaren; B. blaugrün, flach, 1–3 cm breit, statt des B.häutchens ein dichter Haarkranz. Gewässer, Sümpfe, nasse Wiesen. △ August – September. Europa.

985. Stacheliges Kammgras, *Cynosurus echinatus* L., Pflanze bis 50 cm; Ährenrispe 1–8 cm, dicht, eiförmig, glänzend grün oder rötlich; Deckspelzen mit langen, dünnen Grannen; Stengel einzeln; B. bis 7 mm breit, flach, obere B.scheiden aufgeblasen, mit kurzer, spitzer Spreite. Trockne Hänge, sandige Felder. △ April – Juli. Süd- und Südosteuropa, sonst eingebürgert.

986. Alpen-Rispengras, *Poa alpina* L., Pflanze bis 40 cm; Rispe 3–7 cm, meist aufrecht, locker; Ährchen grüngelb und rotviolett gescheckt, oft zu beblätterten Brutknospen auswachsend; Stengelgrund durch die B.scheiden zwiebelartig verdickt; B. kurz und steif, 2–5 mm breit. Gebirgswiesen. △ Juni – August. Gebirge Europas.

987. Wimper-Perlgras, *Melica ciliata* L., Pflanze 30–60 cm; Rispe schlank, zusammengezogen, 8–15 cm, mit kurzen Ästen, daran bis zu 10 Ährchen mit langen, silbrigen Seidenhaaren; B. steif, schmal, eingerollt. Sonnige Hänge, Felsen, Mauern. △ Mai – August. Mittel- und Südeuropa.

988. Avena sterilis L., Pflanze 50–150 cm, mit lockerer, 1seitswendiger, aufrechter oder hängender Rispe, mit 3 cm großen, offenen, 3–7blütigen Ährchen; Granne der Deckspelze bis 7 cm, unten spiralig gedreht; B. flach, kahl. Kultur- und Ödland. △ Mai – Juli. Südeuropa.

989. Wasser-Schwaden, *Glyzeria maxima* (Hartman) Homberg, gelbgrüne Wasserpflanze, 1–2 m; Rispe stark verzweigt, straußförmig, 15–45 cm; Ährchen länglich, 5–12 mm; Hüllspelzen oval, Deckspelzen elliptisch, stumpf, 7nervig; B. 30–60 cm lang, 1–2 cm breit, am Rand rauh, B.scheiden gekielt. Ufer, Gräben. △ Juni – August. Europa.

990. Blaugrüner Schwaden, *Glyzeria declinata* Breb., Pflanze 10–50 cm; Rispe armblütig, zur Fruchtzeit mit anliegenden Ästen; Deckspelzen vorn mit 3–5 scharfen Spitzen; B. blaugrün, vorne kapuzenförmig zusammengezogen, B.scheiden 2schneidig zusammengedrückt. Feuchte Wege, Gräben. △ Juni – August. Mittel- und Westeuropa.

991. Vielblütiger Lolch, Italienisches Raygras, *Lolium multiflorum* Lam., Pflanze 30–80 cm, Stengel oberwärts rauh; Ähre 1fach, unverzweigt; Ährchen flach, abstehend, mit der Schmalseite zur Spindel wechselständig, 2zeilig sitzend; Granne der Deckspelze bis 1 cm. Futterpflanze; Wiesen. △ Juni – August. Mittel- und Südeuropa, sonst eingebürgert.

992. Rohr-Schwingel, *Festuca arundinacea* Schreb., Pflanze 60–150 cm; Rispe bis 20 cm, oben meist überhängend; Ährchen 8–12 mm, 4–8blütig, grün, meist violett überlaufen; Hüllspelzen linealisch, spitz; B. steif, zäh, 4–10 mm breit. Ufer, feuchte Wälder. △ Juni – Juli. Europa.

993. Gemeines Steifgras, *Catapodium rigidum* (L.) Hubbard, Pflanze steif, blaugrün, 5–30 cm; Ähren 2–8 cm, unten oft verzweigt; Ährchen 4–7 mm, schmal, länglich, 5–10blütig; Hüllspelzen 1–2 mm, spitz, Deckspelze 2–3 mm, stumpf; B. 1–2 mm breit, meist eingerollt. Trockne Hänge, Mauern. △ Mai – Juli. West- und Südeuropa.

994. Draht-Schmiele, *Deschampsia flexuosa* (L.) Trin., lockerrasige Pflanze 30–60 cm, mit zierlicher, lockerer Rispe, 5–10 cm, mit haarfeinen Ästen und glänzenden Ährchen, 4–6 mm; Granne der Deckspelze braun, gekniet, 4–7 mm; B. dünn, eingerollt, $^1/_2$ mm breit. Trockne Wälder, Heiden. △ Juni – Juli. Europa.

995. Goldhafer, *Trisetum flavescens* (L.) Beauv., Pflanze bis 80 cm; Rispe 5–15 cm, gelblich; Ährchen, 5–7 mm, begrannt; Granne der Deckspelze 5–9 mm, in der Mitte gekniet; B. flach, weichhaarig, 2–4 mm breit; Stengel fein abstehend behaart. Wiesen. △ Mai – August. Europa.

996. Wolliges Honiggras, *Holcus lanatus* L., weichhaarige Pflanze, 20–100 cm, mit eiförmiger, meist aufrechter Rispe, 5–20 cm; Ährchen hellgrün oder rötlich, 4–6 mm; Grannen 1–2 mm, zuletzt hakig gekrümmt; B. und Stengelknoten weichhaarig. Wiesen, lichte Wälder. △ Mai – August. Europa.

997. Sammetgras, *Lagurus ovatus* L., graugrüne, weichhaarige Pflanze, 10–60 cm, mit aufrechter, eiförmiger, dichter, weißlicher Ährenrispe, 2–7 cm; Ährchen 8–10 mm, mit sehr dünnen Grannen; Hüllspelzen mit langen, abstehenden Haaren; B. kurz, flach, weichhaarig. Trockne, sandige Plätze. △ April – Juli. Südeuropa.

998. Gemeiner Strandhafer. *Ammophila arenaria* (L.) Link, Pflanze 60–120 cm, mit dichter, zusammengezogener Rispe, 10–20 cm; Ährchen 1blütig, 10–15 mm, flach, kurzgestielt; Hüllspelzen steif; B. graugrün, starrig, spitz, stark eingerollt, oben gerippt; B.häutchen 1–2 cm. Dünensand. △ Mai – Juli. Küsten Europas.

999. Wiesen-Fuchsschwanz, *Alopecurus pratensis* L., Pflanze 30–100 cm, mit weicher, zylindrischer Ährenrispe, 4–12 cm; Ährchen 4–6 mm; Deckspelze oval, deren Granne nahe dem Grund eingefügt und 2mal so lang; B. flach, 3–10 mm breit. Wiesen. △ April – Juli. Europa.

1000. Wiesen-Lieschgras, *Phleum pratense* L., Pflanze 40–120 cm, ähnlich 999, aber Ährchen gestutzt-2spitzig, stiefelknechtartig, 3–4 mm; Hüllspelzen steif, am Kiel mit weißen, abstehenden Haaren; B. flach, 3–9 mm breit; B.häutchen stumpf, bis 6 mm. Wiesen. △ Mai – August. Europa.

1001. Wald-Flattergras, *Milium effusum* L., Pflanze 50–150 cm, mit pyramidenförmiger Rispe, 10–40 cm, mit abstehenden oder zurückgebogenen Ästen; Ährchen oval, 3–4 mm, grün, 1blütig; Hüllspelzen gleich, 3nervig, oval; B. flach, 5–15 mm breit, am Rand rauh. Wälder, schattige Stellen. △ Mai – August. Europa.

1002. Kanariengras, *Phalaris canariensis* L., Pflanze bis 120 cm; Rispe eiförmig, dicht, 2–6 cm, mit stark abgeflachten, verkehrt-eiförmigen, dachziegeligen, weißlichgrünen Ährchen, 6–10 mm; Hüllspelzen steif, mit grünem, breit geflügeltem Kiel und plötzlich zusammengezogener Spitze; B. flach, 3–12 mm breit. Wegränder, Kulturland. △ Mai – Juli. Herkunft Afrika und Kanarische Inseln, in Mittel- und Südeuropa eingebürgert.

1003. Reisgras, *Spartina townsendii* H. & J. Groves, steife, kräftige Pflanze 50–150 cm, mit fleischigen, weit kriechenden Rhizomen; Bl.stand 15–30 cm, aus 3–6 schlanken Ähren; Ährchen 2zeilig, dicht der Ährenspindel angedrückt, 12–20 mm; B. steif, oben gerippt, flach oder eingerollt, 7–15 mm breit; B.häutchen zerfranst, behaart. Salzsümpfe, Wattenmeer. △ Juli – November. Westeuropa.

1004. Erianthus ravennae (L.) Beauv., Pflanze 1–2 m, mit silbrigweißer, federartiger Rispe, 30–60 cm; Ährchen mit 1 sitzenden, fertilen Bl. und 1 gestielten, sterilen Bl.; Ährchenachse und Hüllspelzen dicht silberhaarig; Deckspelze begrannt; B. 10–15 mm breit, gerieft, am Rand rauh, B.scheiden behaart; B.häutchen in einen Haarkranz umgebildet. Sandige Plätze, trockne Flußbette. △ August – Oktober. Süd- und Südosteuropa.

1005. Echtes Federgras, *Stipa pennata* L., blaugrüne Pflanze, bis 60 cm, mit schmaler Rispe und wenigen Ährchen mit federig behaarten Grannen; Hüllspelzen 1 $^1/_2$–2 cm, deren Grannen kahl, 2–3mal so lang; Deckspelze 1$^1/_2$–2$^1/_2$ cm, Granne bis 35 cm lang, unten gedreht, oben gekniet und federartig; B. schmal, borstlich, $^1/_2$–1 mm breit, eingerollt. Trockne, sonnige Hänge, Felsen. △ Mai – Juli. Mittel- und Südeuropa.

1006. Echte Hirse, *Panicum miliaceum* L., Pflanze bis 1 m; Rispe dicht, 10–20 cm, mit langen, dünnen Ästen und zahlreichen oft purpurnen Ährchen, 3–4 mm; Hüllspelzen kahl, die obere 3mal so lang wie die untere; B. 1–2 cm breit; B.scheiden mit langen Haaren. Herkunft Asien; häufig in Südeuropa angebaut. △ Juli – Oktober.

1007. Ampelodesma mauritanica (Poiret) Durrand & Schinz, Pflanze 1–3 m, mit langer, reich verzweigter, unterbrochener, schwach 1seitswendiger, rötlichgrüner Rispe; Ährchen 10–15 mm, kurz begrannt; B. sehr lang, derb, lederig, binsenartig, mit eingerolltem Rand. Trockne, felsige Plätze. △ Mai – Juni. Südeuropa.

1008. Gemeines Hühnergras, *Echinochloa crus-galli* (L.) Beauv., Pflanze 30–100 cm, mit unregelmäßiger Rispe, 6–20 cm; Rispenäste ungleich, dicht mit breit-ovalen Ährchen besetzt, diese 3–4 mm; obere Hüllspelze 5nervig, stachelig, behaart, das Ährchen einhüllend; Deckspelze spitz oder mit bis 5 cm langer Granne; B. 8–20 mm breit, Rand verdickt und rauh; Stengel an den Knoten mit Haarbüscheln. Feuchte Äcker, Gräben. △ Juli – Oktober. Europa.

1009. Italienische Borstenhirse, Vogelhirse, *Setaria italica* (L.) Beauv., Pflanze bis 1 m, mit reichblütiger, oft unterbrochener, lappiger Ährenrispe, 20–30 cm, mit kurzen Ästen; Hüllborsten grün, mit vorwärtsgerichteten Zähnen, etwa 2mal so lang wie die Ährchen; B. 8–15 mm breit. Herkunft Asien, in Südeuropa angebaut. △ Mai – Juli.

1010. Behaartes Bartgras, *Hyparrhenia hirta* (L.) Stapf, Pflanze 40–120 cm ähnlich 1011, aber Ähren zu 2, zylindrisch, 2–3 cm, mit breiten, krautigen Tragb.; Ährchen paarweise, silbrig behaart; B. flach, 2–3 mm breit, Rand rauh. Trockne, felsige Hänge, Wegränder. △ April – November. Südeuropa.

1011. Gemeines Bartgras, *Bothriochloa ischaemum* (L.) Keng, Pflanze 40–80 cm, mit 2–10 fingerartig gestellten, schlanken Ähren; Ährchenstiele lang behaart; Hüllspelzen violett, unbegrannt; Deckspelze der Zwitterbl. mit geknieter Granne; B. graugrün, 2–3 mm breit, gerieft; B.häutchen in einen Haarkranz umgebildet. Trockne Plätze. △ April – November. Mittel- und Südeuropa.

ARACEAE | Arongewächse

1012. Echter Kalmus, *Acorus calamus* L., Pflanze bis 1 m; B. schwertförmig, Rand wellig, 1–2 cm breit, beim Zerreiben aromatisch riechend; Bl.kolben zylindrisch, scheinbar seitenständig, bis 8 cm lang; Bl. grünlichgelb; Bl.scheide grün, über dem Kolben den Stengel fortsetzend. Teichränder, Flußufer, Gräben. △ Mai – Juli. Herkunft Asien und Amerika; in Europa eingebürgert.

1013. Sumpf-Schlangenwurz, *Calla palustris* L., Pflanze 15–30 cm, mit kräftigen Rhizomen und langgestielten, herzförmigen Grundb. und b.losem Stengel mit weißer, eiförmig-spitzer, 6–7 cm langer Bl.scheide; Bl.kolben oval, bis zur Spitze mit Bl. besetzt; Frucht rot. Sümpfe, Erlenbruchwälder. △ Juni – August. Nord- und Mitteleuropa.

1014. Italienischer Aronstab, *Arum italicum* Miller, Pflanze 20–60 cm; Bl.scheide trichterförmig, unter der Mitte eingeschnürt, bis 40 cm, außen gelblich, innen weißlich; Kolben buttergelb, $^1/_3$ der Bl.scheide erreichend; B. pfeilförmig, oft weißlich gefleckt, im Herbst erscheinend. Hecken, Dickichte. △ April – Mai. Süd- und Westeuropa.

1015. Gemeine Schlangenwurz, *Dracunculus vulgaris* Schott, Pflanze stinkend, bis 1 m, mit dunkelpurpurroter, außen gefleckter oder gestreifter Bl.scheide mit gewelltem Rand, bis 35 cm; Bl.kolben dick, fleischig, so lang wie die Scheide; B. in 11–15 schmale Abschnitte tief zerteilt. Gebüsche, Wälder. △ April – Juni. Südeuropa.

1016. Biarum tenuifolium (L.) Schott, Pflanze bis 25 cm; Bl.scheide am Grund in eine stielartige Röhre verschmälert, mit zungenförmiger, braunpurpurner, langer Spreite; Bl.kolben braunpurpurn, oft länger als die Scheide; Bl. in der Röhre eingeschlossen; B. spatelig, langgscheidig, nach der Blüte erscheinend. Steinige Plätze. △ April – Juli. Südeuropa.

1017. Arisarum vulgare Targ.-Tozz., Pflanze 5–30 cm; Bl.scheide flaschenförmig, grüngestreift und purpurn gefleckt, mit schräger Mündung und bräunlichpurpurner, darübergeneigter Oberlippe; Bl.kolben braunpurpurn; B. rundlich-pfeilförmig, langgestielt. Gebüsche, Weingärten, Olivenhaine. △ März – Mai. Südeuropa.

TYPHACEAE | Rohrkolbengewächse

1018. Breitblättriger Rohrkolben, *Typha latifolia* L., Pflanze bis 2 m, mit beblätterten Stengeln, am Ende mit zylindrischen, braunen Kolben aus vielen kleinen Bl., oben die weiblichen, unten die männlichen; B. flach, 1–2 cm breit. Sümpfe, Gräben, Ufer. △ Juni – August. Europa.

SPARGANIACEAE I Igelkolbengewächse

1019. Ästiger Igelkolben, *Sparganium erectum* L., Pflanze 50–150 cm, mit aufrechten, schwertförmigen, gekielten, unten 3kantigen B. und meist verzweigtem Bl.stand aus vielen, kugeligen, grünlichgelben Bl.köpfen, 1–2 cm, die männlichen etwas kleiner, am Ende der Äste, darunter die weiblichen. Teiche, Ufer, Gräben. △ Juni – August. Europa.

LEMNACEAE I Wasserlinsengewächse

1020. Vielwurzelige Wasserlinse, Teichlinse, *Lemna polyrhiza* L., Pflanze nicht in B. und Stengel gegliedert; Sproßglied rundlich bis oval, 5–10 mm, beiderseits flach, oben glänzend grün, unten meist rot, mit einem bis 3 cm langen Wurzelbüschel. Stehende Gewässer. △ Mai – Juni. Europa.

1021. Kleine Wasserlinse, *Lemna minor* L., ähnlich 1020, aber Sproßglieder kleiner, 2–5 mm, mit nur 1 Wurzel. Stehende Gewässer. △ April – Juni. Europa.

CYPERACEAE I Riedgrasgewächse

1022. Breitblättriges Wollgras, *Eriophorum latifolium* Hoppe, dichtrasige Pflanze, 30–60 cm, mit 5–12 köpfigen, zuletzt überhängenden Ährchen an einem stumpf 3kantigen Stengel; Bl.hülle aus vielen Borsten oder Haaren; Fruchtstand aus wolligen, weißen Köpfen; B. lineal-lanzettlich, spitz. Flachmoore, nasse Wiesen. △ April – Juli. Europa.

1023. Scheidiges Wollgras, *Eriophorum vaginatum* L., dichtrasige Pflanze, 20–60 cm mit 1 endständigen, eiförmigen Ähre, zur Bl.zeit braun, zur Reife weißwollig; Stengelb. 2–3, mit aufgeblasenen Scheiden und kurzen Spreiten; Grundb. fädlich, 1 mm breit; Stengel oben 3kantig. Hochmoore, nasse Wiesen. △ April – Juli. Europa.

1024. Waldsimse, *Scirpus silvaticus* L., Stengel beblättert, stumpf 3kantig, glatt, 30–100 cm; Bl.stand eine lockere, reichästige Rispe; Ährchen 3–4 mm, grünlich, in dichten Köpfen am Ende der Rispenäste; B. flach, bis 2 cm breit. Sümpfe, Gräben, Ufer, feuchte Wiesen und Wälder. △ Mai – August. Europa.

1025. Strandsimse, *Scirpus maritimus* L., Stengel beblättert, scharf 3kantig, 30–120 cm; Ährchen rotbraun, 1–2 cm, zu 2–5 kopfig gedrängt oder gestielt, von krautigen Tragb. weit überragt; B. flach, gekielt, 2–10 mm breit. Sümpfe und Gräben in Küstennähe, selten im Binnenland. △ Juni – September. Europa.

1026. Kopfsimse, *Scirpus holoschoenus* L., dichtrasige Pflanze mit Ausläufern, 50–100 cm; Bl. stand aus 2–5 kugeligen Köpfen 5–15 mm breit, 1 sitzend, die anderen gestielt, mit langem, den Stengel fortsetzendem Tragb.; Stengel gerippt, b.los. Ufer, Sumpfwiesen. △ Juli – August. Mittel- und Südeuropa.

1027. Salz-Teichsimse, *Scirpus tabernaemontani* Gmelin, Stengel 50–150 cm, graugrün (die sehr ähnliche Teichsimse hat grasgrüne Stengel), stielrund; Bl.stand scheinbar seitenständig, kopfig oder rispenartig, mit einem stengelartigen Tragb.; Deckb. von erhabenen Punkten rauh. Gräben, Teichränder, salzliebend. △ Juni – Juli. Europa.

1028. Gemeine Sumpfsimse, *Eleocharis palustris* (L.) Roem. & Schult., rasenbildende Pflanze, 10–60 cm; Stengel b.los, stielrund, 2–4 mm dick, mit endständigem, 5–20 mm langem Ährchen; Deckb. braun, mit grünem Mittelstreifen; untere B.scheiden gelb- oder rotbraun. Sümpfe, Gräben, Teiche. △ Mai – August. Europa.

1029. Schwarzes Kopfried, *Schoenus nigricans* L., dichtrasige Pflanze, 20–70 cm, mit kopfigem, schwarzbraunem Bl.stand, $1–1^1/_2$ cm, aus 5–10 Ährchen, 5–8 mm, am Grund vom Tragb. des untersten Ährchen umhüllt; B. fast stielrund, rand eingerollt; untere B.scheiden schwarzbraun, glänzend. Sümpfe, Moore. △ Juni – Juli. Europa.

1030. Strand-Segge, *Carex extensa* Gooden, graugrüne Küstenpflanze, bis 40 cm, mit 1 männlichen Ährchen, 10–15 mm und 2–4 länglich-ovalen, dicht gestellten, weiblichen Ährchen; Deckb. breiteiförmig, stachelspitz, strohgelb, mit bräunlichen Flecken; B. 2–3 mm breit. Küsten Europas. △ April – Juli.

1031. Zypergras-Segge, *Carex pseudocyperus* L., dichtrasige Pflanze, 40–100 cm, mit rauhen, scharf 3kantigen Stengeln und 5–12 mm breiten, rauhen, gelbgrünen B.; männliches Ährchen 3–6 cm; weibliche Ährchen zu 3–5, zylindrisch 3–5 cm lang und 1 cm dick, hängend; Tragb. langgestielt, krautig, viel länger als der Bl.stand; Schläuche spindelförmig, gelbgrün. Flachmoore, Teichränder. △ Mai – Juli. Europa.

1032. Ufer-Segge, *Carex riparia* Curtis, kräftige Pflanze, $1–1^1/_2$ m, mit scharf 3kantigem Stengel und graugrünen, scharf gekielten, 6–20 mm breiten B.; männliche Ährchen 2–5, breit-zylindrisch, dunkelbraun; weibliche Ährchen 1–5, 3–9 cm lang und 1 cm dick, die unteren oft langgestielt und hängend; Deckb. mit gezähnter, grannenartiger, brauner Spitze; Schläuche graubraun, geschnäbelt. Ufer, Sümpfe. △ April – Juni. Europa.

1033. Große Segge, *Carex pendula* Hudson, Stengel glatt, 50–150 cm; B. 1–2 cm breit; weibliche Ährchen grün, langgestielt, hängend, zylindrisch, 5–15 cm; Schläuche graugrün, mit kurzem, ausgerandetem Schnabel; männliches Ährchen 6–10 cm, bräunlich. Feuchte Wälder, Hohlwege. △ Mai – Juli. Mittel- und Südeuropa.

1034. Schnabel-Segge, *Carex rostrata* Vill., graugrüne Pflanze, bis 60 cm, mit rauhen, 3–5 mm breiten B.; weibliche Ährchen walzig, 2–8 cm lang, 1 cm dick; Deckb. lanzettlich, braun, mit hellem Mittelstreifen; Schläuche fast kugelig, plötzlich in einen langen Schnabel zusammengezogen. Ufer, Gräben, Sümpfe. △ Mai – Juli. Europa.

1035. Wiesen-Segge, *Carex nigra* (L.) Reichard, variable Pflanze, 10–60 cm; männliche Ährchen 2, rotbraun, weibliche 1–4, meist ungestielt und unter den männlichen sitzend, 1–3 cm lang und 4–5 mm dick; Deckb. meist stumpf, schwärzlich, mit hellem Mittelstreifen und weißhäutigem Rand; Schläuche innen flach, außen gewölbt, kurzgeschnäbelt; B. graugrün. Nasse Wiesen, Moore. △ Mai – Juli. Europa.

1036. Blaugrüne Segge, *Carex flacca* Schreber, blaugrüne Pflanze mit stumpf 3kantigem Stengel und rauhen schwach gekielten, 2–4 mm breiten B.; männliche Ährchen meist 2, rotbraun, weibliche Ährchen 2–3, gestielt, unter oft nickend, walzig bis fast kugelig; Schläuche rauhpunktiert, Schnabel sehr kurz. Feuchte Wiesen, quellige Hänge, Waldlichtungen. △ April – Juni. Europa.

1037. Behaarte Segge, *Carex hirta* L., Pflanze 30–60 cm; B., B.scheiden und Fruchtschläuche dicht behaart; weibliche Ährchen kurzgestielt, entfernt gestellt; Deckb. 6–8 mm, hellgrün, in eine lange gewimperte Spitze verschmälert; Tragb. krautig, länger als der Bl.stand. Feuchte, sandige Plätze, Wälder. △ Mai – Juli. Europa.

1038. Hasenpfoten-Segge, *Carex ovalis* Gooden, dichtrasige Pflanze, 20–60 cm, mit meist 6 dicht gedrängten, eiförmigen, sitzenden Ährchen, 8–12 mm; Deckb. 3–4 mm, bräunlich, länglich spitz; Ährchen gleichgestaltet, mit männlichen und weiblichen Bl.; B. 2–3 mm breit, viel kürzer als der oben etwas rauhe Stengel; Fruchtschläuche 4–5 mm, braun, aufgeblasen, geflügelt, geschnäbelt. Wiesen, feuchte Wälder. △ Mai – August. Europa.

1039. Geschwärzte Segge, *Carex atrata* L., Pflanze 20–40 cm; Ährchen gleichgestaltet, 3–5, fast schwarz, dick, eiförmig-länglich, 1–2 cm, das obere am Grund männlich, die übrigen rein weiblich; Tragb. krautig, kaum länger als der Bl.stand; B. gekielt, schwach blaugrün, 3–5 mm breit. Gerölle, Matten. △ Juli – August. Gebirge Europas.

ORCHIDACEAE | Knabenkrautgewächse

1040. Orchis papilionacea L., Pflanze 10–35 cm; Bl.ähre locker, mit 3–10 Bl. und rosaroten Tragb.; obere Bl.hüllb. einen Helm bildend, Lippe breitfächerig, rosa, mit dunkleren Strichen, Sporn schmal-kegelförmig, kürzer als der Fruchtknoten; B. lanzettlich. Trockne, sonnige Plätze. △ März – Mai. Mittelmeergebiet.

1041. Wanzen-Knabenkraut, *Orchis coriophora* L., Pflanze 20–40 cm; Bl.ähre dicht; Bl. 10–12 mm, Helm purpurn, mit grünen Streifen, Lippe weinrot, gegen die Mitte heller, 3lappig, mit längerem Mittellappen, Sporn kurz; Bl. nach Wanzen riechend; B. schmal-lanzettlich, zugespitzt. Grasige, feuchte oder trockne Plätze. △ April – Juni. Mittel- und Südeuropa.

1042. Purpur-Knabenkraut, *Orchis purpurea* Hudson, Pflanze 20–60 cm; Bl.stand dicht, kegelförmig; Tragb. schuppenförmig, purpurn; Bl. 15–20 mm; Helm tief purpurn, Lippe heller, dunkel gefleckt, mit 2 linealischen Seitenlappen und 2 breiten, rhombischen, fein gezähnten Endlappen, dazwischen oft mit kleinen Zähnchen; Sporn halb so lang wie der Fruchtknoten; B. länglich-eiförmig. Trockne, grasige Plätze, Gebüsche. △ April – Juni. Mittel- und Südeuropa.

1043. Dreizähniges Knabenkraut, *Orchis tridentata* Scop., Pflanze 15–40 cm; Bl. duftend, violett, rosa oder weiß, mit dunkleren Flecken; Bl.stand dicht, kugelförmig; Lippe 3lappig, Mittellappen ausgerandet, mit kleinem Zahn in der Ausrandung; Sporn so lang wie der Fruchtknoten; Tragb. klein, häutig; B. lanzettlich, bläulich. Grasplätze, Gebüsche. △ März – Mai. Mittel- und Südeuropa.

1044. Lockerblütiges Knabenkraut, *Orchis laxiflora* Lam., Pflanze 30–60 cm; Bl. groß, rot oder violettrot, in einem langen, lockeren Bl.stand; die beiden seitlichen Bl.hüllb. seitlich zurückgeschlagen, Lippe schwach 3lappig, Mittellappen kürzer; Sporn dick, stumpf, so lang wie der Fruchtknoten; B. lanzettlich, gekielt. Sumpfwiesen. △ März – Juni. Mittel- und Südeuropa.

1045. Orchis italica Poiret, Pflanze 20–60 cm, mit einer Rosette langer, schmaler, manchmal gefleckter B. mit gewelltem Rand; Bl. bis 2 cm, rosa, in einem dichten, eiförmigen Bl.stand; Helm stark purpurn geadert, Lippe 4lappig; Tragb. schuppenförmig. Grasige, steinige Plätze. △ März – Mai. Südeuropa und Portugal.

1046. Brand-Knabenkraut, *Orchis ustulata* L., Bl. stark duftend, in dichter, kegelförmiger Traube; Knospen und Bl.hüllb. außen schwarzpurpurn; Lippe weißlich, rot punktiert, 4lappig, Seitenlappen abstehend, Helm halbkugelig; Sporn sehr kurz; B. länglich, spitz; Pflanze 8–20 cm. Trockne Wiesen und Wälder. △ April – Juli. Mittel- und Südeuropa.

1047. Orchis quadripunctata Cyr., zierliche Pflanze, 15–25 cm mit schmalen B.; Bl. 8–10 mm, zu 8–25 in verlängerter Ähre, hellrosarot oder violett; Bl.hüllb. eiförmig, stumpf, Lippe 3lappig, breiter als lang, im Zentrum heller, mit dunkelpurpurnen Flecken, Sporn sehr lang und dünn. Steinige Hänge. △ April – Mai. Italien und Südosteuropa.

1048. Helm-Knabenkraut, *Orchis militaris* L., Pflanze 20–50 cm; Bl.stand dicht eiförmig, rosa oder hellviolett; Bl.hüllb. helmförmig, Lippe hellrot, mit dunklen, behaarten Papillen, Seitenlappen linealisch, länger als die beiden breiten Endlappen; Sporn halb so lang wie der Fruchtknoten; B. länglich-lanzettlich, glänzend. Bergwiesen, lichte Wälder, Moorwiesen. △ April – Juni. Mittel- und Südeuropa.

1049. Breitblättriges Knabenkraut, *Dactylorhiza majalis* (Reichb.) Hunt & Summerh., Pflanze 30–60 cm; Bl.stand dicht, oval; Bl. lilapurpurn; Bl.hüllb. nicht helmförmig, sondern abstehend, Lippe schwach 3lappig, mit gewelltem Rand, dunkel gefleckt; Sporn kräftig, nach unten gerichtet; B. eiförmig-länglich, trübgrün, oft gefleckt; Stengelb. 3–6. Feuchte Wiesen, Sümpfe. △ Mai–Juli. Fast ganz Europa.

1050. Holunder-Knabenkraut, *Dactylorhiza sambucina* (L.) Soo, Pflanze 10–30 cm; Bl.stand dicht, eiförmig; Bl. gelb, seltener purpurn und mit gelbem Fleck am Grund der Lippe, stark duftend; Lippe schwach 3lappig, gezähnt, breiter als lang; Tragblätter meist grün, länger als die Bl.; B. hellgrün, glänzend, ungefleckt. Gebirgswiesen. △ April–Juli. Gebirge Mittel- und Südeuropas.

1051. Geflecktes Knabenkraut, *Dactylorhiza fuchsii* (Druce) Soo, Pflanze 20–50 cm; Bl.stand dicht, kegelförmig, dann zylindrisch; Bl. blaßlila; Lippe tief 3lappig, Mittellappen groß, Sporn dick; B. elliptisch bis verkehrt-eiförmig, stumpf. (sehr ähnlich ist *D. maculata* (L.) Soo, aber Mittellappen der Lippe kleiner, Sporn dünn, B. schmäler). Lichte Wälder, Waldwiesen, Moore. △ Mai – Juli. Europa.

1052. Schwarzes Kohlröschen, *Nigritella nigra* (L.) Reichenb., Pflanze 8–15 cm; Bl. schwarzpurpurn, in dichter, kegelförmiger oder kugeliger Ähre, stark nach Vanille duftend; Bl.hüllb. lanzettlich, sternförmig ausgebreitet, 1nervig, Lippe nach oben gerichtet, Sporn sehr kurz; B. linealisch. Gebirgswiesen, Matten. △ Juni–September. Gebirge Europas.

1053. Ophrys tenthredinifera Willd., Pflanze 10–30 cm, mit 3–8 Bl.; äußere Bl.hüllb. breit, karminfarben, mit grünem Mittelnerv, die inneren 2 viel kürzer, 3eckig, behaart, Lippe keilförmig, behaart, am Rand gelb, in der Mitte mit dunkelbrauner Fläche, am Grund mit blauumrandeter, rotbrauner Zeichnung, Mittellappen an der Spitze mit einem Anhängsel. Steinige, trockne Hänge. △ April Juni. Südeuropa.

1054. Ophrys fusca Link, Pflanze 10–25 cm, mit 3–6 Bl.; äußere Bl.hüllb. grünlichgelb, breit, zugespitzt, die beiden inneren kürzer, zungenförmig, Lippe dunkelbraun, samtig, mit 2 ovalen, bläulichen Flecken. Mehrere Unterarten. Steinige Hänge, Olivenhaine. △ Februar–Mai. Südeuropa.

1055. Ophrys lutea Cav., Pflanze 10–25 cm, mit 3–6 Bl.; äußere Bl.hüllb. grün, eiförmig, innere zungenförmig, halb so lang, Lippe 3teilig, rötlichbraun, mit blauen Zeichnungen und sehr breitem, gelbem Rand. Steinige Hänge. △ März–Mai. Südeuropa.

1056. Bienen-Ragwurz, *Ophrys apifera* Hudson, Pflanze bis 50 cm, mit 2–7 Bl.; Bl.hüllb. länglich-oval, grünlich, die 2 inneren viel kleiner, Lippe kugelig gewölbt, samtig, rotbraun, mit gelben Zeichnungen, einen rötlichen Fleck einschließend, Seitenlappen länglich, behaart, zurückgekrümmt. Sonnige, trockne Grashänge, Gebüsche. △ Mai–Juli. Mittel- und Südeuropa.

1057. Fliegen-Ragwurz, *Ophrys insectifera* L., Pflanze 15–60 cm, mit 4–20 Bl.; äußere Bl.hüllb. grünlichgelb, die beiden inneren halb so lang, rotbraun, Lippe länglich, purpurbraun, mit glänzendem, fast 4eckigen Fleck und 2 seitlichen, abstehenden Lappen, Mittellappen ausgerandet. Trockne Wiesen, lichte Wälder. △ Mai–Juni. Fast ganz Europa.

1058. Ophrys scolopax Cav., Pflanze bis 40 cm, mit 3–7 Bl.; Bl.hüllb. rosa oder weiß, die inneren 2 viel kleiner, Lippe elliptisch, groß, mit weißem und gelbem Muster auf rotbraunem Grund, Anhängsel gelb, Seitenlappen sehr variabel, rundlich bis hornförmig. Grasige, steinige Hänge. △ April–Mai. Südeuropa.

1059. Ophrys bertolonii Moretti, Pflanze 10–30 cm, mit 1–6 Bl.; äußere Bl.hüllb. rosa, die inneren 2 halb so lang, purpurn, Lippe bis 2 cm, fast schwarz, behaart, nach vorne gebogen, mit glänzendem, blauem Fleck und oft mit Höckern oder Ausstülpungen am Grund, an der Spitze mit Anhängsel. Steinige Grasplätze. △ April–Juni. Südeuropa.

1060. Ophrys bombyliflora Link, Pflanze 10–25 cm, mit 1–4 Bl.; äußere Bl.hüllb. breit-eiförmig, grünlichgelb, die 2 inneren 1/3 so lang, Lippe samtig, braun, rundlich, breit, in der Mitte mit unscharfem, bläulichem Fleck, an der Seite mit kurzen, höckerigen Lappen. Grasplätze, Olivenhaine, sandige Stellen in Küstennähe. △ März–April. Südeuropa.

1061. Serapias neglecta De Not., Pflanze 10–30 cm, mit 2–8 Bl., 3–4 cm; Lippe ziegelrot, gegen die Mitte gelblich, eiförmig, spitz, am Grund mit 2 parallelen Höckern, äußere Bl.hüllb. zu einem rotvioletten Helm verwachsen; Tragb. violett überlaufen; B. ungefleckt. Trockne Plätze in Meeresnähe. △ März–April. Frankreich, bis Dalmatien.

1062. Serapias vomeracea (Burm.) Briq., Pflanze 10–40 cm, mit 4–10 Bl., 35 mm; Tragb. rötlichviolett; Helm violett, mit dunkleren Adern, Lippe ziegelrot bis rotbraun, behaart, länglich-lanzettlich, Seitenlappen kurz; B. schmal, rinnig. Feuchte Wiesen, Sümpfe. △ April–Juni. Südeuropa.

1063. Fratzenorchis, Hängendes Männchen, *Aceras anthropophorum* (L.) Aiton, Pflanze 20–40 cm, mit grünlichgelben, oft noch rotbraun gezeichneten Bl. in dichter, reichblütiger Ähre; Lippe männchenähnlich, mit 2 schlanken Seitenlappen und 2 schmalen Endlappen; B. glänzend, gekielt, nach oben allmählich in die Tragb. übergehend. Trockne, steinige Wiesen. △ April–Juni. Mittel- und Südeuropa.

1064. Bocks-Riemenzunge, *Himantoglossum hircinum* (L.) Sprengel, Pflanze mit Bocksgeruch, 20–80 cm; Bl.stand dicht, 10–50 cm lang; Bl. bleichgrün, innen purpurrot gestreift und punktiert, Mittellappen der Lippe bis 10 cm lang, gedreht, Seitenlappen 1–2 cm Sporn kurz, kegelförmig; B. eiförmig bis länglich. Grasige Berghänge, lichte Wälder. △ Mai–Juli. Mittel- und Südeuropa.

1065. Himantoglossum longibracteatum (Biv.) Schlecht., Pflanze 30–50 cm; Bl. 20–25 mm, in dichter Traube; Bl.hüllb. kurz, rotviolett, Lippe grünlich, rötlichviolett oder blaßpurpurn, 3lappig, Seitenlappen sichelförmig, Mittellappen tief 2lappig; Tragb. trübviolett, länger als die Bl.; Sporn kurz, kräftig; B. breit-elliptisch, stumpf. Grasige, steinige Plätze. △ Februar–April. Südeuropa.

1066. Einknollige Honigorchis, *Herminum monorchis* (L.) R.Br., Pflanze 7–20 cm, mit dichter, 1seitswendiger, schmaler Ähre aus stark duftenden, kleinen, grünlichgelben, ungespornten Bl.; Lippe unscheinbar, 3lappig, spitz; Tragb. lanzettlich, kürzer als der Fruchtknoten; B. oval, grundständig, meist 2. Wiesen, Berghänge. △ Mai–Juli. Mittel- und Südeuropa.

1067. Rote Spitzorchis, Hundswurz, *Anacamptis pyramidalis* (L.) Rich., Pflanze 10–60 cm; Bl. purpurrot, in dichter, kegelförmiger Ähre, duftend; äußere Bl.hüllb. abstehend, Lippe regelmäßig tief 3lappig, am Grund mit 2 Auswüchsen, Sporn sehr dünn, 12 mm lang; B. lineal-lanzettlich, ungefleckt. Wiesen, Gebüsche. △ Mai–Juli. Europa.

1068. Große Händelwurz, *Gymnadenia conopsea* (L.) R.Br., Pflanze 15–60 cm; Bl. rotviolett, 1 cm, in schlanker, bis 15 cm langer Ähre; seitliche Bl.hüllb. nach unten gekrümmt, die oberen helmförmig zusammenneigend, Lippe keilförmig, breit, mit 3 stumpfen fast gleichen Lappen; Sporn sehr dünn, 2mal so lang wie der Fruchtknoten; B. länglich, gekielt, ungefleckt. Wiesen, grasige Hänge. △ Mai–Juli. Europa.

1069. Zweiblättrige Waldhyazinthe, *Platanthera bifolia* (L.) Rich., Pflanze 15–50 cm; Bl. weißlich, duftend, in lockerer Ähre; Lippe lang, riemenförmig, Sporn lang, gebogen, 2mal so lang wie der Fruchtknoten, äußere Bl.hüllb. abstehend, die übrigen helmförmig zusammenneigend; Staubbeutelfächer parallel stehend; B. oval bis elliptisch. Wälder, Gebüsche, Wiesen. △ Mai–Juli. Europa.

1070. Grünliche Waldhyazinthe, *Platanthera chlorantha* (Custer) Reichb., ähnlich 1069, Bl. grünlichweiß, größer, 18–23 mm, Staubbeutelfächer unten weit auseinandertretend, Sporn kaum so lang wie der Fruchtknoten. Laubwälder, Heiden. △ Mai–Juli. Fast ganz Europa.

1071. Violetter Dingel, *Limodorum abortivum* (L.) Swartz, Pflanze 30–80 cm; Bl. bis 4 cm, violett, in langer dünner Traube an einem steifen, dicken, violetten Stengel mit violett überlaufenen Schuppenb.; Bl.hüllb. helmförmig zusammenneigend, Lippe breit 3eckig, am Rand gezähnt, Sporn so lang wie der Fruchtknoten. Trockne Hügel und Wälder. △ Mai–Juli. Mittel- und Südeuropa.

1072. Sumpfwurz, *Epipactis palustris* (L.) Crantz, Pflanze 20–50 cm; Bl. bräunlich oder grünlichpurpurn, 7–15 mm, in lockerer, 1seitswendiger, behaarter Traube; Bl.hüllb. außen behaart, die äußeren 3 grünlich oder bräunlich, die inneren 2 weiß und purpurn geadert, Lippe weiß, rot geadert, mit breit-eiförmigem Endlappen, am Rand wellig. B. elliptisch bis lanzettlich. Sumpfwiesen, Moore. △ Juni–August. Europa.

1073. Rotes Waldvögelein, *Cephalanthera rubra* (L.) Rich., Stengel oben drüsenhaarig, 20–60 cm; Bl. purpurn, zu 3–15 in lockerer Ähre; Bl.hüllb. lanzettlich, spitz, zusammenneigend, Lippe kürzer, aufrecht; Bl. länglich, spitz. Laubwälder, Gebüsche. △ Mai–Juli. Europa.

1074. Langblättriges Waldvögelein, *Cephalanthera longifolia* (L.) Fritsch, Pflanze 15–45 cm; Bl. bis zu 20, milchweiß, $1^1/_2$ cm; Bl.hüllb. spitz, dicht zusammenneigend; Tragb. kürzer als der Fruchtknoten; B. schmal-lanzettlich, die oberen linealisch (ähnlich ist das **Weiße Waldvögelein,** *C. damasonium* (Mill.) Druce, aber Bl. gelblichweiß, 2 cm, äußere Bl.hüllb. stumpf, Tragb. länger als der Fruchtknoten, B. länglich-eiförmig). Wälder, Gebüsche. △ Mai–Juli. Mittel- und Südeuropa.

1075. Alpen-Weißzunge, *Leucorchis albida* (L.) Meyer, Pflanze 10–35 cm; Bl. zahlreich, grünlichweiß, 2–4 mm, in 1seitswendiger, 3–6 cm langer Ähre; Lippe 3lappig, kaum länger als der Helm, Sporn kurz, dick; B. länglich, gekielt, glänzend. Gebirgswiesen. △ Juni–August. Gebirge Europas.

1076. Kriechendes Netzblatt, *Goodyera repens* (L.) R.Br., zierliche Pflanze, 10–25 cm, mit kriechenden Ausläufern und rosettenständigen B. am Grunde des Stengels; Bl. gelblichweiß, 4–6 mm, in schlanker, schwach gedrehter, 1seitswendiger Ähre; B. eiförmig, 15–25 mm, netznervig. Moosige Nadelwälder. △ Juli–August. Fast ganz Europa.

1077. Herbst-Wendelorchis, *Spiranthes spiralis* (L.) Chevall., Stengel 10–30 cm, mit hellgrünen, dachziegeligen Schuppen, am Grund eine seitenständige B.rosette; Bl. weiß, 4–5 mm, duftend, in schraubig gedrehter, langer Ähre; Lippe grün, mit breitem, gekerbtem, weißem Rand. Trockne, grasige Plätze, Heiden. △ August–Oktober. Mittel- und Südeuropa.

1078. Vogelnestwurz, *Neottia nidus-avis* (L.) Rich., saprophytische Pflanze, 20–50 cm; Stengel gelbbraun, nur mit lanzettlichen, bräunlichen Schuppenb.; Traube vielblütig; Bl. bräunlich, Lippe 12 mm, fast bis zur Mitte in 2 spreizende Lappen zerteilt. Schattige Wälder. △ Mai–Juli. Europa.

1079. Kleines Zweiblatt, *Listera cordata* (L.) R.Br., zierliche Pflanze, 6–20 cm, mit kurzer, armblütiger Traube aus kleinen, rötlichgrünen Bl., 3–4 mm breit; Lippe 3–4 mm lang, mit 2 schmalen Seitenlappen und einem bis zur Mitte geteilten Endlappen; nahe dem Stengelgrund 2 herzförmig rundliche, gegenständige B., 1–2 cm. Schattige, moosige Wälder. △ Mai–Juli. Europa.

1080. Europäische Korallenwurz, *Corallorhiza trifida* Chatel., bräunliche, saprophytische Pflanze, 10–30 cm, ohne grüne B.; Bl.stand locker; Bl. gelbgrün, oft rotpunktiert, 4 mm; Lippe weißlich und rot gezeichnet, 3lappig, mit schmalen Seitenlappen; Stengel mit bauchigen Scheidenb. Moosige Nadelwälder. △ Juli–August. Europa.

Farbbildteil

1 Griechische Tanne

2 Fichte, Rottanne

4 Stern-Kiefer

3 Lärche

6 Schwarz-Kiefer

5 Aleppo-Kiefer

7 Zypresse

10 Phönizischer Wacholder

9 Juniperus oxycedrus

8 Gemeiner Wacholder

11 Eibe

12 Meerträubel

13 Netz-Weide

14 Stumpfblättrige Weide

7 Spieß-Weide

15 Silber-Weide

6 Sal-Weide

18 Zitter-Pappel

19 Gagelstrauch

20 Walnuß

21 Hänge-Birke

22 Zwerg-Birke

24 Grau-Erle

23 Schwarz-Erle

28 Quercus macrolepis

25 Hainbuche

29 Stiel-Eiche

26 Kastanie

30 Berg-Ulme

27 Kermes-Eiche

35 Pillen-Brennessel

34 Urtica dubia

33 Hanf

31 Maulbeerbaum

32 Hopfen

38 Alpen-Leinblatt

40 Haselwurz

36 Glaskraut

37 Osyris alba

39 Mistel

41 Aufrechte Osterluzei

43 Cytinus hypocistis

42 Aristolochia rotunda

44 Sumpf-Knöterich

45 Pfeffer-Knöterich

48 Spieß-Knöterich

46 Ampfer-Knöterich

47 Knöllchen-Knöterich

50 Krauser Ampfer

51 Blut-Ampfer

49 Echter Buchweizen

52 Hoher Ampfer

53 Alpen-Ampfer

54 Speiserübe

57 Weißer Gänsefuß

55 Guter Heinrich

58 Artrocnemum fruticosum

59 Krummer Fuchsschwanz

56 Durchblätterter Gänsefuß

64 Montia sibirica

61 Carpobrotus acinaciformis

62 Gemüse-Portulak

63 Montia perfoliata

60 Kermesbeere

65 Salzmiere

66 Arenaria montana

67 Echte Sternmiere

68 Gras-Sternmiere

69 Breitblättriges Hornkraut

70 Gemeines Hornkraut

71 Wasserdarm

73 Einjähriger Knäuel

72 Liegendes Mastkraut

74 Paronychia argentea

75 Quirlige Knorpelblume

77 Rote Schuppenmiere

76 Spergularia rupicola

78 Jupiternelke

79 Alpen-Pechnelke

80 Gemeine Pechnelke

83 Silene vulgaris subsp. maritima

1 Kuckucks-Lichtnelke

84 Nickendes Leimkraut

85 Silene colorata

6 Rote Nachtnelke

87 Ohrlöffel-Leimkraut

82 Taubenkropf

88 Stengelloses Leimkraut

90 Kornrade

89 Französisches Leimkraut

91 Echtes Seifenkraut

92 Rotes Seifenkraut

93 Kriech-Gipskraut

94 Karthäuser-Nelke

95 Dianthus monspessulanus

96 Rauhe Nelke

97 Stein-Nelke

98 Pracht-Nelke

99 Weiße Seerose

101 Echter Schwarzkümmel

100 Große Teichrose

103 Winterstern

102 Damaszener Schwarzkümmel

104 Helleborus cyclophyllus

105 Christrose, Schneerose

106 Stinkende Nieswurz

107 Trollblume

108 Wolfs-Eisenhut

109 Blauer Eisenhut

111 Delphinium peregrinum

112 Garten-Rittersporn

110 Hoher Rittersporn

113 Acker-Rittersporn

114 Leberblümchen

115 Anemone palmata

116 Anemone hortensis

117 Anemone pavonia

118 Anemone blanda

119 Anemone coronaria

119 Anemone coronaria

120 Narzissenblütiges Windröschen

123 Wiesen-Kuhschelle

121 Busch-Windröschen

122 Anemone appennina

124 Echte Kuhschelle

125 Frühlings-Kuhschelle

128 Alpen-Waldrebe

126 Schwefel-Anemone

127 Alpen-Kuhschelle

129 Clematis flammula

130 Ganzblättrige Waldrebe

132 Herbst-Blutströpfchen

131 Weiße Waldrebe

133 Frühlings-Adonisröschen

134 Scharbockskraut

135 Schildblättriger Hahnenfuß

136 Berg-Hahnenfuß

137 Zungen-Hahnenfuß

138 Eisenhutblättriger Hahnenfuß

139 Herzblättriger Hahnenfuß

140 Stachelfrüchtiger Hahnenfuß

144 Gelbe Wiesenraute

141 Wasser-Hahnenfuß

143 Flutender Hahnenfuß

142 Gletscher-Hahnenfuß

145 Mäuseschwanz

48 Pfingstrose

149 Paeonia mascula

47 Alpen-Akelei

146 Wald-Akelei

51 Mahonie

150 Berberitze

154 Schlafmohn

152 Welschmohn

153 Roemeria hybrida

155 Bündner-Alpenmohn

156 Weißer Alpenmohn

157 Klatsch-Mohn

58 Gelber Hornmohn

159 Roter Hornmohn

60 Stachelmohn, Teufelsfeige

161 Kalifornischer Kappenmohn

162 Hypecoum imberbe

163 Rankender Lerchensporn

164 Gelber Lerchensporn

165 Blaßgelber Lerchensporn

167 Rankender Erdrauch

166 Gefingerter Lerchensporn

169 Lauchkraut

170 Nachtviole

168 Kapernstrauch

171 Orientalische Rauke

172 Färber-Waid

173 Goldlack

174 Flügel-Zackenschötchen

175 Malcolmia maritima

176 Levkoje

178 Matthiola fruticulosa

179 Wasserkresse

180 Quirlblättrige Zahnwurz

177 Matthiola sinuata

181 Zwiebeltragende Zahnwurz

182 Finger Zahnwurz

183 Wiesen-Schaumkraut

184 Bitteres Schaumkraut

185 Immergrünes Felsenblümchen

187 Alpen-Gänsekresse

189 Sandkresse

188 Arabis verna

190 Gartensilberblatt

191 Fibigia clypeata

186 Aschgraues Felsenblümchen

192 Acker-Täschelkraut

194 Dänisches Löffelkraut

193 Rundblättriges Täschelkraut

195 Felsen-Steinkresse

196 Bittere Schleifenblume

197 Pfeil-Kresse

198 Zweiknotiger Krähenfuß

199 Strandkresse

200 Moricandia arvensis

201 Weißer Senf

203 Meersenf

202 Raukenkohl

204 Weißer Meerkohl

207 Rapunzel-Resede

205 Gelbe Resede

206 Weiße Resede

208 Drosophyllum lusitanicum

209 Langblättriger Sonnentau

210 Mittlerer Sonnentau

211 Berg-Hauswurz

212 Spinnweben-Hauswurz

213 Aeonium arboreum

214 Venusnabel

215 Weißer Mauerpfeffer

216 Felsen-Mauerpfeffer

217 Scharfer Mauerpfeffer

218 Sedum caeruleum

219 Behaarter Mauerpfeffer

220 Große Fetthenne

221 Rosenwurz

222 Roter Steinbrech

223 Saxifraga longifolia

224 Fetthennen-Steinbrech

225 Finger-Steinbrech

226 Mannsschild-Steinbrech

227 Stern-Steinbrech

228 Trauben-Steinbrech

229 Rundblättriger Steinbrech

230 Moschus-Steinbrech

231 Saxifraga hirsuta

232 Gegenblättriges Milzkraut

233 Sumpfherzblatt

234 Schwarze Johannisbeere

236 Rote Johannisbeere

238 Rubus arcticus

235 Stachelbeere

237 Morgenländer Platane

239 Torfbeere

240 Acker-Brombeere

241 Echtes Mädesüß

242 Kleines Mädesüß

243 Weiden-Spierstrauch

244 Wald-Geißbart

245 Feld-Rose

246 Stachelige Rose

247 Alpen-Rose

248 Silberwurz

249 Großer Wiesenknopf

250 Bach-Nelkenwurz

251 Dolomiten-Fingerkraut

256 Sarcopoterium spinosum

252 Sumpf-Blutauge

253 Felsen-Fingerkraut

254 Strauch-Fingerkraut

255 Frühlings-Fingerkraut

259 Mehl-Vogelbeere

257 Echte Quitte

261 Lorbeer-Kirsche

258 Gemeine Felsenbirne

262 Prunus lusitanica

263 Sauer-Kirsche

260 Wilde Vogelbeere

268 Japanische Mispel

269 Gemeine Zwergmispel

264 Trauben-Kirsche

265 Vogel-Kirsche

266 Schwarzdorn

267 Weichsel-Kirsche

270 Johannisbrotbaum

271 Akazie

272 Gemeiner Goldregen

273 Albizia julibrissin

274 Judasbaum, Wildes Johannisbrot

275 Calicotome villosa

278 Cytisus sessilifolius

277 Gemeiner Besenginster

276 Schwarzer Geisklee

279 Behaarter Zwergginster

280 Roter Zwergginster

283 Lygos monosperma

284 Pfriemenginster

281 Spanischer Ginster

282 Flügel-Ginster

285 Erinacea anthyllis

286 Kleiner Stechginster

287 Gelbe Lupine

292 Blasenstrauch

290 Falsche Akazie

291 Geißraute, Geißklee

293 Süßholz-Tragant, Bärenschote

288 Blaue Lupine

294 Alpen-Tragant

289 Weiße Lupine

296 Harz- oder Asphaltklee

295 Kicher-Tragant

297 Vicia benghalensis

298 Saat-Wicke

299 Zottel-Wicke

300 Vogel-Wicke

302 Ranken-Platterbse

301 Adenocarpus complicatus

303 Eselsohren

304 Gras-Platterbse

305 Purpurne Platterbse

306 Erdnuß-Platterbse

307 Lathyrus japonicus

308 Schwarze Platterbse

309 Breitblättrige Platterbse

310 Saat-Platterbse

311 Frühlings-Platterbse

312 Garten-Erbse

313 Gelbe Hauhechel

314 Ononis fruticosa

315 Rundblättrige Hauhechel

316 Weißer Steinklee

317 Hoher Steinklee

318 Blauer Bockshornklee

319 Gelblicher Bockshornklee

320 Strand-Schneckenklee

321 Blauer Schneckenklee

322 Sichelklee

323 Rauher Schneckenklee

324 Scheibenklee

326 Purpur-Klee

327 Schweden-Klee

328 Berg-Klee

329 Blut-Klee

330 Zickzack-Klee

325 Berg-Esparsette

331 Hasen-Klee

332 Braun-Klee

333 Trifolium stellatum

334 Alpen-Klee

336 Zottiger Backenklee

335 Dorycnium rectum

337 Sumpf-Hornklee

339 Gebirgs-Wundklee

338 Rote Spargelerbse

340 Gemeiner Wundklee

342 Alpen-Süßklee

341 Anthyllis tetraphylla

345 Strauchige Kronwicke

343 Italienischer Hahnenkamm

346 Bunte Kronwicke

344 Hedysarum glomeratum

347 Wald-Sauerklee

348 Oxalis pes-caprae

349 Blutroter Storchschnabel

350 Berg-Storchschnabel

351 Geranium nodosum

352 Wald-Storchschnabel

353 Glänzender Storchschnabel

354 Felsen-Storchschnabel

355 Brauner Storchschnabel

356 Malvenblättriger Reiherschnabel

357 Erodium gruinum

358 Erd-Burzeldorn, Erdstern

360 Linum suffruticosum

359 Ausdauernder Lein

361 Lackmuskraut

362 Wald-Bingelkraut

363 Ricinus communis

364 Euphorbia characias ssp. wulfenii

365 Euphorbia characias

366 Euphorbia acanthothamnos

367 Baum-Wolfsmilch

368 Euphorbia paralias

369 Mandel-Wolfsmilch

375 Zitrone

370 Sonnenwend-Wolfsmilch

372 Weinraute

374 Orange

373 Weißer Diptam

371 Spring-Wolfsmilch

376 Götterbaum

380 Gerberstrauch

377 Zwergbuchs

379 Polygala nicaeensis

378 Gemeine Kreuzblume

381 Mastix-Strauch

383 Perückenstrauch

382 Pistazie

386 Gemeine Roßkastanie

385 Spitz-Ahorn

387 Rote Roßkastanie

384 Berg-Ahorn

391 Drüsiges Springkraut

388 Echtes Springkraut

390 Kleines Springkraut

389 Impatiens capensis

394 Immergrüner Kreuzdorn

393 Europäisches Pfaffenhütchen

395 Purgier- Kreuzdorn

392 Stechpalme

393 Europäisches Pfaffenhütchen

396 Spitzblättrige- oder Rosen-Malve

398 Strauchpappel

400 Echter Eibisch

401 Bleicher Eibisch

399 Lavatera trimestris

397 Malva nicaeensis

403 Gelbe Stundenblume

405 Thymelaea tartonraira

402 Baumwolle

404 Thymelaea hirsuta

407 Gemeiner Seidelbast

408 Lorbeer-Seidelbast

406 Rosmarin-Seidelbast

409 Gemeiner Sanddorn

410 Mannsblut

411 Hypericum calycinum

412 Tüpfel-Johanniskraut

413 Rauhes Johanniskraut

414 Berg-Johanniskraut

415 Sumpf-Johanniskraut

416 Acker-Stiefmütterchen

417 Zweiblütiges Veilchen

418 Sumpf-Veilchen

419 Wohlriechendes Veilchen

420 Hain-Veilchen

421 Alpen-Stiefmütterchen

422 Gelbes Stiefmütterchen

423 Salbeiblättrige Cistrose

424 Französische Cistrose

425 Cistus incanus

426 Lack-Cistrose

427 Lorbeerblättrige Cistrose

428 Weißliche Cistrose

429 Geflecktes Sandröschen

430 Apennin-Sonnenröschen

431 Gelbes Sonnenröschen

432 Halimium commutatum

433 Tamarix africana

434 Citrulus colocynthis

435 Spritzgurke

441 Wassernuß

436 Rote Zaunrübe

437 Echter Feigenkaktus

438 Blutweiderich

439 Rutenweiderich

444 Großes Hexenkraut

447 Wald-Weidenröschen

443 Granatapfelbaum

440 Sumpfquendel

442 Myrte

445 Gemeine Nachtkerze

446 Oenothera rosea

448 Rauhhaariges Weidenröschen

449 Berg-Weidenröschen

451 Kornelkirsche

453 Schwedischer Hartriegel

452 Roter Hartriegel

455 Gemeiner Efeu

450 Ähriges Tausendblatt

454 Aucuba japonica

456 Berg-Schafdolde

457 Große Sterndolde

459 Feld-Mannstreu

460 Stahlblaue Mannstreu

458 Stranddistel

461 Duftende Süßdolde

462 Durchwachsenblättrige Gelbdolde

463 Critmum maritimum

464 Oenanthe crocata

465 Röhrige Rebendolde

466 Sterndolden-Hasenohr

467 Knotenblättriger Sellerie

469 Gefleckter Schierling

470 Ligusticum scotinum

468 Steckenkraut

471 Erzengelwurz

472 Kaukasus-Bärenklau

473 Gemeiner Pastinak

474 Tordylium apulum

477 Gewöhnl. Fichtenspargel

478 Nickendes Wintergrün

479 Kleines Wintergrün

475 Wilde Möhre

480 Mittleres Wintergrün

476 Diapensia lapponica

481 Einblütiges Moosauge

482 Rostrote Alpenrose

483 Rauhblättrige Alpenrose

485 Alpenazalee

486 Daboecia cantabrica

487 Phyllodoce caerulea

490 Alpenbärentraube

484 Rhododendron ponticum

488 Rosmarinheide

489 Echte Bärentraube

491 Moosbeere

492 Preiselbeere

493 Heidelbeere

495 Erica lusitanica

494 Baum-Heide

496 Schneeheide

497 Erica multiflora

503 Klebrige Primel

499 Erdbeerbaum

498 Erica ciliaris

500 Waldschlüsselblume

502 Stengellose Primel

501 Alpen-Aurikel

508 Fleischiger Mannsschild

504 Mehl-Primel

505 Zwerg-Primel

506 Behaarte Primel

507 Ganzblättrige Primel

511 Alpen-Troddelblume

509 Alpen-Mannsschild

510 Alpenglöckel

512 Sumpf-Wasserfeder

513 Geschweiftblättriges Alpenveilchen

514 Cyclamen graecum

515 Neapolitanisches Alpenveilchen

516 Wald-Alpenveilchen

517 Salz-Milchkraut

518 Europäischer Siebenstern

519 Punktierter Gilbweiderich

520 Hain-Gilbweiderich

521 Pfennig-Gilbweiderich

522 Anagallis linifolia

523 Strandnelke

524 Gemeine Grasnelke

525 Armeria fasciculata

526 Ölbaum

527 Manna-Esche

531 Stengelumfassender Bitterling

530 Echtes Tausendgüldenkraut

528 Echter Jasmin

532 Ausdauernder Tarant

533 Gelber Enzian

529 Jasminum fruticans

535 Stengelloser Enzian

534 Breitblättriger Enzian

536 Frühlings-Enzian

537 Schlauch-Enzian

538 Kreuz-Enzian

539 Lungen-Enzian

540 Deutscher Enzian

541 Purpur-Enzian

545 Rundblättrige Seekanne

542 Punktierter Enzian

543 Schwalbenwurz-Enzian

546 Kleines Immergrün

549 Periploca graeca

544 Dreiblättriger Fieberklee

548 Oleander

552 Putoria calabrica

553 Valantia hispida

554 Färberröte

550 Echte Seidenpflanze

551 Weiße Schwalbenwurz

555 Gemeine Ackerröte

556 Waldmeister

558 Kreuz-Labkraut

557 Sumpf-Labkraut

560 Convolvulus althaeoides

559 Blaue Himmelsleiter

561 Convolvulus elegantissimus

562 Convolvulus tricolor

563 Strand-Zaunwinde

564 Ipomoea hederacea

565 Kleeseide

567 Frühlings-Gedenkemein

571 Cynoglossum creticum

566 Skorpionskraut

568 Symphytum orientale

569 Symphytum uplandicum

570 Knotiger Beinwell

572 Echte Hundszunge

573 Pentaglottis sempervirens

574 Italienische Ochsenzunge

76 Garten- Borretsch, Gurkenkraut

575 Gewöhnliche Ochsenzunge

577 Trachystemon orientalis

578 Färber-Alkanna

579 Alpen-Vergißmeinicht

581 Pferdezunge

580 Sumpf-Vergißmeinnicht

582 Pulmonaria longifolia

584 Blauer Natternkopf

583 Himmelsherold

587 Lithospermum diffusum

588 Blauer Steinsame

589 Echter Steinsame

590 Natternkopfartige Lotwurz

585 Echium italicum

591 Große Wachsblume

592 Kleine Wachsblume

595 Heide-Günsel

593 Teich-Wasserstern

586 Violetter Natternkopf

594 Mönchspfeffer

596 Pyramiden-Günsel

597 Acker-Günsel

598 Kriechender Günsel

599 Edel-Gamander

600 Berg-Gamander

601 Teucrium fruticans

603 Rosmarin

602 Teucrium pseudochamaepitys

604 Prasium majus

605 Alpen-Helmkraut

606 Scutellaria orientalis

607 Kappen-Helmkraut

608 Schopf-Lavendel

609 Echte Katzenminze

610 Efeu-Gundermann

611 Felsen-Gliedkraut

612 Melissen-Immenblatt

613 Gemeiner Andorn

614 Phlomis lychnitis

615 Phlomis tuberosa

617 Weiße Braunelle

616 Phlomis fruticosa

618 Große Braunelle

619 Bunter Hohlzahn

620 Stechender Hohlzahn

621 Lamium orvala

622 Gefleckte Taubnessel

623 Stengelumfassende Taubnessel

624 Goldnessel

625 Echtes Herzgespann

626 Sumpf-Ziest

629 Gottvergeß, Schwarznessel

627 Woll-Ziest

630 Klebriger Salbei

631 Salvia argentea

628 Berg-Ziest

632 Salvia triloba

633 Muskateller-Salbei

636 Drachenmaul

634 Wiesen-Salbei

637 Echte Kölme

638 Großblütige Kölme

639 Alpenquendel

635 Scharlach-Salbei

640 Wirbeldost

641 Echter Ysop

642 Wilder Dost

643 Echter Thymian

644 Sand-Thymian

645 Roß-Minze

646 Wasser-Minze

647 Polei-Minze

648 Ufer-Wolfstrapp

649 Krainer Tollkraut

50 Schwarzes Bilsenkraut

51 Weißes Bilsenkraut

53 Schwarze Tollkirsche

652 Hyoscyamus aureus

653 Schwarze Tollkirsche

654 Datura metel

655 Gemeiner Stechapfel

656 Alraune

657 Solanum sodomeum

655 Gemeiner Stechapfel

659 Wilde Blasenkirsche

660 Nicotiana glauca

661 Bauern-Tabak

662 Virginischer Tabak

663 Blasen-Giftbeere

658 Bittersüßer Nachtschatten

665 Motten-Königskerze

666 Verbascum creticum

667 Schwarze Königskerze

668 Großblumige Königskerze

669 Verbascum undulatum

671 Asarina procumbens

672 Garten-Löwenmaul

670 Violette Königskerze

664 Spitzähriger Schmetterlingsstrauch

672 Garten-Löwenmaul

674 Linaria dalmatica

675 Kriechendes Leinkraut

673 Feld-Löwenmaul

676 Alpen-Leinkraut

677 Linaria triornithophora

679 Gemeines Zymbelkraut

678 Linaria triphylla

680 Scrophularia scorodonia

681 Scrophularia hoppii

682 Gänseblumen-Lochschlund

683 Gelbe Gauklerblume

684 Moschus-Gauklerblume

685 Gewöhnliches Gnadenkraut

686 Felsen-Ehrenpreis

687 Persischer-Ehrenpreis

688 Faden-Ehrenpreis

689 Bach-Ehrenpreis

690 Digitalis ferruginea

691 Großblütiger Fingerhut

692 Gelber Fingerhut

693 Digitalis obscura

694 Roter Fingerhut

695 Parentucellia viscosa

697 Bellardia trixago

698 Frühlings-Zahntrost

699 Gemeiner Alpenhelm

696 Parentucellia latifolia

700 Leberbalsam

701 Wiesen-Augentrost

702 Kleiner Augentrost

703 Kleiner Klappertopf

704 Reichblättriges Läusekraut

705 Knolliges Läusekraut

709 Acker-Wachtelweizen

710 Hain-Wachtelweizen

706 Gestutztes Läusekraut

707 Kerners Läusekraut

708 Wald-Läusekraut

711 Gemeiner Alpenrachen

712 Globularia alypum

714 Herzblättrige Kugelblume

713 Echte Kugelblume

715 Trompetenbaum

716 Acanthus mollis

717 Acanthus spinosa

719 Rötliche Schuppenwurz

720 Lathraea clandestina

718 Ramondia myconi

721 Orobanche crenata

722 Gemeine Sommerwurz

723 Kleine Sommerwurz

724 Ginster-Sommerwurz

727 Großblütiges Fettkraut

728 Großer Wasserschlauch

725 Alpen-Fettkraut

726 Echtes Fettkraut

729 Strand-Wegerich

730 Weide-Wegerich

731 Krähenfuß-Wegerich

735 Gemeiner Schneeball

732 Sand-Wegerich

733 Zwerg-Hollunder

733 Zwerg-Hollunder

736 Wolliger Schneeball

737 Stein-Lorbeer

736 Wolliger Schneeball

734 Trauben-Hollunder

734 Trauben-Hollunder

738 Lonicera etrusca

739 Blaue Heckenkirsche

740 Rote Heckenkirsche

742 Nordisches Moosglöckchen

743 Traubige Schneebeere

741 Deutsches Geißblatt

745 Berg-Baldrian

744 Feldsalat

746 Stein-Baldrian

748 Spornblume

747 Echter Baldrian

749 Kentranthus angustifolius

751 Gemeines Moschuskraut

750 Fedia cornucopiae

752 Schlitzblättrige Karde

753 Gelbe Skabiose

756 Acker-Witwenblume

754 Samt-Skabiose

755 Glanz-Skabiose

757 Wald-Witwenblume

758 Büschel-Glockenblume

759 Ähren-Glockenblume

760 Bärtige Glockenblume

761 Strauß-Glockenblume

762 Nesselblättrige Glockenblume

763 Pfirsichblättrige Glockenblume

764 Scheuchzers-Glockenblume

765 Kleine Glockenblume

766 Acker-Glockenblume

767 Bologneser Glockenblume

768 Rautenblättrige Glockenblume

769 Schopfige Teufelskralle

770 Batungen-Teufelskralle

771 Ährige Teufelskralle

773 Echter Frauenspiegel

772 Kopfige Teufelskralle

774 Berg-Sandglöckchen

775 Gemeiner Wasserdost

776 Riesen-Goldrute

779 Strand-Aster

778 Alpen-Aster

781 Alpenmaßliebchen

780 Berg-Aster

782 Evax pygmaea

783 Scharfes Berufkraut

784 Zweihäusiges Katzenpfötchen

777 Echte Goldrute

785 Deutsches Filzkraut

786 Edelweiß

787 Sonnengold, Immortelle

788 Sumpf-Ruhrkraut

789 Echter Alant

790 Dürrwurz-Alant

791 Inula crithmoides

792 Wiesen-Alant

793 Phagnalon rupestre

794 Großes Flohkraut

795 Pallenis spinosa

796 Große Telekie

797 Asteriscus maritimus

798 Asteriscus aquaticus

799 Dornige Spitzklette

800 Gemeine Spitzklette

801 Schlitzblättriger Sonnenhut

802 Nickender Zweizahn

803 Zwerg-Schafgarbe

805 Römische Hundskamille

806 Kleinblütiges Knopfkraut

807 Anthemis tinctoria

804 Filzige Schafgarbe

808 Rainfarn

809 Kronen-Wucherblume

811 Gemeine Wucherblume, Margerite

810 Chrysanthemum myconis

812 Mutterkraut-Wucherblume

813 Strahlenlose Kamille

814 Krähenfuß-Laugenblume

815 Gemeiner Huflattich

816 Wermut

817 Rote Pestwurz

818 Weiße Pestwurz

819 Grauer Alpendost

821 Fuchs-Greiskraut

820 Roter Alpenlattich

825 Großblütige Gemswurz

822 Weißgraues Greiskraut

826 Kriechende Gemswurz

827 Acker-Ringelblume

828 Einjährige Spreublume

823 Frühlings-Greiskraut

829 Berg-Wohlverleih

824 Gemswurz

830 Große Eberwurz, Silberdistel

832 Alpenscharte

833 Echinops ritro

834 Filzige Klette

831 Carlina corymbosum

835 Nickende Distel

836 Kletten-Distel

837 Notobasis syriaca

838 Knollen-Kratzdistel

839 Cirsium candelabrum

840 Cirsium acarna

841 Alpen-Kratzdistel

842 Kohl-Kratzdistel

845 Cynara scolimus

843 Woll-Kratzdistel

844 Stengellose Kratzdistel

846 Galactites tomentosa

847 Gemeine Eselsdistel

848 Onopordon illyricum

849 Gemeine Mariendistel

850 Färber-Scharte

851 Sommer Flockenblume

852 Korn-Flockenblume

853 Stern-Flockenblume

854 Centaurea salonitana

855 Alpen-Scharte

856 Österreichische Flockenblume

857 Federige-Flockenblume

859 Urospermum dalechampii

858 Centaurea conifera

860 Wolliger Saflor

861 Scolymus maculatus

862 Catananche coerulea

863 Tolpis barbata

864 Gemeine Wegwarte

865 Rhagadiolus stellatus

866 Alpen-Ferkelkraut

867 Tragopogon porrifolius

868 Rauher Löwenzahn

869 Acker-Gänsedistel

870 Rauhe Gänsedistel

871 Andryala integrifolia

872 Gemeine Kuhblume, Löwenzahn

873 Alpen-Milchlattich

874 Blauer Lattich

875 Roter Hasenlattich

876 Echtes Benediktenkraut

877 Gold-Pippau

879 Kleines Habichtskraut

878 Löwenzahn Pippau

880 Aloeblättrige Krebsschere, Wasseraloe

881 Gemeiner Froschbiß

883 Posidonia oceanica

882 Doldige Schwanenblume

884 Schwimmendes Laichkraut

886 Weißer Germer

885 Kelch-Simsenlilie

888 Aphyllanthes monspeliensis

889 Asphodeline lutea

887 Schwarzer Germer

890 Herbst-Zeitlose

891 Merendera montana

892 Trichterlilie

893 Weißer Affodil

894 Röhriger Affodil

895 Bulbocodium vernum

897 Gagea graeca

899 Gelbe Taglilie

896 Astlose Graslilie

898 Röhriger Goldstern

900 Späte Faltenlilie

901 Schnitt-Lauch

902 Rundköpfiger Lauch

903 Gelber Lauch

904 Gekielter Lauch

905 Allium neapolitanum

906 Allium triquetrum

907 Bären-Lauch

908 Sommer-Lauch

909 Allium roseum

910 Lilium pomponium

911 Feuer-Lilie

914 Schachblume

912 Lilium pyrenaicum

913 Lilium martagon

915 Strauchiger Spargel

916 Hunds-Zahnlilie

917 Tulipa oculus solis

918 Tulipa australis

919 Scilla peruviana

920 Herbst-Blaustern

922 Meerzwiebel

923 Pyrenäen-Milchstern

925 Endymion hispanicus

927 Muscari commutatum

928 Schopf-Traubenhyazinthe

931 Vierblättrige Einbeere

929 Kleine Traubenhyazinthe

924 Dolden-Milchstern

921 Zweiblättriger Blaustern

926 Wildhyazinthe

930 Muscari neglectum

932 Hyazinthus orientalis

933 Maiglöckchen

934 Gemeine Weißwurz

936 Amerikanische Agave

935 Vielblütige Weißwurz

937 Frühlings-Knotenblume

938 Sommer-Knotenblume

939 Leucojum trichophyllum

940 Sternbergia lutea

941 Sternbergia colchiciflora

943 Narcissus requienii

942 Kleines Schneeglöckchen

944 Reifrock-Narzisse

946 Weiße Narzisse

947 Narcissus serotinus

945 Narcissus cantabricus

951 Hermodactylus tuberosus

949 Crocus nudiflorus

952 Wasser-Schwertlilie

948 Meeres-Narzisse

950 Frühlings-Krokus

953 Iris sisyrinchium

955 Iris xiphoides

956 Grasblättrige Schwertlilie

957 Deutsche Schwertlilie

954 Iris xiphium

958 Iris chamaeiris

960 Saat-Siegwurz

961 Gladiolus byzantinus

959 Zwerg-Schwertlilie

962 Phoenix canariensis

963 Chamerops humilis

964 Glanzfrüchtige Binse

965 Gamsgras, Jacquins-Binse

969 Stechende Binse

966 Knäuel-Binse

967 Flatter-Binse

970 Blaugrüne Binse

968 Sparrige Binse

971 Schneeweiße Hainsimse

975 Mäuse-Gerste

972 Gemeine Hainsimse

973 Wald-Trespe

974 Aufrechte Trespe

977 Gemeine Quecke

976 Meerstrand-Quecke

978 Aegilops ovata

979 Hart-Weizen

80 Gemeiner Strandroggen

981 Halden-Blaugras

984 Gemeines Schilf

82 Blaues Pfeifengras

983 Großes Zittergras

987 Wimper-Perlgras

85 Stacheliges Kammgras

986 Alpen-Rispengras

988 Avena sterilis

989 Wasser-Schwaden

990 Flutender Schwaden

991 Vielblütiger Lolch

992 Rohr-Schwingel

993 Gemeines Steifgras

994 Draht-Schmiele

995 Goldhafer

996 Wolliges Honiggras

997 Sammetgras

998 Gemeiner Strandhafer

999 Wiesen-Fuchsschwanz

1000 Wiesen-Lieschgras

1001 Wald-Flattergras

1002 Kanariengras

1003 Spartina townsendii

1004 Erianthus ravennae

1005 Echtes Federgras

1006 Echte Hirse

1007 Ampelodesma mauritanica

1008 Gemeines Hühnergras

1009 Italienische Borstenhirse, Vogelhirse

1010 Behaartes Bartgras

1011 Gemeines Bartgras

1012 Echter Kalmus

1013 Sumpf-Schlangenwurz

1014 Italienischer Aronstab

1015 Gemeine Schlangenwurz

1016 Biarum tenuifolium

1017 Arisarum vulgare

1018 Breitblättriger Rohrkolben

1019 Ästiger Igelkolben

1022 Breitblättriges Wollgras

1023 Scheidiges Wollgras

1020 Vielwurzelige Wasserlinse
1021 Kleine Wasserlinse

1024 Waldsimse

1025 Strandsimse

1026 Kopfsimse

1027 Salz-Teichsimse

1028 Gemeine Sumpfsimse

1029 Schwarzes Kopfried

1030 Strand-Segge

1031 Zypergras-Segge

1032 Ufer-Segge

1033 Große Segge

1034 Schnabel-Segge

1035 Wiesen-Segge

1036 Blaugrüne Segge

1037 Behaarte Segge

1038 Hasenpfoten-Segge

1039 Geschwärzte Segge

1040 Orchis papilionacea

1041 Wanzen-Knabenkraut

1049 Dactylorhiza majalis

1042 Purpur-Knabenkraut

1043 Dreizähniges Knabenkraut

1046 Brand-Knabenkraut

1044 Lockerblütiges Knabenkraut

1045 Orchis italica

1053 Ophrys thenthredinifera

1054 Ophrys fusca

1055 Ophrys lutea

1056 Bienen-Ragwurz

1057 Fliegen-Ragwurz

1058 Ophrys scolopax

1059 Ophrys bertolonii

1060 Ophrys bombyliflora

1047 Orchis quadripunctata

1048 Helm-Knabenkraut

1051 Dactylorhiza fuchsii

1050 Holunder-Knabenkraut

1052 Schwarzes Kohlröschen

1063 Fratzenorchis, Hängendes Männchen

1061 Serapias neglecta

1062 Serapias vomeracea

1064 Bocks-Riemenzunge

1065 Himantoglossum longibracteatum

1066 Einknollige Honigorchis

1067 Rote Spitzorchis

1068 Große Händelwurz

069 Zweiblättrige Waldhyazinthe

1070 Grünliche Waldhyazinthe

071 Violetter Dingel

1073 Rotes Waldvögelein

072 Sumpfwurz

1074 Langblättriges Waldvögelein

1075 Alpen-Weißzunge

1076 Kriechendes Netzblatt

1077 Herbst-Wendelorchis

1078 Vogelnest-Wurz

1079 Großes-Zweiblatt

1080 Europäische Korallenwurz

Bestimmungsschlüssel nach Zeichensymbolen

Kräuter mit weißen Blüten

Blüten über 3 cm
Pflanze 30–150 cm

Weißer Diptam 373

Gemeiner Stechapfel 655

Datura metel 654

Acanthus mollis 716

Acanthus spinosus 717

Margerite 811

Weißer Affodil 893

Trichterlilie 892

Astlose Graslilie 896

Weiße Narzisse 946

Meeres-Narzisse 948

Blüten über 3 cm
Pflanze unter 30 cm

Christrose 105

Frühlings-Kuhschelle 125

Weißer Alpenmohn 156

Alpenmaßliebchen 781

Silberdistel 830

Blüten 1 1/2–3 cm;
Pflanze über 150 cm

Cirsium candelabrum 839

Blüten 1 1/2–3 cm;
Pflanze 30–150 cm

Echte Sternmiere 67

Nickendes Leimkraut 84

Taubenkropf-Leimkraut 83

Echter Schwarzkümmel 101

Narzissenblütiges Windröschen 120

Raukenkohl 202

Felsen-Fingerkraut 253

Weiße Lupine 289

Salvia argentea 631

Wilde Blasenkirsche 659

Orobanche crenata 721

Mutterkraut-Wucherblume 812

Alpen-Kratzdistel 841

Allium neapolitanum 905

Allium triquetrum 906

Sommer-Knotenblume 938

Grünliche Waldhyazinthe 1070

Langblättriges Waldvögelein 1074

Blüten $1^1/_2$–3 cm; Pflanze unter 30 cm

Arenaria montana 66

Breitblättriges Hornkraut 69

Busch-Windröschen 121

Gletscher-Hahnenfuß 142

Herzblättriger Hahnenfuß 139

Sumpfherzblatt 233

Torfbeere 239

Wald-Sauerklee 347

Schwedischer Hartriegel 453

Einblütiges Moosauge 481

Europäischer Siebenstern 518

Römische Hundskamille 805

Dolden-Milchstern 924

Frühlings-Knotenblume 937

Leucojum trichophyllum 939

Kleines Schneeglöckchen 942

Narcissus cantabricus 945

Narcissus serotinus 947

Frühlings-Krokus 950

Zweibl. Waldhyazinthe 1069

Blüten 3–15 mm Pflanze über 150 cm

Spieß-Knöterich 48

Gefleckter Schierling 469

Kaukasus-Bärenklau 472

Blüten 3–15 mm; Pflanze 30–150 cm

Echter Buchweizen 49

Gras-Sternmiere 68

Gemeines Hornkraut 70

Wasserdarm 71

Eisenhutblättriger Hahnenfuß 138

Rankender Lerchensporn 163

Rankender Erdrauch 167

Lauchkraut 169

Bitteres Schaumkraut 184

Sandkresse 189

Acker-Täschelkraut 192

Pfeil-Kresse 197

Weißer Meerkohl 204

Weiße Resede 206

Rapunzel-Resede 207

Große Fetthenne 220

Saxifraga longifolia 223

Rundblättriger Steinbrech 229

Echtes Mädesüß 241

Kleines Mädesüß 242

Bärenschote 293

Weißer Steinklee 316

Schweden-Klee 327

Berg-Klee 328

Dorycnium rectum 335

Zottiger Backenklee 336

Großes Hexenkraut 444

Duftende Süßdolde 461

Tordylium apulum 474

Weiße Schwalbenwurz 551

Sumpf-Labkraut 557

Skorpions-kraut 566

Symphytum orientale 568

Teucrium pseudochamaepitys 602

Gemeiner Andorn 613

Echte-Katzenminze 609

Ufer-Wolfstrapp 648

Zwerg-Hollunder 733

Schlitzblättrige Karde 752

Kleinblütiges Knopfkraut 806

Weißer Germer 886

Sommer-Lauch 908

Meer-zwiebel 922

Vielblütige Weißwurz 935

Blüten 3–15 mm; Pflanze unter 30 cm

Knöllchen-Knöterich 47

Montia perfoliata 63

Quirlige Knoprel-blume 75

Französisches Leimkraut 89

Kriech-Gipskraut 93

Blaßgelber Lerchen-sporn 165

Alpen-Gänse-kresse 187

Strand-kresse 199

Aschgraues Felsen-blümchen 186

Dänisches Löffelkraut 194

Bittere Schleifen-blume 196

Langblättriger Sonnentau 209

Mittlerer Sonnentau 210

Weißer Mauer-pfeffer 215

Trauben-Steinbrech 228

Saxifraga hirsuta 231

Stern-Stein-brech 227

Mannsschild-Steinbrech 226

Finger-Steinbrech 225

Gelblicher Bockshorn-klee 319

Hasen-Klee 331

Mittleres Wintergrün 480

Nickendes Wintergrün 478

Waldmeister 556

Wiesen-Augentrost 701

Alpen-Fettkraut 725

Scharfes Berufkraut 783

Zwerg-Schafgarbe 803

Weiße Pestwurz 818

Gagea graeca 897

Späte Falten-lilie 900

Bären-Lauch 907

Gemeine Weißwurz 934

Maiglöckchen 933

Herbst-Wendelorchis 1077

Einkn. Honig-orchis 1066

Blüten unter 3 mm
Pflanze über 150 cm

Wald-Geißbart 244

Große Sterndolde 457

Oenanthe crocata 464

Röhrige Rebendolde 465

Knollenblättriger Sellerie 467

Ligusticum scotinum 470

Wilde Möhre 475

Echter Steinsame 589

Blüten unter 3 mm
Pflanze unter 30 cm

Paronychia argentea 74

Alpen-Weißzunge 1075

Blätter grün, grüngelb, grünlichweiß

Blüten über 3 cm
Pflanze 30–150 cm

Helleborus cyclophyllus 104

Vierblättrige Einbeere 931

Hermodactylus tuberosus 951

Blüten $^{1}/_{2}$–3 cm
Pflanze über 150 cm

Citrulus colocynthis 434

Rote Zaunrübe 436

Blüten $1^{1}/_{2}$–3 cm
Pflanze 30–150 cm

Taubenkropf 82

Stinkende Nieswurz 106

Bauern-Tabak 661

Pyrenäen-Milchstern 923

Bocksriemenzunge 1064

Blüten 3–15 mm
Pflanze über 150 cm

Hopfen 32

Hanf 33

Hoher Ampfer 52

Erzengelwurz 471

Blüten 3–15 mm
Pflanze 30–150 cm

Pfeffer-Knöterich 45

Alpen-Ampfer 53

Krauser-Ampfer 50

Blut-Ampfer 51

Speise-Rübe 54

Guter Heinrich 55

Durchblätterter Gänsefuß 56

Krummer Fuchsschwanz 59

Ohrlöffel-Leimkraut 87

Sonnenwend-Wolfsmilch 370

Spring-Wolfsmilch 371

Mandel-Wolfsmilch 369

Euphorbia characias 364, 365

Euphorbia paralias 368

Färberröte 554

Gemeine Spitzklette 800

Dornige Spitzklette 799

Blüten 3–15 mm
Pflanze unter 30 cm

Alpen-Leinblatt 38

Salzmiere 65

Einjähriger Knäuel 73

Mäuseschwanz 145

Venusnabel 214

Moschus-Steinbrech 230

Wald-Bingelkraut 362

Gem. Moschuskraut 751

Strahlenlose Kamille 813

Einkn. Honigorchis 1066

Europ. Korallenwurz 1080

Blüten unter 3 mm
Pflanze 30–150 cm

Urtica dubia 34

Pillen-Brennessel 35

Glaskraut 36

Weißer Gänsefuß 57

Feld-Mannstreu 459

Blüten unter 3 mm
Pflanze unter 30 cm

Liegendes Mastkraut 72

Zweiknotiger Krähenfuß 198

Kelch-Simsenlilie 885

Blüten rot, rosa, violettrot, purpurn

Blüten über 3 cm
Pflanze über 150 cm

Strauchpappel 398

Echter Eibisch 400

Bleicher Eibisch 401

Blüten über 3 cm
Pflanze 30–150 cm

Kuckucks-Lichtnelke 81

Kornrade 90

Pracht-Nelke 98

Pfingstrose 148

Paeonia mascula 149

Klatsch-Mohn 157

Roter Hornmohn 159

Rosen-Malve 396

Lavatera trimestris 399

Convolvulus althaeoides 560

Convolvulus elegantissimus 561

Strand-Zaunwinde 563

Einjährige Spreublume 828

Nickende Distel 835

Woll-Kratzdistel 843

Mariendistel 849

Gemeine Eselsdistel 847

Onopordon illyricum 848

Österr. Flockenblume 856

Alpen-Scharte 855

Türkenbund-Lilie 913

Lilium pomponium 910

Schachblume 914

Tulipa oculus-solis 917

Saat-Siegwurz 960

Gladiolus byzanthinus 961

Blüten über 3 cm
Pflanze unter 30 cm

Carpobrotus acinaciformis 61

Anemone coronaria 119

Anemone pavonia 117

Anemone hortensis 116

Wiesen-Kuhschelle 123

Stengellose Kratzdistel 844

Federige Flokkenblume 857

Centaurea conifera 858

Merendera montana 891

Herbst-Zeitlose 890

Bulbocodium vernum 895

Blüten $1^1/_2$–3 cm
Pflanze über 150 cm

Drüsiges Springkraut 391

Echte Seidenpflanze 550

Kletten-Distel 836

Blüten $1^1/_2$–3 cm
Pflanze 30–150 cm

Jupiternelke 78

Gemeine Pechnelke 80

Rote Nachtnelke 86

Echtes Seifenkraut 91

Karthäuser-Nelke 94

Dianthus monspessulanus 95

Stein-Nelke 97

Herbst-Blutströpfchen 132

Levkoje 176

Matthiola fruticulosa 178

Zwiebeltragende Zahnwurz 181

Finger-Zahnwurz 182

Wiesen-Schaumkraut 183

Gartensilberblatt 190

Bach-Nelkenwurz 250

Sumpf-Blutauge 252

Erdnuß-Platterbse 306

Breitblättrige Platterbse 309

Purpurne Platterbse 305

Frühlings-Platterbse 311

Lathyrus japonicus 307

Garten-Erbse 312

Rundblättriger Hauhechel 315

Italienischer Hahnenkamm 343

Alpen-Süßklee 342

Berg-Esparsette 325

Berg-Storchschnabel 350

Felsen-Storchschnabel 354

Oenothera rosea 446

Wald-Weidenröschen 447

Rauhhaariges Weidenröschen 448

Melissen-Immenblatt 612

Phlomis tuberosa 615

Gefleckte Taubnessel 622

Lamium orvala 621

Woll-Ziest 627

Großblütige Kölme 638

Wirbeldost 640

Krainer Tollkraut 649

Virginischer Tabak 662

Feld-Löwenmaul 673

Roter-Fingerhut 694

Acker-Wachtelweizen 709

Filzige Klette 834

Notobasis syriaca 837

Cirsium acarna 840

Knollen-Kratzdistel 838

Färber-Scharte 850

Röhriger Affodil 894

Orchis italica 1045

Purpur-Knabenkraut 1042

Lockerblütiges Knabenkraut 1044

Breitblättriges Knabenkraut 1049

Himantoglossum longibracteatum 1065

Sumpfwurz 1072

Rotes Waldvögelein 1073

Blüten $1^1/_2$–3 cm
Pflanze unter 30 cm

Montia sibirica 64

Matthiola fruticulosa 178

Dolomiten-Fingerkraut 251

Rote Spargelerbse 338

Hedysarum glomeratum 344

Blutroter Storchschnabel 349

Zwerg-Primel 505

Behaarte Primel 506

Ganzblättrige Primel 507

Alpenglöckel 510

Neapolitanisches Alpenveilchen 515

Wald-Alpenveilchen 516

Cyclamen graecum 514

Geschweiftbl. Alpenveilchen 513

Purpur-Enzian 541

Deutscher Enzian 540

Bellardia trixago 697

Rötliche Schuppenwurz 719

Dreizähniges Knabenkraut 1043

Helm-Knabenkraut 1048

Geflecktes Knabenkraut 1051

Serapias neglecta 1061

Serapias vomeracea 1062

Blüten 3–15 mm
Pflanze über 150 cm

Kermesbeere 60

Blutweiderich 438

Blüten 3–15 mm
Pflanze 30–150 cm

Ampfer-Knöterich 46

Sumpf-Knöterich 44

Rauhe Nelke 96

Meersenf 203

Zottel-Wicke 299

Vicia benghalensis 297

Saat-Wicke 298

Gras-Platterbse 304

Schwarze Platterbse 308

Blut-Klee 329

Purpur-Klee 326

Zickzack-Klee 330

Bunte Kronwicke 346

Rutenweiderich 439

Berg-Weidenröschen 449

Echte Hundszunge 572

Echium italicum 585

Stechender Hohlzahn 620

Echtes Herzgespann 625

Schwarznessel 629

Sumpf-Ziest 626

Echte Kölme 637

Wilder Dost 642

Gestutztes Läusekraut 706

Wald-Läusekraut 708

Echter Baldrian 747

Stein-Baldrian 746

Berg-Baldrian 745

Spornblume 748

Kentranthus angustifolius 749

Wald-Witwenblume 757

Samt-Skabiose 754

Gemeiner Wasserdost 775

Grauer Alpendost 819

Stern-Flokkenblume 853

Schnitt-Lauch 901

Rundköpfiger Lauch 902

Gekielter Lauch 904

Allium roseum 909

Rote Spitzorchis 1067

Große Händelwurz 1068

Blüten 3–15 mm
Pflanze unter 30 cm

Spergularia rupicola 76

Rote Schuppenmiere 77

Alpen-Pechnelke 79

Stengelloses Leimkraut 88

Silene colorata 85

Rotes Seifenkraut 92

Gefingerter Lerchensporn 166

Rundblättriges Täschelkraut 193

Felsen-Steinkresse 195

Spinnweben-Hauswurz 212

Berg-Hauswurz 211

Behaarter Mauerpfeffer 219

Roter Steinbrech 222

Rubus arcticus 238

Trifolium stellatum 333

Alpen-Klee 334

Gebirgs-Wundklee 339

Glänzender Storchschnabel 353

Polygala nicaeensis 379

Kleines Wintergrün 479

Mehl-Primel 504

Alpen-Mannsschild 509

Fleischiger Mannsschild 508

Salz-Milchkraut 517

Gemeine Grasnelke 524

Armeria fasciculata 525

Echtes Tausendgüldenkraut 530

Edel-Gamander 599

Stengelumfassende Taubnessel 623

Scharlach-Salbei 635

Alpenquendel 639

Leberbalsam 700

Parentucellia latifolia 696

Frühlings-Zahntrost 698

Kerners-Läusekraut 707

Fedia cornucopiae 750

Glanz-Skabiose 755

Schopfige Teufelskralle 769

Rote Pestwurz 817

Roter Alpenlattich 820

Hunds-Zahnlilie 916

Orchis papilionacea 1040

Wanzen-Knabenkraut 1041

Brand-Knabenkraut 1046

Orchis quadripunctata 1047

Schwarzes Kohlröschen 1052

Kleines Zweiblatt 1079

Blüten unter 3 mm
Pflanze 30–150 cm

Großer Wiesenknopf 249

Blüten unter 3 mm
Pflanze unter 30 cm

Kleeseide 565

Blüten blau, violett, rotviolett

Blüten über 3 cm
Pflanze über 150 cm

Ipomoea hederacea 564

Artischocke 845

Blüten über 3 cm
Pflanze 30–150 cm

Blauer Eisenhut 109

Hoher Rittersporn 110

Ganzblättrige Waldrebe 130

Wald-Akelei 146

Alpen-Akelei 147

Schlafmohn 154

Roemeria hybrida 153

Schwalbenwurz-Enzian 543

Blasen-Giftbeere 663

Pfirsichblättrige Glockenblume 763

Nesselblättrige Glockenblume 762

Berg-Aster 780

Kugeldistel 833

Gemeine Wegwarte 864

Tragopogon porrifolius 867

Blauer-Lattich 874

Iris xiphium 954

Iris xiphioides 955

Grasblättrige Schwertlilie 956

Deutsche Schwertlilie 957

Violetter Dingel 1071

Blüten über 3 cm
Pflanze unter 30 cm

Echte Kuhschelle 124

Alpen-Stiefmütterchen 421

Breitblättriger Enzian 534

Stengelloser Enzian 535

Lungen-Enzian 539

Convolvulus tricolor 562

Alpen-Aster 778

Crocus nudiflorus 949

Zwerg-Schwertlilie 959

Iris chamaeiris 958

Blüten $1^1/_2$–3 cm
Pflanze über 150 cm

Alpenmilchlattich 873

Blüten $1^1/_2$–3 cm
Pflanze 30–150 cm

Damaszener Schwarzkümmel 102

Delphinium peregrinum 111

Garten-Rittersporn 112

Acker-Rittersporn 113

Nachtviole 170

Moricandia arvensis 200

Saat-Platterbse 310

Geranium nodosum 351

Wald-Storchschnabel 352

Brauner Storchschnabel 355

Erodium gruinum 357

Ausdauernder Lein 359

Anagallis linifolia 522

Kreuz-Enzian 538

Ausdauernder Tarant 532

Blaue Himmelsleiter 559

Garten-Borretsch 576

Trachystemon orientalis 577

Italienische Ochsenzunge 574

Blauer Steinsame 588

Blauer Natternkopf 584

Violetter Natternkopf 886

Efeu-Gundermann 610

Muskateller-Salbei 633

Wiesen-Salbei 634

Schwarze Tollkirsche 653

Violette Königskerze 670

Linaria triornithophora 677

Ähren-Glockenblume 759

Büschel-Glockenblume 758

Acker-Glockenblume 766

Bologneser Glockenblume 767

Rautenblättrige Glockenblume 768

Strand-Aster 779

Alpenscharte 832

Galactites tomentosa 846

Korn-Flockenblume 852

Catananche coerulea 862

Roter Hasenlattich 875

Endymion hispanicus 925

Blüten $1^1/_2$–3 cm
Pflanze unter 30 cm

Anemone apennina 122

Anemone blanda 118

Leberblümchen 114

Malcolmia maritima 175

Acker-Stiefmütterchen 416

Wohlriechendes Veilchen 419

Hain-Veilchen 420

Klebrige Primel 503

Frühlings-Enzian 536

Krautiges Immergrün 547

Alpen-Helmkraut 605

Große Braunelle 618

Alraune 656

Alpen-Leinkraut 676

Ramonda myconi 718

Lathraea clandestina 720

Echtes Fettkraut 726

Großblütiges Fettkraut 727

Bärtige Glockenblume 760

Scheuchzers-Glockenblume 764

Kleine Glockenblume 765

Echter Frauenspiegel 773

Scharfes Berufkraut 783

Aphyllanthes monspeliensis 888

Zweiblättriger Blaustern 921

Waldhyazinthe 926

Hyazinthe 932

Iris sisyrinchium 953

Blüten 3–15 mm
Pflanze 30–150 cm

Geißklee 291

Blaue Lupine 288

Asphalt-Klee 296

Vogel-Wicke 300

Blauer Bockshornklee 318

Blauer Schneckenklee 321

Malvenblättriger Reiherschnabel 356

Malva nicaeensis 397

Stranddistel 458

Strandnelke 523

Gemeine Ackerröte 555

Cynoglossum creticum 571

Symphytum uplandicum 569

Gewöhnliche Ochsenzunge 575

Pentaglottis sempervirens 573

Pferdezunge 581

Sumpf-Vergißmeinnicht 580

Pulmonaria longifolia 582

Heide-Günsel 595

Kappen-Helmkraut 607

Polei-Minze 647

Wasser-Minze 646

Roß-Minze 645

Bittersüßer Nachtschatten 658

Kriechendes Leinkraut 675

Gänseblumen-Lochschlund 682

Bach-Ehrenpreis 689

Acker-Witwenblume 756

Batungen-Teufelskralle 770

Kopfige Teufelskralle 772

Scilla peruviana 919

Schopf-Traubenhyazinthe 928

Blüten 3–15 mm
Pflanze unter 30 cm

Arabis verna 188

Sedum caeruleum 218

Alpen-Tragant 294

Gemeine Kreuzblume 378

Sumpf-Veilchen 418

Alpentroddelblume 511

Schlauch-Enzian 537

Frühlings-Gedenkemein 567

Färber-Alkanna 578

Alpen-Vergißmeinnicht 579

Himmelsherold 583

Kriechender Günsel 598

Pyramiden-Günsel 596

Drachenmaul 636

Gemeines Zymbelkraut 679

Felsen-Ehrenpreis 686

Persischer Ehrenpreis 687

Faden-Ehrenpreis 688

Gemeiner Alpenhelm 699

Echte Kugelblume 713

Berg-Sandglöckchen 774

Herbst-Blaustern 920

Muscari commutatum 927

Muscari neglectum 930

Kleine Traubenhyazinthe 929

Blüten unter 3 mm
Pflanze 30–150 cm

Stahlblaue Mannstreu 460

Blüten unter 3 mm
Pflanze unter 30 cm

Sumpfquendel 440

Weide-Wegerich 730

Feldsalat 744

Blüten braun

Blüten über 3 cm
Pflanze 30–150 cm

Gemeine Schlangenwurz 1015

Blüten über 3 cm
Pflanze unter 30 cm

Biarum tenuifolium 1016

Arisarum vulgare 1017

Blüten 1 1/2–3 cm
Pflanze 30–150 cm

Aristolochia rotunda 42

Blüten 1 1/2–3 cm
Pflanze unter 30 cm

Haselwurz 40

Ophrys fusca 1054

Ophrys scolopax 1058

Fliegen-Ragwurz 1057

Bienen-Ragwurz 1056

Ophrys bomyliflora 1060

Ophrys bertolonii 1059

Ophrys tenthredinifera 1053

Blüten 3–15 mm
Pflanze 30–150 cm

Scrophularia scorodonia 680

Scrophularia hoppii 681

Schwarzer Germer 887

Vogel-Nestwurz 1078

Blüten 3–15 mm
Pflanze unter 30 cm

Strand-Wegerich 729

Sand-Wegerich 732

Blüten gelb

Blüten über 3 cm
Pflanze über 150 cm

Großblumige Königskerze 668

Große Telekie 796

Schlitzblättriger Sonnenhut 801

Blüten über 3 cm
Pflanze 30–150 cm

Trollblume 107

Welschmohn 152

Stachelmohn 160

Gelber Hornmohn 158

Kalifornischer Kappenmohn 161

Baumwolle 402

Gelbe Stundenblume 403

Gemeine Nachtkerze 445

Punktierter Gilbweiderich 519

Gelber Enzian 533

Punktierter Enzian 542

Verbascum creticum 666

Garten-Löwenmaul 672

Gelbe Gauckler-blume 683

Echter Alant 779

Färber-Hunds-kamille 807

Chrysanthemum myconis 810

Kronen-Wucher-blume 809

Arnika 829

Kriechende Gemswurz 826

Gemswurz-Greiskraut 824

Carlina corymbosa 831

Rauher Löwenzahn 868

Acker-Gänsedistel 869

Gelbe Taglilie 899

Feuer-Lilie 911

Lilium pyrenaicum 912

Wasser-Schwertlilie 952

Blüten über 3 cm
Pflanze unter 30 cm

Schwefel-Anemone 126

Frühlings-Adonisröschen 133

Großblütige Gemswurz 825

Alpen-Ferkelkraut 866

Löwenzahn 872

Sternbergia lutea 940

Italienischer Aronstab 1014

Blüten $1^1/_2$ cm
Pflanze 30–150 cm

Aufrechte Osterluzei 41

Wolfs-Eisenhut 108

Gelbe Wiesenraute 144

Goldlack 173

Quirlblättrige Zahnwurz 180

Fibigia clypeata 191

Weißer Senf 201

Gelbe Lupine 287

Gelbe Hauhechel 313

Echtes Springkraut 388

Impatiens capensis 389

Rauhes Johan-niskraut 413

Tüpfel-Johan-niskraut 412

Stengel-umfassender Bitterling 531

Große Wachs-blume 591

Bunter Hohlzahn 619

Goldnessel 624

Berg-Ziest 628

Klebriger Salbei 630

Schwarzes Bilsenkraut 650

Weißes Bilsenkraut 651

Hyoscyamus aureus 652

Schwarze Königskerze 667

Motten-Königskerze 665

Verbascum undulatum 669

Linaria dalmatica 674

Moschus-Gauklerblume 684

Gewöhnliches Gnadenkraut 685

Digitalis ferruginea 690

Großblütiger Fingerhut 691

Gelber Fingerhut 692

Digitalis obscura 693

Reichblättriges Läusekraut 704

Hain-Wachtelweizen 710

Ginster-Sommerwurz 724

Gemeine Sommerwurz 722

Inula crithmoides 791

Wiesen-Alant 792

Großes Flohkraut 794

Pallenis spinosa 795

Nickender Zweizahn 802

Fuchs-Greiskraut 821

Kohl-Kratzdistel 842

Centaurea salonitana 854

Wolliger Saflor 860

Scolymus maculatus 861

Urospermum dalechampii 859

Andryala integrifolia 871

Rauhe Gänsedistel 870

Löwenzahn-Pippau 878

Asphodeline lutea 889

Blüten $1^{1}/_{2}$–3 cm
Pflanze unter 30 cm

Cytinus hypocistis 43

Winterstern 103

Anemone palmata 115

Scharbockskraut 134

Schildblättriger Hahnenfuß 135

Berg-Hahnenfuß 136

Bünder Alpenmohn 155

Drosophyllum lusitanicum 208

Oxalis pes-caprae 348

Zweiblütiges Veilchen 417

Gelbes Stiefmütterchen 422

Spritzgurke 435

Berg-Schafdolde 456

Wald-Schlüsselblume 500

Alpen-Aurikel 501

Stengellose Primel 502

Pfennig-Gilbweiderich 521

Scutellaria orientalis 606

Asarina procumbens 671

Linaria triphylla 678

Parentucellia viscosa 695

Strauß-Glockenblume 761

Evax pygmaea 782

Edelweiß 786

Gemeiner Huflattich 815

Frühlings-Greiskraut 823

Acker-Ringelblume 827

Tolpis barbata 863

Echtes Benediktenkraut 876

Gold-Pippau 877

Kleines Habichtskraut 879

Tulipa australis 918

Sternbergia colchiciflora 941

Reifrock-Narzisse 944

Narcissus requienii 943

Ophrys lutea 1055

Holunder-Knabenkraut 1050

Fratzenorchis 1063

**Blüten 3–15 mm
Pflanze über 150 cm**

Steckenkraut 468

Amerikanische Agave 936

**Blüten 3–15 mm
Pflanze 30–150 cm**

Orientalische Rauke 171

Färber-Waid 172

Flügel-Zackenschötchen 174

Wasserkresse 179

Gelbe Resede 205

Kicher-Tragant 295

Ranken-Platterbse 302

Eselsohren 303

Hoher Steinklee 317

Sichelklee 322

Sumpf-Hornklee 337

Kleines Springkraut 390

Berg-Johanniskraut 414

Knotiger Beinwell 570

Kleine Wachsblume 592

Gelbe Skabiose 753

Ährige Teufelskralle 771

Riesen-Goldrute 776

Echte Goldrute 777

Dürrwurz-Alant 790

Rainfarn 808

Wermut 816

Sommer-Flockenblume 851

**Blüten 3–15 mm;
Pflanze unter 30 cm**

Gemüse-Portulak 62

Stachelfrücht. Hahnenfuß 140

Hypecoum imberbe 162

Gelber Lerchensporn 164

Immergrünes Felsenblümchen 185

Felsen-Mauerpfeffer 216

Scharfer-Mauerpfeffer 217

Rosenwurz 221

Fetthennen-Steinbrech 224

Gegenblättriges Milzkraut 232

Frühlings-Fingerkraut 255

Rauher Schneckenklee 323

Strand-Schneckenklee 320

Braun-Klee 332

Gemeiner Wundklee 340

Anthyllis tetraphylla 341

Erd-Burzeldorn 358

Sumpf-Johanniskraut 415

Geflecktes Sandröschen 429

Gewöhnl. Fichtenspargel 477

Hain-Gilbweiderich 520

Natternkopfartige Lotwurz 590

Acker-Günsel 597

Berg-Gamander 600

Weiße Braunelle 617

Kleiner Augentrost 702

Kleiner Klappertopf 703

Knolliges Läusekraut 705

Gem. Alpenrachen 711

Kleine Sommerwurz 723

Deutsches Filzkraut 785

Sumpf-Ruhrkraut 788

Sonnengold 787

Asteriscus aquaticus 798

Filzige Schafgarbe 804

Krähenfuß-Laugenblume 814

Weißgraues Greiskraut 822

Hedypnois rhagadioloides 865

Röhriger Goldstern 898

Gelber Lauch 903

Blüten unter 3 mm Pflanze 30–150 cm

Scheibenklee 324

Durchwachsenblättrige Gelbdolde 462

Gemeiner Pastinak 473

Kreuz-Labkraut 558

Blüten unter 3 mm Pflanze unter 30 cm

Lackmuskraut 361

Crithmum maritimum 463

Sterndolden-Hasenohr 466

Valantia hispida 553

Krähenfuß-Wegerich 731

Wasserpflanzen

Blüten weiß

Weiße Seerose 99

Wasser-Hahnenfuß 141

Flutender Hahnenfuß 143

Wassernuß 441

Aloeblättrige Krebsschere 880

Gemeiner Froschbiß 881

Sumpf-Schlangenwurz 1013

Blüten grün

Teich-Wasserstern 593

Schwimmendes Laichkraut 884

Posidonia oceanica 883

Echter Kalmus 1012

Vielwurzelige Wasserlinse 1020

Kleine Wasserlinse 1021

Ästiger Igelkolben 1019

Blüten rot, rosa oder rotviolett

Ähriges Tausendblatt 450

Dreiblättriger Fieberklee 544

Doldige Schwanenblume 882

Blüten blau, violett oder lila

Sumpf-Wasserfeder 512

Blüten gelb

Große Teichrose 100

Zungen-Hahnenfuß 137

Rundblättrige Seekanne 545

Großer Wasserschlauch 728

Breitblättriger Rohrkolben 1018

Sträucher

Blüten weiß Pflanze über 1 m

Gemeine Felsenbirne 258

Lorbeer-Kirsche 261

Prunus lusitanica 262

Schwarzdorn 266

Lygos monosperma 283

Lack-Cistrose 426

Lorbeerblättrige Cistrose 427

Myrte 442

Roter Hartriegel 452

Baum-Heide 494

Erica lusitanica 495

Gemeiner Schneeball 735

Wolliger Schneeball 736

Stein-Lorbeer 737

Rote Heckenkirsche 740

Blüten weiß Pflanze unter 1 m

Kapernstrauch 168

Acker-Brombeere 240

Feld-Rose 245

Stachelige Rose 246

Silberwurz 248

Gem. Zwergmispel 269

Linum suffruticosum 360

Salbeiblättrige Cistrose 423

Französische Cistrose 424

Apennin-Sonnenröschen 430

Diapensia lapponica 476

Alpen-Bärentraube 490

Preiselbeere 492

Prasium majus 604

Blüten grün Pflanze über 1 m

Rote Johannisbeere 236

Schwarze Johannisbeere 234

Stachelbeere 235

Baum-Wolfsmilch 367

Gerberstrauch 380

Europ. Pfaffenhütchen 393

Purgier-Kreuzdorn 395

Gemeiner Sanddorn 409

Trauben-Hollunder 734

Blüten grün Pflanze unter 1 m

Netz-Weide 13

Stumpfblättrige Weide 14

Spieß-Weide 17

Gagelstrauch 19

Zwerg-Birke 22

Arthrocnemum fruticosum 58

Lorbeer-Seidelbast 408

Strauchiger Spargel 915

Chamaerops humilis 963

Blüten rot, rosa, violettrot
Pflanze über 1 m

Weiden-Spierstrauch 243

Alpen-Rose 247

Ricinus communis 363

Mastix-Strauch 381

Pistazie 382

Tamarix africana 433

Granatapfelbaum 443

Aucuba japonica 454

Rhododendron ponticum 484

Oleander 548

Traubige Schneebeere 743

Blüten rot, rosa, violettrot
Pflanze unter 1 m

Sarcopoterium spinosum 256

Roter Zwergginster 280

Ononis fruticosa 314

Rosmarin-Seidelbast 406

Gemeiner Seidelbast 407

Cistus incanus 425

Weißliche Cistrose 428

Rostrote Alpenrose 482

Rundblättrige Alpenrose 483

Alpenazalee 485

Daboecia cantabrica 486

Phyllodoce caerulea 487

Rosmarinheide 488

Echte Bärentraube 489

Erica ciliaris 498

Schneeheide 496

Erica multiflora 497

Heidelbeere 493

Moosbeere 491

Putoria calabrica 552

Echter Thymian 643

Sand-Thymian 644

Nordisches Moosglöckchen 742

Blüten blau, violett, lila
Pflanze über 1 m

Mönchspfeffer 594

Teucrium fruticans 601

Rosmarin 603

Spitzähriger Schmetterlingsstrauch 664

Blüten blau, violett, lila
Pflanze unter 1 m

Erinacea anthyllis 285

Kleines Immergrün 546

Lithospermum diffusum 587

Schopf-Lavendel 608

Salvia triloba 632

Echter Ysop 641

Solanum sodomeum 657

Globularia alypum 712

Herzblättrige Kugelblume 714

Blüten gelb
Pflanze über 1 m

Berberitze 150

Schwarzer Geißklee 276

Cytisus sessilifolius 278

Gem. Besenginster 277

Pfriemenginster 284

Blasenstrauch 292

Adenocarpus complicatus 301

Strauchige Kronwicke 345

Perückenstrauch 383

Immergrüner Kreuzdorn 394

Echter Feigenkaktus 437

Kornelkirsche 451

Phlomis fruticosa 616

Nicotiana glauca 660

Blüten gelb
Pflanze unter 1 m

Osyris alba 37

Mistel 39

Mahonie 151

Aeonium arboreum 213

Strauch-Fingerkraut 254

Calicotome villosa 275

Behaarter Zwergginster 279

Spanischer Ginster 281

Flügel-Ginster 282

Kleiner Stechginster 286

Euphorbia acanthothamnos 366

Weinraute 372

Zwergbuchs 377

Thymelaea hirsuta 404

Thymelaea tartonraira 405

Mannsblut 410

Hypericum calycinum 411

Halimium commutatum 432

Gelbes Sonnenröschen 431

Jasminum fruticans 529

Felsen-Gliedkraut 611

Phlomis lychnitis 614

Blaue Heckenkirsche 739

Phagnalon rupestre 793

Asteriscus maritimus 797

Bäume

Bäume mit Nadelblättern und meist holzigen Zapfen

Griechische Tanne 1

Fichte 2

Lärche 3

Stern-Kiefer 4

Aleppo-Kiefer 5

Schwarz-Kiefer 6

Gemeiner Wacholder 8

Juniperus oxycedrus 9

Eibe 11

Bäume mit schuppenförmigen Blättern

Zypresse 7

Phönizischer Wacholder 10

Meerträubel 12

Bäume mit Laubblättern Blüten unscheinbar, in Kätzchen Blätter rundlich, herzförmig oder oval

Sal-Weide 16

Zitter-Pappel 18

Hänge-Birke 21

Schwarz-Erle 23

Grau-Erle 24

Hainbuche 25

Kermes-Eiche 27

Blätter schmal-lanzettlich

Silber-Weide 15

Kastanie 26

Blätter gelappt oder gefingert

Walnuß 20

Quercus macrolepis 28

Stiel-Eiche 29

Bäume mit auffälligen Blüten – Blüten weiß

Echte Quitte 257

Mehl-Vogelbeere 259

Wilde Vogelbeere 260

Sauer-Kirsche 263

Vogel-Kirsche 265

Trauben-Kirsche 264

Weichsel-Kirsche 267

Falsche Akazie 290

Orange 374

Zitrone 375

Gemeine Roßkastanie 386

Stechpalme 392

Erdbeerbaum 499

Manna-Esche 527

Ölbaum 526

Trompetenbaum 715

Blüten grün, grüngelb

Maulbeerbaum 31

Morgenländer Platane 237

Johannisbrotbaum 270

Götterbaum 376

Berg-Ahorn 384

Spitz-Ahorn 385

Dattel-Palme 962

Blüten rot, rosa, purpurn

Berg-Ulme 30

Albizia julibrissin 273

Judasbaum 274

Rote Roßkastanie 387

Blüten leuchtend gelb

Japanische Mispel 268

Akazie 271

Gemeiner Goldregen 272

Verholzte Kletterpflanzen

Alpen-Waldrebe 128

Weiße Waldrebe 131

Clematis flammula 129

Gemeiner Efeu 455

Echter Jasmin 528

Periploca graeca 549

Deutsches Geißblatt 741

Lonicera etrusca 738

Süss- und Sauergräser, Binsengewächse

SÜSSGRÄSER (Bl. zu 1 oder mehreren in Ährchen, diese am Grund von 2 Hüllspelzen eingeschlossen; jede Bl. mit 1 Vorspelze (selten fehlend) und 1 Deckspelze, 3 Staubb., 2 federigen Narben und 1 Fruchtknoten)

Blütenstand eine Ähre oder zusammengezogene Rispe (Ähren- und Ährenrispengräser)

mit Grannen

Aegilops ovata 978

Hart-Weizen 979

Mäuse-Gerste 975

Stacheliges Kammgras 985

Vielblütiger Lolch 991

Sammetgras 997

Wiesen-Fuchsschwanz 999

Wiesen-Lieschgras 1000

Vogelhirse 1009

ohne Grannen

Meerstrand-Quecke 976

Gemeine Quecke 977

Gem. Strandroggen 980

Halden-Blaugras 981

Wimper-Perlgras 987

Gemeiner Strandhafer 998

Kanariengras 1002

Spartina townsendii 1003

Blütenstand verzweigt (Finger- und Rispengräser)

mit Grannen	ohne Grannen
Aufrechte Trespe 974	Gemeines Schilf 984
Wald-Trespe 973	Ampelodesma mauritanica 1007
Goldhafer 995	Blaues Pfeifen-gras 982
Avena sterilis 988	Großes Zittergras 983
Draht-Schmiele 994	Alpen-Rispengras 986
Echtes Federgras 1005	Wasser-Schwaden 989
Gemeines Hühnergras 1008	Blaugrüner Schwaden 990
Erianthus ravennae 1004	Rohr-Schwingel 992
Gemeines Bartgras 1011	Gemeines Steifgras 993
Behaartes Bartgras 1010	Wolliges Honiggras 996
	Wald-Flattergras 1001
	Echte Hirse 1006

BINSEN, HAINSIMSEN (grasähnliche Pflanzen mit kleinen Bl. mit 6 spelzenartigen Hüllb. und 6 oder 3 Staubb. und 1 Griffel mit 3 Narben)

Blaugrüne Binse 970	Jacquins-Binse 965	Glanzfrüchtige Binse 964
Flatter-Binse 967	Sparrige Binse 968	Schneeweiße Hainsimse 971
Knäuel-Binse 966	Stechende Binse 969	Gemeine Hainsimse 972

WOLLGRAS, SIMSEN, SEGGEN (grasähnliche Pflanzen mit meist 3kantigem Stengel; Bl. in 1- oder mehrblütigen Ährchen, mit 2–3 Staubb., 2–3 Narben; Bl.hülle aus Borsten, Haaren oder fehlend)

Blütenstand aus einer einzigen Ähre

Scheidiges Wollgras 1023

Gemeine Sumpfsimse 1028

Blütenstand aus mehreren kopfig angeordneten Ähren oder Ährchen

Strandsimse 1025

Kugelsimse 1026

Schwarzes Kopfried 1029

Strand-Segge 1030

Hasenpfoten-Segge 1038

Blütenstand aus mehreren rispig angeordneten Ähren

Breitblättriges Wollgras 1022

Waldsimse 1024

Salz-Teichsimse 1027

Zypergras-Segge 1031

Große Segge 1033

Schnabel-Segge 1034

Ufer-Segge 1032

Blaugrüne Segge 1036

Behaarte Segge 1037

Wiesen-Segge 1035

Geschwärzte Segge 1039

Verzeichnis der Pflanzennamen